外商直接投资与中国经济发展方式转变

傅元海 等 著

Foreign Direct Investment
and Transformation
of Economic
Development Pattern

社会科学文献出版社
SOCIAL SCIENCES ACADEMIC PRESS(CHINA)

本书是国家自然科学基金项目"外资技术溢出影响经济增长方式转变研究（711773074）"、广东省自然科学基金项目"不同技术进步路径影响经济增长方式转变研究（2014A030313522）"的最终研究成果。

本书出版得到中央支持地方高校专项资金项目广州大学"经济学学科群建设"经费的资助。

目录
CONTENTS

导　论 ·· 1

| 第一篇 |
外资溢出效应与经济发展方式转变

第一章　外资溢出对居民收入差距的非线性效应 ······················ 9
　第一节　引言 ··· 9
　第二节　外资溢出影响居民收入差距的阈值模型 ···················· 12
　第三节　实证检验 ·· 14
　第四节　实证结果及解释 ··· 19
　第五节　政策启示 ·· 23

第二章　外资溢出对旅游服务出口的影响及其区域差异
　　　　——基于中国区域动态面板的研究 ···························· 25
　第一节　引言 ·· 25
　第二节　文献评述 ·· 26
　第三节　外资溢出影响旅游服务出口的理论分析 ··················· 27
　第四节　中国利用 FDI 和旅游服务出口现状的简要描述 ········· 29
　第五节　基本计量模型 ·· 31

第六节　实证检验及结果分析 ……………………………… 33
第七节　结论及对策 ………………………………………… 39

| 第二篇 |

外资技术溢出的路径与经济发展方式转变

第三章　生产本地化程度测度的外资溢出效应及其影响因素
——基于中国数据的实证研究 ………………………… 43
第一节　引言 ………………………………………………… 43
第二节　文献回顾 …………………………………………… 44
第三节　外资企业生产本地化程度测度溢出效应的特征分析 …… 46
第四节　影响因素与变量的选择 …………………………… 50
第五节　计量模型 …………………………………………… 53
第六节　计量检验结果分析 ………………………………… 56
第七节　主要结论与对策 …………………………………… 63

第四章　模仿效应、竞争效应与经济增长集约化
——基于区域动态面板的检验 ………………………… 66
第一节　引言 ………………………………………………… 66
第二节　理论分析与实证模型 ……………………………… 70
第三节　变量测度、数据及估计方法 ……………………… 73
第四节　检验结果及解释 …………………………………… 77
第五节　主要结论与建议 …………………………………… 80

第五章　模仿效应、非模仿效应与经济增长方式转变
——基于中国高技术产业动态面板的检验 …………… 81
第一节　引言 ………………………………………………… 81
第二节　研究现状 …………………………………………… 82
第三节　理论分析 …………………………………………… 84
第四节　计量模型及变量说明 ……………………………… 87
第五节　实证检验及结果分析 ……………………………… 91

第六节　结论与启示 …………………………………………… 99

| 第三篇 |
技术进步路径与经济发展方式转变

第六章　技术创新、技术引进与经济增长方式转变
　　　　——基于动态面板模型的经验分析 ………………… 103
　　第一节　引言 ………………………………………………… 103
　　第二节　研究评述 …………………………………………… 105
　　第三节　技术创新、技术引进对经济增长集约化水平作用辨析 …… 108
　　第四节　研究设计与经验分析模型 ………………………… 111
　　第五节　估计结果及分析 …………………………………… 118
　　第六节　简要结论与政策建议 ……………………………… 124

第七章　技术创新、技术引进对制造业结构优化的影响
　　　　——基于动态面板的经验分析 …………………………… 126
　　第一节　引言 ………………………………………………… 126
　　第二节　研究现状述评 ……………………………………… 127
　　第三节　中国制造业结构变迁的时间特征及空间特征 …… 131
　　第四节　技术进步影响制造业结构变迁的阐释 …………… 136
　　第五节　实证检验及结果 …………………………………… 140
　　第六节　简要总结及建议 …………………………………… 152

第八章　不同技术引进方式对中国经济增长效率的影响 …… 154
　　第一节　引言 ………………………………………………… 154
　　第二节　文献综述 …………………………………………… 155
　　第三节　机理分析 …………………………………………… 158
　　第四节　研究框架 …………………………………………… 161
　　第五节　实证结果分析 ……………………………………… 163
　　第六节　结论与政策建议 …………………………………… 167

| 第四篇 |
外商直接投资与技术创新

第九章 知识产权、人力资本与外资企业研发水平
　　——基于知识产权保护和就业流动约束的检验…………… 171
　第一节　引言………………………………………………………… 171
　第二节　变量选择与模型构建……………………………………… 173
　第三节　数据说明、研究方法与检验步骤………………………… 177
　第四节　实证检验及结果分析……………………………………… 178
　第五节　结论与对策………………………………………………… 185

第十章　中国外资企业 R&D 投资水平的决定因素………………… 187
　第一节　问题的提出………………………………………………… 187
　第二节　相关研究述评……………………………………………… 189
　第三节　影响中国外资企业研发水平因素的理论分析…………… 192
　第四节　模型、变量和数据说明…………………………………… 196
　第五节　模型的修正及经验分析…………………………………… 199
　第六节　主要结论及政策建议……………………………………… 204

第十一章　技术引进影响自主创新的机理及实证研究
　　——基于中国制造业面板数据的实证检验………………… 206
　第一节　引言………………………………………………………… 206
　第二节　相关研究述评……………………………………………… 208
　第三节　技术引进影响自主创新的理论阐释……………………… 211
　第四节　实证模型及变量的测度…………………………………… 217
　第五节　实证检验及结果…………………………………………… 222
　第六节　主要结论及政策建议……………………………………… 227

参考文献……………………………………………………………… 229

后　　记……………………………………………………………… 251

导 论

一 问题的提出

依靠投资驱动和初级要素专业化的产业发展战略，中国经济实现了30多年的高速增长，创造了人类经济发展史上的奇迹。投资驱动和初级要素专业化的产业发展战略本质上是粗放型增长模式，随着我国经济的发展，长期依赖粗放型经营模式推动经济增长积累的一系列深层矛盾日益凸显：有限的资源和不断恶化的生态环境成为经济进一步发展的瓶颈；伴随经济发展水平的提高而不断上涨的工资水平和土地、能源、原材料价格，使初级要素专业化的产业发展战略所依托的低成本优势已经消失；低附加值产品的国际市场竞争日益激烈，仅靠出口难以拉动经济持续增长；等等。这些深层矛盾已成为经济持续稳定增长的瓶颈。重构经济发展动力机制，实现经济增长由要素投入拉动向技术进步驱动转变，即由高投入、低产出、高排放方式向低投入、高产出、低排放方式转变，是保持经济长期稳定增长的必然选择。中国适时提出加快经济增长方式转变的重大战略。

技术引进和技术创新是技术进步的两条主要路径。无论是引进技术还是创新技术，只有广泛应用于生产才能提高投入产出效率，技术进步才能促进经济增长方式转变。在一定条件下，由于创新效率、技术成果的转化应用、市场风险等多种原因，技术创新和技术引进并不一定能促进经济增长方式转变。利用外资（即外商直接投资）是引进技术的主要途径之一，但是外资并不一定带来先进技术，外资即使带来了技术，也不一定向本地企业转移和扩散技术并促进经济增长方式转变，而且外资技术溢出对经济增长方式转变的作用也受外资质量的制约。有关的数据可以初步说明这一点，FDI（国际直接投资）工业企业的劳动生产率从 2006 年起反而低于内资工业企业，2006 年、2007 年分别比内资工业企业低 0.4 万元/（人·年）、1.7 万元/（人·年）；1998~2007 年 FDI 工业企业增加值率明显低于内资企业，FDI 工业企业的增加值率仅为 0.23~0.26，内资工业企业达到 0.29~0.31；2003~2007 年大中型外资企业 R&D 支出占销售收入的比例比全国大中型企业低 1.3~1.9 个百分点；2006 年，《南方周末》公布的一份调查显示，松下、百事可乐等 33 家知名跨国公司超标排污，2008 年 FDI 工业企业中污染密集型行业的资产比例仍然达到 40.3%。这些数据显示，外资的进入并不一定促进中国经济增长方式的转变，特别是，劳动生产率、增加值率和技术创新水平反映外资的潜在技术溢出效应是有限的，意味着外资并不一定能通过技术溢出促进经济增长方式的转变。

同样，技术创新水平高或技术引进支出水平高，并不一定意味着投入产出效率高。2005~2007 年通信电子设备制造业增加值率是最低的制造行业之一（因为 2008~2012 年统计资料没有工业增加值，无法分析最近几年的情况），低于 21%，购买技术占本行业增加值的比例和研发支出占本行业增加值的比例却是最高的行业之一，分别超过 1.5%、5.7%；而农副食品加工、纺织服装、木材加工、家具制造、文体用品制造等行业增加值率超过 25%，购买技术占本行业增加值的比例最高不超过 0.7%，研发支出占本行业增加值的比例不超过 2%；增加值率较高的行业如食品制造、非金属矿物制品增加值率超过 30%，购买技术支出占增加值的比例低于 0.55%，研发支出占增加值的比例低于 1.85%；医药制造和饮料制造增加值率分别超过 38%、36%，购买技术支出占增加值的比例分别低于 0.5%、0.95%，研发支出占增加值的比例分别低于 2.1%、4.7%；而交通运输设备制造增加值率最高时仅为 25%，购买技术支出占增加值的比例超过 1.5%，研发支出占增加值的比例超过 5.5%；专用设备制造增加值率不超过 27.6%，购买技术支出占增加值的比例仅 2005 年低于医药制造，2006~2007 年则高于医药制造，研发支出占增加值的比例是最高的行业，达到 6%。从国际比较看，中国研发支出水平（研发支出占 GDP 的比例）2007 年为 1.4，与英国的差距很小，超过俄罗斯、巴西，但工业增加值率明显低于这些国家，比英国低 0.066，比俄罗斯、巴西分别低 0.03、0.15；德国研发支出水平 2.53，超过英国0.075，工业增加值率反而比英国低0.045。这些数据显示，技术创新投入或技术购买支出水平高并不意味着投入产出率高；而且，技术创新和技术引进对经济增长方式转变的作用，理论界并没有形成一致性的结论。因此，技术创新和技术引进对经济增长方式转变的影响需要进一步深入研究。

二 研究意义

转变经济增长方式的本质就是以技术进步驱动替代物质消耗推动，实现粗放经营模式向集约型增长模式转变，其根本路径在于技术进步。有限的资源支撑经济持续稳定的增长离不开新资源的开发、资源的节约使用和资源利用效率的提高，而新能源和新材料的开发与利用，单位产值消耗的降低，资源效率的提高，都依赖于技术进步。传统工业化模式造成了严重的环境污染，使生态环境退化，只有依靠技术进步推动的新型工业化才能减少污染和碳排放。通过管理的手段控制污染和碳排放只能治标，依靠技术进步发展绿色技术、低碳技术、清洁能源技术等才是实现经济与生态环境协调发展的根本途径。依托成本优势参与国际化，是比较优势战略实施的基点。利用比较优势参与经济全球化虽然获得一些贸易利益，并对中国创造经济增长奇迹起了积极的作用，但是比较优势战略的实施以依赖发达国家的技术和国际市场为前提，其结果是中国制造企业在参与国际分工中处于全球价值链的低端，发达国家跨国公司控制着全球价值链的中高端。简而言之，中国企业依靠成本优势参与国际分工，只能处于依附地位。新形势下，成本优势逐步消失，中国企业参与国际分工只能依靠竞争优势。在国际市场上，中国企业要获得竞争优势必须依靠新产品的开发和产业结构的升级，归根结底就是依靠技术进步。因此，转变经济增长方式就是从物质投入驱动向技术进步驱动转变。

现有研究技术进步影响经济增长方式转变的文献，特别是技术创新、外资技术溢出、进口技术溢出对经济增长方式转变影响的研究多而深入，研究技术进步对经济效率影响的文献主要集中讨论劳动生产率、全要素生产率，研究技术创新对经济结构影响的文献主要集中讨论三次产业结构调整等。不过，现有研究存在以下不足。第一，很少有成果考察外资技术溢出的不同路径、技术引进不同方式和技术创新影响经济增长方式转变的差异；没有成果全面系统地考察不同技术进步路径在经济增长方式转变中相互作用的性质。第二，研究技术进步影响经济增长方式转变的成果很少涉及技术进步对经济增长集约化、制造业结构优化、经济增长效率等方面的影响。

当前及以后相当长的时期内，重构中国经济增长动力，即选择合适的技术进步路径驱动经济增长替代要素投入拉动，实现经济增长方式转变，既是一个需要解决的重大理论问题，也是制定转变经济增长方式政策所亟须解决的重大现实问题。特别是，在加快经济增长方式转变之际，不同技术进步路径影响经济增长方式转变的差异，不仅需要从理论上全面系统深入地考察，而且需要通过实证全面客观地进行评价。近年来，外商直接投资影响经济增长方式转变的研究较多，但是这些研究多局限于讨论外资技术溢出对全要素生产率、劳动生产率的影响，没有系统全面研究外商直接投资对经济增长方式转变的影响。选择适当的技术进步路径加快促进经济增长方式转变，是中国当前经济发展的重要目标。本书重点讨论外资技术溢出的不同路径、引进技术的不同方式影响经济增长方式转变的机理及差异，并考察技术引进与技术创新在经济增长方式转变中的相互补充或相互替代的关系，为技术创新理论和经济增长理论提供新的研究视角；将技术进步影响经济增长方式转变的研究，扩展到对经济增长集约化、投入产出率、制造业结构优化、居民收入差距的讨论，拓展技术进步理论和经济增长理论的研究视野；同时依据理论研究和实证检验判断促进经济增长方式转变的较优技术进步路径，为制定促进经济增长方式转变的技术进步政策提供参考。因此，研究技术进步路径选择对经济增长方式转变的影响，既具有重要的理论价值，又具有重要的应用价值。

三 研究思路与创新

（一）研究思路

随着改革开放的深入，外资经济已是中国经济的重要组成部分，更重要的是外资进入产生的溢出效应影响了中国经济的发展方式。基于外资经济深刻影响中国经济增长并产生一系列的经济效应，本书从四个方面研究外资与经济增长方式转变。

第一,讨论外资溢出对居民收入差距作用的机制变化和外资溢出对旅游服务贸易出口的影响,前者采用阈值协整模型实证检验外资溢出对居民收入差距的非线性效应,后者采用面板数据模型检验外资对旅游服务出口的创造效应。

第二,在讨论外资企业反映技术溢出效应及其影响因素基础上,主要区分外资企业生产本地化程度反映的模仿效应和外资参与度反映的竞争效应影响经济增长集约化和投入产出率的异同,并利用面板数据进行实证检验。

第三,揭示外资技术溢出和技术创新及二者的交互作用影响经济增长效率和制造业结构变迁的机理,并利用面板数据实证检验外资技术溢出和技术创新影响经济增长效率和制造业结构变迁机理的差异,通过构造外资参与度和技术创新的连乘式,检验外资技术溢出和技术创新的交互作用影响经济增长效率和制造业结构变迁的机理;揭示技术引进的不同方式影响经济增长效率的差异,并利用面板数据进行实证检验。

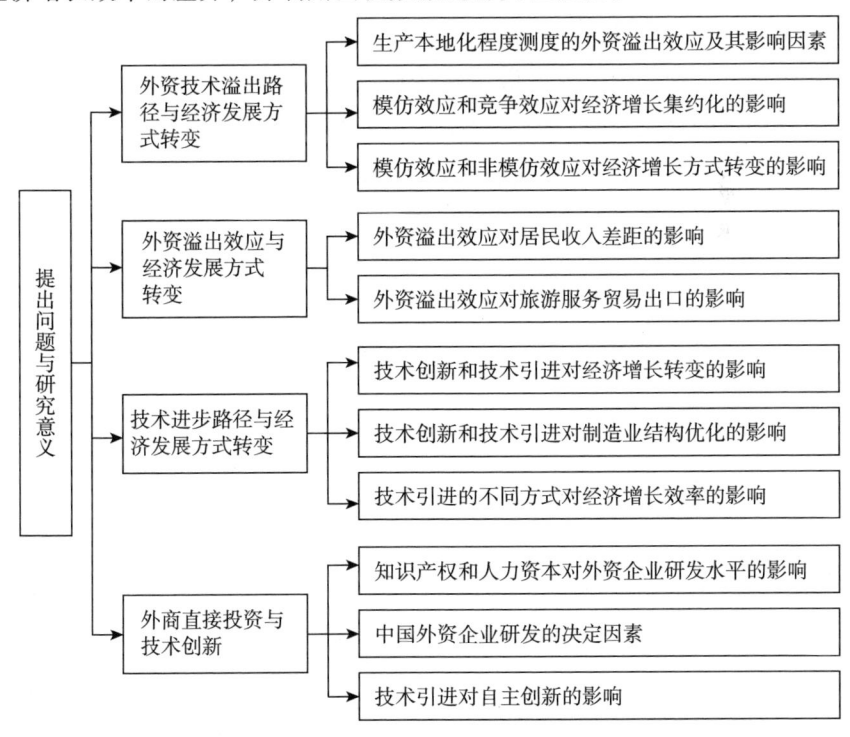

图 0-1 研究思路

第四，从技术创新是促进经济增长方式转变的根本路径出发，主要研究外资企业技术创新的影响因素及其技术溢出对自主创新的作用，并利用面板数据实证检验理论分析的结论。

(二) 创新点

本书集中讨论外商直接投资与经济增长方式转变，与现有研究相比，具有以下方面的创新。

第一，揭示外资进入产生的模仿效应和竞争效应影响经济增长效率的机理及其差异，利用面板模型进行实证研究验证了理论研究的结论。

第二，揭示外资技术溢出、进口技术溢出、购买国外技术和技术创新影响经济增长方式转变的机理及其差异，探讨外资技术溢出与技术创新相互作用影响经济增长效率和制造业结构变迁的机理，利用面板模型实证检验理论分析的结论。研究发现，只有外资技术溢出和技术创新的交互作用才能显著促进经济增长方式转变，不同技术引进方式对经济增长效率的作用不同，进口技术溢出和外资技术溢出不利于经济增长方式转变，购买国外技术则促进了经济增长效率提高。

第三，从理论上剖析外资溢出对居民收入差距的作用随市场化水平变化发生非线性变化，并利用阈值协整模型考察外资溢出影响居民收入差距机制的转移，研究发现市场化水平达到 0.668，外资溢出扩大居民收入差距的作用发生非线性转移。

第一篇
外资溢出效应与经济发展方式转变

第一章

外资溢出对居民收入差距的非线性效应

本章提要 理论上，外资溢出与居民收入差距之间可能存在非线性关系。运用平滑转移回归模型进行阈值协整检验表明，外资溢出与全国基尼系数之间存在阈值协整关系；市场化水平低于0.668，外资溢出扩大居民收入差距的作用接近或达到最大；市场化水平上升至0.668，外资溢出对居民收入差距的效应发生非线性转移；随着市场化的推进，2000年左右外资溢出对居民收入差距的作用发生质的变化，2002~2010年外资溢出缩小居民收入差距的作用接近或达到最大。

第一节 引言

随着对外开放不断扩大，流入中国的国际直接投资（简称外资或FDI）越来越多，外资不仅推动了经济稳定高速增长，而且影响了居民收入分配。FDI进入产生的溢出效应是推进中国市场化的重要力量，从就业比例看，外资进入和非国有经济的变化趋势基本上是一致的，1985~2010年外资经济单位就业占全国就业比例逐年上升，从0.012%上升到2.396%，非国有单位就业占全国就业比例不断上升，从81.8%上升到91.4%，外资进入产生的溢出效应是居民收入差距变化的深层原因。外资进入不仅使中国居民就业结构产生变化，而且通过技术溢出导致工资差异，进而影响中国居民收入差距。一些学者从理论和实证两方面深入研究了外资溢出对居民收入差距的效应，外资溢出对中国居民收入差距具有正效应还是负效应，理论和实证研究一直存在争议。理论和实证研究一致表明，外资溢出既可能扩大收入差距，也可能缩小收入差距，因此，外资溢出对收入差距的影响是复杂的（何枫和徐桂林，2009）。

一 外资进入通过改变经济结构影响收入差距

外资进入可以通过多种途径影响居民收入差距，如 FDI 大量流入，非国有经济比例上升，扩大了收入差距。因为外资经济的所有权本质是私人所有，即使排除外方资本等要素收入对中国收入差距的影响，中国私人资本在合资和合作企业获得的收入占总收入的比例随着外资经济发展不断提高，劳动收入份额下降，收入差距扩大。戴枫等（2007）、朱彤等（2012）、孔庆洋（2013）实证检验发现，外资经济扩大了中国居民收入差距；周明海等（2010）认为，外资企业的劳动边际产出远远大于内资企业，虽然工资较高，但是相对于企业效率，劳动报酬偏低，资本报酬偏高，即劳动收入份额显著较低。

二 外资进入促进竞争进而影响收入差距

FDI 大量流入必然增加劳动力需求，在劳动力市场均衡的条件下，FDI 必然导致工资上涨。一方面，由于体制原因，中国劳动力在相当长的一段时期内无法充分自由流动，因此这一结论在中国也是适用的。另一方面，外资进入提高了市场化水平，加剧了市场竞争，诱使内资企业模仿外资企业建立现代企业制度、完善公司治理水平，内资企业效率提高，工资水平上升，内外资企业工资差距可能缩小。国外 Lipsey 和 Sjöholm（2004）对印度尼西亚制造业的研究等证实了 FDI 拉动本地企业工资上升的观点。随着 FDI 由中国沿海逐步北上西进，FDI 推动了中西部工资水平的上升，有利于缩小收入的区域差距，戴枫（2010）选择 1997～2006 年区域面板数据进行实证检验，证明了外资经济缩小居民收入区域差距的结论。

三 内外资企业工资差距影响居民收入差距

外资企业一般建立了现代企业制度，有完善的激励约束机制，按效率支付工资；而且为了吸收本地的劳动力，外资企业倾向于支付高工资。内资企业工资定价在改革开放后的较长时期内主要由行政决定，外资企业工资明显高于内资企业。内外资企业工资差距扩大了居民收入差距。Aitken et al.（1996）对墨西哥和委内瑞拉的研究、Driffield 和 Girma（2003）对英国的研究，均支持外资企业工资高于本地企业的观点。

四 外资进入促进就业进而影响收入差距

FDI 进入为城镇失业人员提供就业机会，增加了城镇失业家庭的收入，有利于缩小城镇居民收入差距；特别是外资企业消除了就业身份歧视，吸收了大量农村劳动力，增加了农村居民家庭收入，有利于缩小城乡收入差距。赵晓霞和李金昌（2009）的实证研究表明，外资进入弥合了城乡居民收入差距。周娟和张广胜（2009）利用 1989~2006 年面板数据进行的实证检验，印证了这一观点。

五 外资溢出影响居民收入差距

FDI 通过技术溢出促进本地企业技术进步，增加对技术人员的需求，技术人员工资上升，收入差距扩大。包群和邵敏（2008，2010）两次选择 36 个行业面板数据、许和连等（2009）利用中国制造业 12180 家企业 1998~2001 年面板数据进行实证研究，均验证了这一观点。赵莹（2003）检验外资溢出对基尼系数的作用表明，外资溢出效应扩大了收入差距。周明海等（2010）的研究不仅强调了外资促进内资企业发展，扩大了国内投资，资本报酬比例上升扩大收入差距，而且认为外资企业劳动总报酬偏低导致平均工资水平高，高工资的溢出效应扩大了居民收入差距。[①] 外资进入产生的示范效应促进非国有经济发展，吸收了大量农村剩余劳动力，扩大农村居民内部收入差距；同时 FDI 分布不均衡，扩大居民收入的区域差距。

外资溢出既可能扩大居民收入差距，也可能缩小收入差距。一些学者研究指出外资溢出对东道国工资的影响受多种因素的制约，李雪辉和许罗

---

① 因为劳动生产率高，就业人员减少，劳动边际产出高，平均工资水平虽然高，但劳动收入份额却是下降的。

丹（2002）认为地区市场条件和劳动力市场结构差异制约外资溢出对内资企业工资的溢出效应；许和连等（2009）的实证研究也发现，在不同条件下，外资溢出对内资企业工资的影响存在显著差异。现有研究成果基本上选择线性模型进行实证检验，无法验证外资溢出对居民收入差距作用的复杂性。何枫和徐桂林（2009）通过构造FDI平方项的方法检验发现，FDI技术溢出与城乡收入差距呈倒U形关系，弥补了线性模型的缺陷。但是构造FDI平方项的方法检验FDI对收入差距作用的变化同样存在缺陷：第一，仅能检验FDI技术溢出对收入差距的作用随利用FDI水平变化而可能发生的变化，无法检验FDI技术溢出对收入差距的作用随其他因素变化而发生的变化；第二，这一方法仅能检验FDI技术溢出对收入差距作用可能发生质的变化，无法检验效应不发生质变条件下效应大小变化；第三，特别是，不能检验FDI技术溢出与收入差距的阈值协整关系，不能排除伪回归的可能。为弥补现有研究的不足，本章拟运用平滑转移回归模型，以市场化水平为阈值变量，对1982～2010年FDI技术溢出与全国居民收入差距之间的关系进行阈值协整分析，考察FDI技术溢出对居民收入差距的长期效应是否在市场化低于某一水平时发生非线性转移，以科学地回答如何利用FDI缩小收入差距这一重大现实问题。因此，这一研究不仅具有重要的理论意义，而且具有重大的现实价值。

第二节 外资溢出影响居民收入差距的阈值模型

一 阈值模型的构建

理论分析表明，外资溢出对居民收入差距的效应可能随某一因素变化而变化，因此我们将外资溢出影响基尼系数的计量模型初步设定为阈值模型。除了市场化和外资溢出外，影响居民收入差距的因素有很多，借鉴陆铭和陈钊（2004）、王小鲁和樊纲（2005）的实证模型，我们选择城镇化水平（表示为urban）、资本形成率（表示为kr）和对外开放水平（表示为open）作为模型的控制变量。为了检验模型的稳健性，我们采用逐步增加控制变量方法进行实证分析，因此，构建阈值模型如下。

$$G_t = \alpha_0 + \alpha_1 mark_t + \alpha_2 fdi_t + \alpha_3 urban_t + (\beta_0 + \beta_1 mark_t + \beta_2 fdi_t + \beta_3 urban_t)$$
$$F(mark_{t-d}, \lambda, \theta) + \varepsilon_t \quad (1-1)$$

$$G_t = \alpha_0 + \alpha_1 mark_t + \alpha_2 fdi_t + \alpha_3 urban_t + \alpha_4 kr_t + (\beta_0 + \beta_1 mark_t + \beta_2 fdi_t +$$
$$\beta_3 urban_t + \alpha_4 kr_t) F(mark_{t-d}, \lambda, \theta) + \varepsilon_t \quad (1-2)$$

$$G_t = \alpha_0 + \alpha_1 mark_t + \alpha_2 fdi_t + \alpha_3 urban_t + \alpha_4 kr_t + \alpha_5 open_t + (\beta_0 + \beta_1 mark_t +$$
$$\beta_2 fdi_t + \beta_3 urban_t + \alpha_4 kr_t + \alpha_5 open_t) F(mark_{t-d}, \lambda, \theta) + \varepsilon_t \quad (1-3)$$

t 表示第 t ($t=1982$, …, 2010) 年，G 为全国居民收入差距，常用基尼系数反映；fdi 表示外资参与度，反映技术溢出，是模型关键解释变量。F ($mark_{t-d}$, λ, θ) 是机制转移函数（其中 $mark_{t-d}$ 为阈值变量），刻画外资溢出对基尼系数的非线性关系及可能发生的非线性机制转移；d 表示机制发生转移的位置参数，其作用是确定机制转移的时点或位置；λ 表示机制转移速度的参数。如果 F（·）趋近 0，外资溢出对基尼系数的效应服从第一机制，效应由估计的 α_2 刻画；如果 F（·）趋近 1，外资溢出对居民收入差距的影响服从第二机制，效应由 $\alpha_2 + \beta_2$ 刻画；如果 F（·）∈ (0，1)，外资溢出对基尼系数的效应在两种机制间平滑［决定于 F（·）的值］转换，效应由 $\alpha + F(·) \times \beta$ 刻画。θ 是市场化水平变化的阈值参数，ε_t 为残差项。如果模型（1-1）至模型（1-3）中的所有变量为 I（1）序列，且估计残差 $\bar{\varepsilon}_t$ 不存在单位根，模型（1-2）至模型（1-3）则是阈值协整模型，外资溢出与基尼系数之间的关系是非线性的长期阈值协整关系。

二 变量测度

市场化水平通常可以用资本、产值和就业三个维度反映。由于中国各种统计资料中仅有企业的产值，没有提供党政团事业单位的产值，而党政团事业单位工资水平与其他单位存在较大的差距，是形成居民收入差距的重要原因。因此，不同所有权性质的企业产值不能准确反映市场化水平变化，否则可能导致实证模型估计的偏误。边燕杰和张展新（2005）主张从就业和投资两方面测度市场化，因此我们用非国有单位就业比例和投资比例综合反映市场化水平的变化。借鉴毕先萍和简新华（2002）的方法，市场化水平用非国有经济单位固定投资占全国固定投资的比例和非国有经济单位就业占全国就业的比例平均值测度。我们没有采用外资经济比例测度外资参与度，原因有二：第一，没有20世纪80年代中期以前外资经济单位统计数据；第二，一般而言，外资参与度与市场化水平高度相关，即二者存在强共线性，为避免这一问题对计量模型估计带来的影响，采用当年利用FDI数量占GDP的比例测度外资参与度（用fdi表示），其中FDI按年均汇率折算为人民币[①]。测算基尼系数的方法很多，其中测算城镇居民或农村居民收入内部差距的方法较为成熟，但是测算全国基尼系数的成果不多，基尼系数直接采用我们前期研究成果的数据（详见唐未兵、傅元海，2013）。资本形成率数据来自《中国统计年鉴》，城镇化用城镇人口的比例衡量，对外开放水平用进出口额占GDP的比例度量。

第三节 实证检验

为提高模型（1-1）至模型（1-3）估计结果的准确性，首先必须判断模型解释变量的共线性程度，然后确定模型的具体形式，再进行阈值协整检验。阈值协整模型首先要求解释变量服从单位根过程，其次需要确定机制发生转移的位置，再次确定解释变量与被解释变量是否存在非线性关系及其转移函数类型。依据这些要求逐步对模型解释变量及模型设定进行相关检验。

一 共线性检验

用时间序列数据测度的解释变量容易出现高度共线性，模型可能因此出现奇异矩阵而无法估计，即使不存在奇异矩阵，估计结果也可能存在偏差。利用相关分析发现，$mark$分别与$urban$、$open$、kr、fdi的相关系数分别为0.9764、0.8830、0.7451、0.4173，$urban$与$open$、kr、fdi的相关系数分别为0.8948、0.7986、0.3212，$open$与kr、fdi的相关系数为0.7468、0.4184，kr与fdi的相关系数为0.3213。初步认为部分解释变量之间存在强共线性。

---

① 1981~1983年外商直接投资数据来自联合国贸易和发展会议（UNCTAD）公布的数据。

表 1-1 解释变量的相关系数矩阵

	fdi	kr	open	mark	urban
fdi	1.0000	0.3213	0.4184	0.4173	0.3212
kr	0.3213	1.0000	0.7468	0.7451	0.7986
open	0.4184	0.7468	1.0000	0.8830	0.8948
mark	0.4173	0.7451	0.8830	1.0000	0.9764
urban	0.3212	0.7986	0.8948	0.9764	1.0000

进一步利用 Satterjee et al.（2000）提出的方法进行诊断表明，模型（1-1）至模型（1-3）解释变量的主成分分析的特征根倒数和分别为 56.8440、84.3729、87.4455，远远大于解释变量数目的 5 倍。因此，模型（1-1）至模型（1-3）的解释变量共线性程度非常高。利用 Kumar（2002）降低解释变量共线性的方法，分别以 urban、open、kr 为被解释变量、mark 为解释变量进行回归，得到的相应残差分别替代 urban、open、kr，分别表示为 urbans、opens、krs。调整后的解释变量之间的相关系数最高不超过 0.493，特别是通过对模型调整后的解释变量进行主成分分析，得到特征根倒数和均不超过解释变量的 1.6 倍，表明解释变量的低共线性不会影响模型（1-1）至模型（1-3）估计结果的准确性。

表 1-2 共线性检验

模型		特征根序号					特征根倒数和
		1	2	3	4	5	
模型（1-1）	初始变量	2.2034	0.7785	0.0181	*	*	56.8440
	调整变量	1.5818	0.9944	0.4238	*	*	3.9973
模型（1-2）	初始变量	2.3814	0.8313	0.7750	0.0123	*	84.3729
	调整变量	1.6656	1.3575	0.6793	0.2976	*	6.1688
模型（1-3）	初始变量	3.7293	0.8105	0.3098	0.1371	0.0133	87.4455
	调整变量	1.7955	1.4673	0.8430	0.6291	0.2651	7.7864

注：* 表示没有相应特征根。

二 单位根检验

对模型变量进行单位根检验表明，G、mark、fdi、urbans、opens 和 krs

的 ADF 统计量均大于 5% 显著水平下的临界值，这些变量的一阶差分 ADF 统计量均小于 5% 显著水平下的临界值。因此，这些变量均存在单位根，但一阶差分是平稳的，即所有变量均是 I（1）序列。

表 1-3 变量的单位根检验

变量	检验类型	统计量	临界值（5%）	变量	检验类型	统计量	临界值（5%）
G	(c, 0, 0)	-0.7529	-2.9678	$urbans$	(c, 0, 0)	-2.2476	-2.9678
$\triangle G$	(0, 0, 0)	-4.388	-1.9534	$\triangle urbans$	(0, 0, 0)	-5.7035	-1.9534
$mark$	(c, t, 0)	-2.4309	-3.5742	$opens$	(c, t, 0)	-1.8527	-3.5742
$\triangle mark$	(0, 0, 0)	-4.6892	-1.9534	$\triangle opens$	(0, 0, 0)	-4.6817	-1.9534
fdi	(c, 0, 1)	-2.1222	-2.9719	krs	(c, 0, 0)	-1.5856	-2.9678
$\triangle fdi$	(0, 0, 0)	-2.8117	-1.9534	$\triangle krs$	(0, 0, 0)	-4.4545	-1.9534

注：检验类型中的第 1 项 c 表示含有截距项，第 2 项 t 表示存在时间趋势项，第 3 项表示滞后阶；△表示一阶差分。

三　滞后阶的确立

Granger 和 Teräsvirta（1993）将机制转移函数分为 Logistic 型和 Exponential 型两类。两类转移函数均可以近似表示为在原点按三阶展开的表达式：

$$F(mark_{t-d}, \lambda, \theta) = \varphi_1 mark_{t-d}^1 + \varphi_2 mark_{t-d}^2 + \varphi_3 mark_{t-d}^3 \quad (1-4)$$

将（1-4）式分别代入模型（1-1）至模型（1-3）进行最小二乘估计。Dijk et al.（2002）、王少平和欧阳志刚（2008）等认为，一般依据 AIC 值最小、调整的 R^2 和 F 统计量最大原则确定机制发生转移的位置参数 d。上述原则必须以阈值协整模型为前提，否则应服从阈值协整原则确定 d。分别对模型（1-1）至模型（1-3）进行回归，相关结果见表 1-4。

表 1-4　阈值变量滞后阶的确定

	模型（1-1）			模型（1-2）			模型（1-3）		
	AIC	$\bar{R}^2$	F 统计量	AIC	$\bar{R}^2$	F 统计量	AIC	$\bar{R}^2$	F 统计量
$d=1$	-147.36	0.961	100.20	-145.82	0.961	76.92	-150.05	0.967	75.28
$d=2$	-146.19	0.964	103.10	-144.88	0.963	79.68	-145.74	0.965	69.20
$d=3$	-140.98	0.958	86.54	-142.62	0.962	74.65	-144.22	0.965	66.62

由于本章样本较小，取 d 最大值为 3。模型（1-1）和模型（1-2）均取 $d=2$，AIC 虽然不是最小，但是 $\bar{R}^2$ 和 F 值最大。依据 AIC、$\bar{R}^2$ 和 F 值，模型（1-3）取 $d=1$，但是阈值协整统计量为 5.98，大于 5% 显著水平下的临界值，残差存在单位根，说明取 $d=1$ 拒绝解释变量与基尼系数存在阈值协整关系，因此，调整 d 的取值为 2。

四 非线性检验与转移函数形式的确定

外资溢出对基尼系数的长期效应是否发生非线性转移以及按何种方式转移，可以通过严格的检验来确定。将确定的滞后阶 d 代入（1-5）式，再分别代入（1-1）式至（1-3）式。如果 $\varphi_1 = \varphi_2 = \varphi_3 = 0$，$F(\cdot) = 0$，模型则为线性模型；如果 φ_1、φ_2、φ_3 不全为 0，$F(\cdot) \neq 0$，模型则为非线性模型。运用 Caner 和 Hansen（2001）提出的线性非线性模型检验法，分别对模型（1-1）至模型（1-3）进行检验表明，三个模型线性非线性检验的 LM 统计量分别为 199.01、744.80、932.43，明显大于 5% 显著水平的临界值，均拒绝 $\varphi_1 = \varphi_2 = \varphi_3 = 0$ 的原假设 Z_0，即三个模型均拒绝线性模型，不拒绝非线性模型。

表 1-5 转移函数 $F(\cdot)$ 形式的检验

假设	模型（1-1）			模型（1-2）			模型（1-3）		
	LM 统计量	临界值		LM 统计量	临界值		LM 统计量	临界值	
		5%	10%		5%	10%		5%	10%
Z_0	199.01	34.54	29.52	744.80	67.75	61.56	932.43	120.39	110.25
Z_{01}	26.24	18.29	12.33	135.85	26.66	15.33	242.44	69.74	38.48
Z_{02}	19.49	12.78	9.10	22.96	17.08	13.89	17.11	18.11	16.92
Z_{03}	42.59	7.15	6.11	46.98	18.52	13.19	35.60	19.10	17.53

注：Bootstrap 的循环次数为 1000 次。

如果拒绝 $\varphi_3 = 0$ 的 Z_{01} 原假设或 $\varphi_1 = 0 \mid \varphi_3 = 0$ 的 Z_{03} 原假设，机制转移函数为 Logistic 型转移函数；如果拒绝 $\varphi_2 = 0 \mid \varphi_1 = 0$、$\varphi_3 = 0$ 的 Z_{02} 原假设，机制转移函数为 Exponential 型转移函数。从表 1-5 可以看出，模型（1-1）至模型（1-3）在 Z_{01} 假设条件下，统计量分别为 26.24、135.85 和 242.44，明显大于 5% 显著水平下临界值，即拒绝 Z_{01} 假设，可以确定三

个模型的机制转移函数均是 Logistic 型转移函数。将确定的机制转移函数代入相应模型,得到以下阈值模型[①]:

$$G_t = \alpha_0 + \alpha_1 mark_t + \alpha_2 fdi_t + \alpha_3 urbans_t + (\beta_0 + \beta_1 mark_t + \beta_2 fdi_t + \beta_3 urbans_t)$$
$$\{1 + \exp[-\lambda(mark_{t-2} - \theta)]\}^{-1} + \varepsilon_t \quad (1-5)$$

$$G_t = \alpha_0 + \alpha_1 mark_t + \alpha_2 fdi_t + \alpha_3 urbans_t + \alpha_4 krs_t + (\beta_0 + \beta_1 mark_t + \beta_2 fdi_t + \beta_3 urbans_t + \alpha_4 krs_t)\{1 + \exp[-\lambda(mark_{t-2} - \theta)]\}^{-1} + \varepsilon_t \quad (1-6)$$

$$G_t = \alpha_0 + \alpha_1 mark_t + \alpha_2 fdi_t + \alpha_3 urbans_t + \alpha_4 krs_t + \alpha_5 opens_t + (\beta_0 + \beta_1 mark_t + \beta_2 fdi_t + \beta_3 urbans_t + \alpha_4 krs_t + \alpha_5 opens_t) \{1 + \exp[-\lambda(mark_{t-2} - \theta)]\}^{-1} + \varepsilon_t \quad (1-7)$$

五 阈值协整检验

经检验确定模型 (1-5) 至模型 (1-7) 为非线性模型,进一步利用 Choi 和 Saikkonen(2004)提出的方法,计算基于估计的部分残差计算阈值协整检验的统计量,以检验模型 (1-5) 至模型 (1-7) $\bar{\varepsilon}_t$ 的平稳性。阈值协整检验的原假设是 $\bar{\varepsilon}_t$ 为平稳序列,备择假设是 $\bar{\varepsilon}_t$ 服从单位根过程。表 1-6 显示,模型 (1-5) 的阈值协整统计量为 1.38,对应的概率为 0.31,小于 5% 显著水平下的临界值 2.6584;模型 (1-6) 的阈值协整统计量为 1.36,小于 5% 显著水平下的临界值 2.311,对应的概率为 0.227;模型 (1-7) 的阈值协整统计量为 1.74,小于 5% 显著水平下的临界值 4.126,对应的概率为 0.4。因此,在 5% 显著水平下模型 (1-5) 至模型 (1-7) 估计残差均为 I(0) 序列,表明外资溢出与全国基尼系数均存在阈值协整关系。也就是说,随着市场化水平上升到某一水平,外资溢出对居民收入差距的长期效应会发生非线性转移。

表 1-6 阈值协整的检验

模型	阈值协整统计量	临界值			p
		1%	5%	10%	
模型 (1-5)	1.3810	3.3307	2.6584	2.0540	0.312

---

① 模型拒绝 Z_{01} 原假设,转移函数可能是另一种 Logistic 型转移函数 $F(mark_{t-d}, \lambda, \theta) = \{1 + \exp[-\lambda(mark_{t-d} - \theta_1)(mark_{t-d} - \theta_2)]\}^{-1}$,即机制转移函数可能存在两个阈值,检验仅发现一个阈值。因此,三个模型机制转移函数类型是相同的。

续表

模型	阈值协整统计量	临界值			p
		1%	5%	10%	
模型（1-6）	1.3634	2.9143	2.3118	1.8566	0.227
模型（1-7）	1.7394	5.4363	4.1262	3.6386	0.4033

注：Bootstrap 的循环次数为 1000 次。

第四节　实证结果及解释

一　模型估计结果

采用 Choi 和 Saikkonen 的方法确定初始阈值，对模型（1-5）至模型（1-7）进行非线性最小二乘估计，得到具有一致性的估计结果分别为（1-5）式至（1-7）式。从估计结果可以看出，外资溢出对居民收入差距的长期效应，因市场化水平的变化而显著不同。

图 1-1 中，1982~1997 年模型（1-8）和模型（1-10）外资溢出对全国基尼系数的效应服从第一机制，1982~1995 年模型（1-9）外资溢出对全国基尼系数的效应服从第一机制，外资溢出对基尼系数的效应值分别为 0.026、0.13 和 0.2。在这一时期内，利用 FDI 水平提高一个单位，基尼系数分别增加 0.026、0.13 和 0.2；反之，利用 FDI 水平降低一个单位，基尼系数下降 0.026、0.13 和 0.2。2002~2010 年模型（1-8）和模型（1-10）外资溢出对基尼系数的效应服从第二机制，外资溢出对基尼系数的效应值分别为 $\alpha_2 + \beta_2 = 0.026 - 0.072 = -0.046$、$0.013 - 0.058 = -0.045$；2000~2010 年模型（1-9）外资溢出对基尼系数的效应服从第二机制，外资溢出对基尼系数的效应值为 $\alpha_2 + \beta_2 = 0.02 - 0.08 = -0.06$。进一步说，利用 FDI 水平提高一个单位，2002~2010 年模型（1-8）和模型（1-10）全国基尼系数分别下降 0.046、0.045，2000~2010 年模型（1-9）全国基尼系数下降 0.06；相反，利用 FDI 水平降低一个单位，2002~2010 年模型（1-8）和模型（1-10）全国基尼系数分别上升 0.046、0.045，2000~2010 年模型（1-9）全国基尼系数上升 0.06。

$$G_t = 0.051 + 0.481 mark_t + 0.026 fdi_t + 0.189 urbans_t + (1.224 -$$
$$(4.255) \quad (13.24) \quad (2443.0) \quad (36.399) \quad (4.889)$$

$$1.291 mark_t - 0.072 fdi_t - 2.661 urbans_t)$$
$$(-4.036) \quad (-82.877) \quad (-8.658)$$

$$* \{1 + \exp[-236(mark_{t-2} - 0.6682)]\}^{-1} \quad (1-8)$$

$$G_t = -0.100 + 0.749 mark_t + 0.020 fdi_t + 1.823 urbans_t + 0.368 krs_t +$$
$$(-5.582) \quad (14.230) \quad (1141.2) \quad (38.568) \quad (11.141)$$

$$(1.691 - 1.934 mark_t - 0.080 fdi_t - 3.098 urbans_t - 0.094 krs_t)$$
$$(3.685) \quad (-3.130) \quad (-64.522) \quad (-3.610) \quad (-0.481)$$

$$\{1 + \exp[-231(mark_{t-1} - 0.6682)]\}^{-1} \quad (1-9)$$

$$G_t = -0.247 + 1.018 mark_t + 0.013 fdi_t + 1.236 urbans_t + 0.261 opens_t +$$
$$(-13.209) \quad (17.537) \quad (581.75) \quad (16.175) \quad (31.193)$$

$$0.274 krs_t + (1.532 - 1.847 mark_t - 0.058 fdi_t - 2.295 urbans_t -$$
$$(10.361) \quad (4.468) \quad (-4.042) \quad (-58.492) \quad (-3.356)$$

$$0.223 opens_t + 0.005 krs_t)$$
$$(-22.132) \quad (0.032)$$

$$\{1 + \exp[-190(mark_{t-1} - 0.6674)]\}^{-1} \quad (1-10)$$

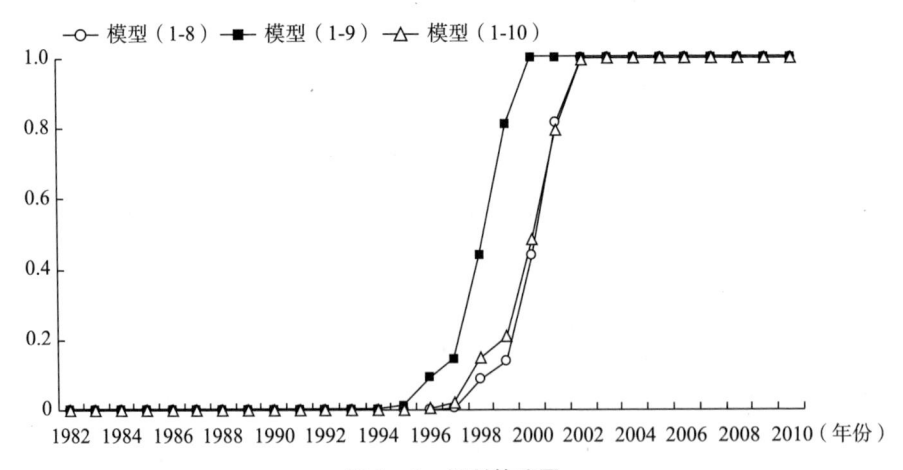

（括号内数为 t 统计量）

图 1-1 机制转移图

1998~2001 年，模型（1-8）和模型（1-10）外资溢出对基尼系数的效应服从混合机制，1996~1999 年模型（1-9）外资溢出对基尼系数的效应服从混合机制效应值由 $\alpha_2 + F(\cdot) \times \beta_2$ 刻画。具体地说，利用 FDI 水平提高（或降低）一个单位，1998 年和 1999 年模型（1-8）的基尼系数分别上升（或下降）0.02 和 0.016，模型（1-10）的基尼系数分别上升（或下降）0.004 和 0.0004，2000 年和 2001 年的基尼系数分别下降（或上升）0.006 和 0.033；1996 年和 1997 年模型（1-9）的基尼系数分别上升（或下降）0.013 和 0.009；2000 年和 2001 年模型（1-8）的基尼系数分别下降（或上升）0.006 和 0.033，模型（1-9）的基尼系数分别下降（或上升）0.016 和 0.033，模型（1-8）的基尼系数分别下降（或上升）0.006 和 0.03，1998 年和 1999 年模型（1-9）的基尼系数分别下降（或上升）0.015 和 0.045。通过分析可以推断，模型（1-8）和模型（1-10）外资溢出对中国居民收入差距的效应随市场化水平上升至 0.668 时发生了非线性转移；模型（1-9）外资溢出对中国居民收入差距的效应随市场化水平上升至 0.667 时发生了非线性转移。模型（1-8）和模型（1-10）中 2000 年外资溢出对全国基尼系数的效应发生性质变化，模型（1-9）中 1998 年外资溢出对全国基尼系数的效应发生性质变化，即外资溢出先是扩大中国居民收入差距，然后缩小居民收入差距。

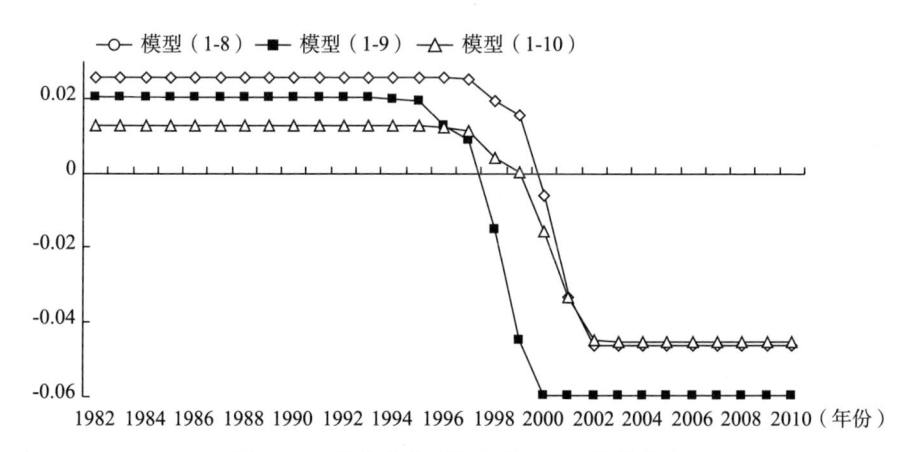

图 1-2　外资溢出对居民收入差距的偏效应

二　模型估计结果的稳健性分析

估计结果表明，在第一机制下，利用 FDI 水平的系数为正值；在第二机制下，利用 FDI 水平的系数为负值。特别是，在样本期间，模型选择城镇化或选择城镇化和资本形成率为控制变量，外资溢出对全国基尼系数的长期效应变化趋势基本一致；外资溢出对全国基尼系数的长期效应 2000 年前效应为正，2000 年开始效应为负。模型选择城镇化、对外开放和资本形成率为控制变量，与另两个模型存在两个微小差异，一是机制函数转移速度稍慢，二是效应发生性质变化的年份略有不同，外资溢出对基尼系数的效应发生性质变化早2年。因此，通过逐步添加控制变量的方法进行检验发现，阈值变量估计值、机制转移速度基本一致，外资溢出对基尼系数的效应变化趋势在不同模型中是一致的，由此可以认为估计结果是稳健的。

三 主要结论及解释

（一）市场化水平上升至某一水平会改变外资溢出对居民收入差距效应的性质

外资溢出对居民收入差距产生了多方面的作用。第一，FDI进入产生技术溢出，促进了技术进步，扩大了技术人员的需求，由于短期内技术人员供给不会增加，技术人员供不应求导致技术人员工资上升，必然扩大居民收入差距。第二，外资进入产生示范效应，促进非国有企业发展，吸收农村剩余劳动力，扩大农村居民内部收入差距和缩小城乡收入差距，对全国居民收入差距产生两方面的作用；外资示范效应带动非国有企业发展，吸收了市场化改革导致的失业人员，增加了失业家庭的收入，有利于缩小城镇居民收入差距。第三，外资进入产生竞争效应影响劳动供求，进而影响居民收入差距。随着外资进入，在劳动力不完全流动的条件下，受劳动人事制度、户籍限制、社会保障体系不完善等因素的制约，劳动需求大于供给必然会扩大外资企业与内资企业工资的差距。从表1-7可以看出，1996~2010年外资企业平均工资与全部城镇单位平均工资的差距总体上不断缩小，与利用FDI水平不断降低的趋势基本一致。因为利用FDI水平下降决定了外资企业对劳动需求增加幅度是不断下降的，同时市场化改革释放了大量的劳动力，社会保障制度和劳动人事制度等改革，有利于人口流动，劳动市场供给增加，致使外资企业的工资水平与内资企业的差距不断缩小。总之，如果外资溢出对居民收入差距的负效应超过正效应，外资溢出扩大居民收入差距，这可能发生在改革开放初至20世纪90年代中后期；20世纪90年代后期随着市场化改革深入和社会保障体系的完善，劳动供求改善，扩大了外资溢出对居民收入差距的负效应，致使外资溢出对居民收入差距的正效应小于负效应，外资溢出缩小居民收入差距。

表 1-7　外资企业与城镇单位平均工资比较

年份	1996	1998	1999	2000	2001	2002	2003	2004	2005	2006	2007	2008	2009	2010
差距	1.56	1.56	1.55	1.51	1.41	1.37	1.31	1.23	1.16	1.13	1.08	1.07	1.03	1.03

注：FDI 企业平均工资依据港澳台企业平均工资和就业人数、外商投资企业平均工资和就业人数计算。

（二）促使外资溢出对居民收入差距的效应发生非线性转移的因素

外资产生的溢出效应促使市场化进程加速，进而对农村劳动力吸收速度大幅提高，1998 年农村劳动力流动数量占农村劳动力的比例增加 0.023，市场化扩大农村居民收入差距的效应可能大幅度缩小。因此，2000 年非国有经济吸收农村劳动力的能力大幅提高，农村流动劳动力增加 1180 万人，占农村劳动力的比例突破 30%，市场化对农村居民收入内部差距的正效应进一步下降，对城乡收入差距的负效应进一步扩大；1997 年中国高等教育规模扩大，意味着自 2000 年开始技术人员供给增加的幅度增大，有利于缩小 FDI 企业与内资企业的工资差异。以上多种因素诱使外资溢出效应对居民收入差距的效应发生性质变化。

第五节　政策启示

利用阈值协整模型检验 1982~2010 年外资溢出效应对全国基尼系数的长期效应。结果表明，外资溢出效应与全国基尼系数之间存在阈值协整关系。具体地说，当市场化水平上升至 0.668 时，外资溢出效应对居民收入差距的效应发生非线性转移；市场化水平低于 0.668 时，外资溢出扩大居民收入差距，也就是说，20 世纪 90 年代中期以前外资溢出效应是扩大中国居民收入差距的重要原因。随着市场化水平在门槛值以上进一步上升，20 世纪 90 年代中后期以前外资溢出扩大居民收入差距的效应不断缩小，2000 年外资溢出效应对居民收入差距的正效应变为负效应，到 2002 年外资溢出效应缩小居民收入差距的作用接近或达到最大，即 2002~2010 年利用 FDI 水平下降是中国居民收入差距扩大的重要原因。

实证研究得到的结论具有重要的启示：推进市场化，大力引进外资可以缩小居民收入差距，可以提高国内有效需求，破除经济持续稳定增长的瓶颈，促进经济增长，可以从根本上解决许多社会矛盾，为中国当前正在进行的深层改革创造良好的社会环境和必要条件。重视引进外资，特别是加大中西部利用FDI水平，为中西部城镇失业人员和农村劳动力提供更多的就业机会，增加城镇失业家庭和农村居民家庭收入，缩小城镇居民收入差距、农村居民收入差距和城乡收入差距。同时，政府应加大对垄断企业的反垄断力度，消除垄断行业就业进入壁垒和行业进入壁垒，允许外资进入垄断行业。这不仅有利于促进竞争，而且有利于推进市场化，进而缩小收入差距。

第二章

外资溢出对旅游服务出口的
影响及其区域差异

——基于中国区域动态面板的研究

本章提要 外商直接投资通过多种方式促进东道国旅游服务的出口，具体包括外资企业的业务活动产生的旅游服务出口，企业外方雇员引致的探亲访友型产生的旅游服务出口，旅游业FDI因改善旅游服务条件而带动的旅游服务出口，FDI直接或间接导致的入境游客对旅游信息的传播促进旅游服务的出口。利用中国1987~2008年区域面板数据，构建动态面板模型分全国、东部、中部和西部样本，估计发现，FDI对全国和东部旅游服务出口具有显著的创造效应，对中西部旅游服务出口的创造效应在计量上不显著，说明FDI对中国旅游服务出口的创造效应是东部创造的，检验结果也证实了中国FDI空间分布的差异与旅游服务出口的区域差异存在内在的逻辑联系。

第一节 引言

扩大内需和稳定外需是保持中国经济稳定增长的两种重要手段，追求出口数量增长的对外贸易模式支撑中国30多年的经济高速增长，而这种贸易模式正面临资源和环境的约束难以为继。稳定外需就必须调整对外贸易结构、转变对外贸易增长模式，扩大服务贸易则是优化对外贸易结构、转变贸易增长模式的重要内容，服务贸易具有低能耗、低污染的优势，扩大服务贸易是实现经济可持续发展的重要途径。虽然中国服务贸易出口总额居世界前列，但服务贸易发展水平低，到2008年中国服务贸易仅占总贸易的10.6%，远远低于欧盟和美国等发达国家20%以上的水平，甚至低于世界平均18.1%的水平，中国服务业的支柱产业旅游服务业出口增长缓慢是中国服务贸易水平低的重要原因，旅游服务出口占服务贸易出口的比例不断下降，20世纪90年代后期至2002年达到50%左右，2007年后只有30%左右。因此，促进旅游服务出口的稳定增长是实现服务贸易增长的重要保证，虽然很多研究成果探讨了中国旅游服务贸易出口的原因及其进一步发展的空间，但是很少有研究成果从利用外商直接投资的视角探讨东道国旅游服务出口的发展，本章将从理论上探析外商直接投资影响旅游服务出口的机理，并利用中国1987~2008年区域面板数据进行实证检验，以探寻引进FDI的大国推动旅游服务出口的对策。

第二节　文献评述

学者对于FDI与东道国贸易的关系进行了广泛的探讨，Markusen（1983）、小岛清（1987）等认为FDI对国际贸易具有创造效应。理论上，FDI通过直接和间接两种方式影响东道国的贸易，直接影响是指FDI企业进出口的数量规模、结构等对东道国的影响；间接影响是FDI企业进出口产生的关联效应和信息溢出效应对贸易的影响。一些实证研究如Harrison（1994）、Lipsey（1995）、Min（2003）的研究表明，FDI对东道国贸易具有创造效应，国内学者如江小涓（2002）的实证研究也得出类似的结论。但是这些研究讨论的是FDI对东道国货物贸易的影响，没有涉及FDI对旅游服务贸易的影响。

一些学者将FDI与东道国贸易关系的研究从货物贸易进一步拓展到服务贸易领域，具体包括FDI对服务贸易的影响、服务业FDI对服务贸易的影响等方面。这些研究成果虽然没有系统地直接研究FDI对东道国旅游服务出口的影响，但是从FDI或服务业FDI影响服务贸易出口的结论可以初步推断FDI对旅游服务出口可能产生的作用。Blind和Jungmittag（2004）、Banga（2005）的实证研究表明，FDI对东道国服务贸易出口具有创造效应；不过，孙俊（2002）利用国别数据进行实证检验的结果并不支持 FDI 对服务贸易出口的创造效应观点，将原因归结为发达国家和发展中国家服务贸易出口原有比较优势的差异；袁永娜（2007）利用 1982~2005 年时间序列数据进行的协整分析支持了孙俊的结论。一些学者进一步检验了服务业 FDI 对服务贸易的影响，周海蓉（2008）利用中国 1983~2005 年数据进行实证研究发现，服务业 FDI 对服务贸易进口具有替代效应，对出口具有创造效应。但是，这些研究没有明确 FDI 与旅游服务出口的关系，因而无法判断 FDI 对旅游服务出口的影响。

如果因为旅游服务贸易是服务贸易的组成部分，可以从 FDI 对服务贸易的影响推断 FDI 对旅游服务贸易可能产生的影响，那么同样因为利用 FDI 水平是衡量对外开放水平的重要内容，也可以从对外开放与旅游服务贸易的关系推断 FDI 与旅游服务贸易可能存在的联系。影响国际旅游服务的因素中，与 FDI 直接相关的是对外开放度。对外开放是国际旅游服务的基础、先导，对外开放水平越高，旅游产品的信息越能为更多国际游客了解。彭华（2000）认为对外开放是影响城市国际旅游的重要因素，因为对外开放水平越高，城市对外经济联系越强，吸引商务和业务等活动的商务旅游者越多；赵东喜（2008）运用 1997~2005 年省际面板数据进行实证研究发现，对外开放水平是国际旅游服务贸易出口的决定因素。因此，从开放水平对国际旅游服务出口的影响可以推断 FDI 对国际旅游服务出口可能产生的影响，但是结论仍然不明确。

文献回顾表明，现有的研究既未从理论上系统地探讨 FDI 影响东道国旅游服务贸易出口的机理，也未系统地检验 FDI 对旅游服务贸易出口的影响。虽然保继刚和刘雪梅（2002）的实证研究验证了实际利用外资与国际旅游服务贸易出口正相关关系，但是相关性并不能说明 FDI 与国际旅游收入的内在逻辑联系，不能排除二者的伪相关关系。因此，系统地研究 FDI 对东道国旅游服务出口的影响具有理论价值，相对于时间序列数据来说，动态面板数据模型适用于揭示不同区域 FDI 影响旅游服务出口的异质性及其动态效应。

第三节　外资溢出影响旅游服务出口的理论分析

众所周知，与运输货物进入国际市场的出口贸易不同的是，旅游服务因为旅游产品主体不能迁移的特殊性，旅游服务出口必须通过将国际消费者请进来消费旅游产品才能实现。中国是一个历史悠久、幅员辽阔的国度，众多的历史文化古迹、自然名胜是稀缺珍贵的旅游资源，但是如果国际游客不知道这些旅游产品的信息，就无法形成对中国旅游产品的有效需求，旅游服务出口不能实现。对外开放是国际游客了解旅游产品信息的前提和基础，特别是对中国而言，对外开放在时间上和空间上都是渐进式的，而且旅游产品的国际宣传往往滞后于主要经济活动，国际游客了解中国名胜古迹等旅游产品是循序渐进的缓慢过程，外资企业的生产经营活动对中国旅游服务贸易出口具有特殊意义，因为外资企业的经营活动不仅直接拉动旅游服务的出口，而且还传播与扩散旅游产品的信息，间接推动旅游服务出口。

在中国渐进式的对外开放中，外商直接投资积极促进了旅游服务出口。因为外商投资建企业必然进行选址和投资环境考察、投资洽谈、签订协议、厂房建设等，企业经营的这些前期活动可能会产生不同规模的商务旅游和观光旅游等；企业经营过程中，母公司或其他子公司在采购、生产、技术、销售等业务上对本地子公司进行监管、指导、考察、协调等，也可能直接产生公务旅游、观光旅游等。一般而言，无论单个投资项目规模，还是地区利用FDI的总规模，可能与直接产生的旅游活动正相关。FDI从集中的东部沿海地区逐步北上西进的过程中，拉动了FDI所到之地的国际旅游活动。随着流入中国的FDI不断增加，旅游服务出口也是成比例扩大，当中国步入引进FDI的大国行列时，旅游外汇收入也相应地名列世界前列。

外商直接投资不仅直接拉动旅游服务出口，还间接推动旅游服务出口。FDI对东道国旅游服务出口的间接效应包括旅游条件改善效应、关联效应和信息溢出效应三个层面。旅游条件改善效应是指FDI进入交通、住宿、餐饮、旅游中介等行业，能改善旅游基础设施条件，提高旅游服务水平和质量，进而扩大旅游服务的出口，因为虽然旅游资源是影响旅游服务出口的决定因素，但是旅游基础设施和服务质量也是必要条件。关联效应是指外资企业的外方雇员会引起其母国或其他国家的亲人朋友探亲访友现象，扩大旅游服务的出口。外资企业的外方雇员越多，FDI关联的旅游服务出口效应越大。一般而言，独资企业的关联效应最大，外方控股企业次之。

FDI 的旅游服务信息溢出效应对扩大中国旅游服务出口具有非常重要的意义。政府特别是发展中国家的政府始终重视 FDI 企业出口信息的溢出效应。Caves（1996）、Blomström 和 Kokko（1996）、Kumar（2002）认为 FDI 企业出口会向本地企业传递出口市场的信息，对本地企业"学习出口"是非常重要的；柴敏（2006）利用省际面板数据、傅元海和谭伟生（2009）利用时间序列数据的实证研究均验证 FDI 企业出口对中国内资企业出口存在信息溢出效应。如果说 FDI 企业通过出口向东道国企业溢出出口市场的需求信息，那么 FDI 企业生产经营活动必然向潜在国际游客溢出东道国旅游服务的供给信息。在对外开放过程中旅游产品的国际宣传一般滞后于外商直接投资活动，外商直接投资活动引致的入境游客通过特有的信息传播网络传输旅游服务信息就成为中国旅游产品国际宣传的重要渠道。因此，在中国渐进式的对外开放中，FDI 的旅游服务信息溢出效应在扩大中国旅游服务贸易出口方面发挥了重要的作用。

第四节 中国利用 FDI 和旅游服务出口现状的简要描述

经济发展水平、地理区位和对外开放水平的差异，导致中国区域利用 FDI 和国际旅游服务贸易存在显著差异，为揭示利用 FDI 水平的区域差异对国际旅游服务出口的影响，我们依据这种差异将中国划分为东中西三大区域。东部区域包括京、津、冀、辽、沪、苏、浙、闽、鲁、粤和琼 11 个省市，中部区域包括晋、吉、黑、皖、赣、豫、鄂和湘 8 个省，其余省份为西部区域。

1. FDI 空间分布的差异

由于东部对外开放的先行优势、沿海的区位优势和较高的经济发展水平等条件，FDI 主要集中于此，1987～2008 年流入东部的 FDI 基本上在 80% 以上，最低的 2008 年为 75%，最高的 2003 年达到 86%；中部地区次之，基本在 10% 以上，最低的 1992 年占 9.3%，最高的 2008 年达到 16.6%；西部地区的比例为 5% 左右，最低的 2003 年只有 4.1%，最高的 1987 年达到 10.7%。

表 2-1 各地区引进 FDI 和旅游服务贸易出口的比例

年份	利用外商直接投资的份额			国际旅游收入份额			年份	利用外商直接投资的份额			国际旅游收入份额		
	东部	中部	西部	东部	中部	西部		东部	中部	西部	东部	中部	西部
1987	0.763	0.130	0.107	0.853	0.017	0.131	1998	0.816	0.121	0.063	0.758	0.056	0.186
1988	0.766	0.131	0.103	0.892	0.017	0.092	1999	0.844	0.103	0.054	0.741	0.058	0.200
1989	0.811	0.121	0.068	0.853	0.018	0.130	2000	0.847	0.098	0.056	0.727	0.059	0.213
1990	0.842	0.109	0.050	0.822	0.021	0.158	2001	0.853	0.098	0.049	0.737	0.068	0.196
1991	0.833	0.120	0.047	0.817	0.022	0.161	2002	0.850	0.104	0.046	0.743	0.070	0.187
1992	0.857	0.093	0.050	0.816	0.026	0.158	2003	0.860	0.100	0.041	0.811	0.049	0.141
1993	0.824	0.094	0.081	0.823	0.027	0.151	2004	0.832	0.121	0.047	0.773	0.062	0.165
1994	0.821	0.102	0.078	0.766	0.037	0.198	2005	0.808	0.137	0.055	0.763	0.065	0.173
1995	0.813	0.115	0.072	0.774	0.043	0.184	2006	0.795	0.144	0.061	0.754	0.071	0.175
1996	0.829	0.119	0.052	0.752	0.052	0.197	2007	0.773	0.163	0.063	0.741	0.074	0.185
1997	0.809	0.129	0.062	0.729	0.062	0.208	2008	0.750	0.166	0.084	0.750	0.083	0.167

注：各地区比例计算是东、中、西部地区分别求和除以 31 个省区市之和，全国数据未采用相应的统计数据，因为各省之和明显超过全国统计口径数据；表中数据主要来自《新中国 60 年统计资料汇编》，四川和福建缺失的少数年份数据来自相应的《四川统计年鉴》和《福建统计年鉴》，个别数据依据中经网补全或调整。

图 2-1 直观地显示三个区域利用 FDI 水平的差距，其中东西部的差距最大，东西部利用 FDI 的比值为 7.1~21.2，1987~1991 年差距比不断扩大到 17.8，之后差距比迅速缩小到 1993 年的 10.1，1993~2003 年东西差距总体上呈不断扩大的态势，2003 年之后差距再次迅速缩小。东中部利用 FDI 水平的差距次之，东部利用 FDI 与中部的比值为 4.5~9.2，1987~1992 年东中部差距缓慢扩大，1992~1997 年差距比从 9.2 缓慢缩小到 6.3，1998~2003 年差距较为稳定，2003 年之后东中部差距明显呈扩大趋势。中西部的差距较小，中部利用 FDI 与西部的比值为 1.2~2.6，差距稳定。因此，东中西部利用 FDI 水平的差距十分明显。

2. 国际旅游服务出口的区域差距

各区域国际旅游服务出口的差距也是十分明显，其特征与 FDI 空间分布的差异大同小异。1987~2008 年，东部旅游服务出口的比例最高，占全国的 72.7%~89.2%，东部旅游服务出口的比例变化分为三个阶段，1987~

图 2-1 各区域利用 FDI 水平的差距

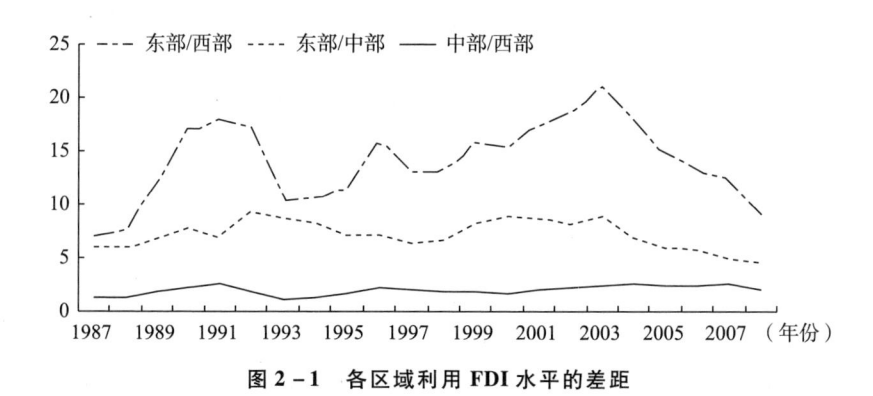

1997 年总体呈下降趋势，由 89.2% 下降到 72.9%；之后呈波动上升趋势，到 2003 年达到 81.1%；2003～2008 年呈波动下降趋势。与 FDI 空间分布的差距相同的是，中西部旅游服务出口的比例低，最高不超过 28%；与 FDI 空间分布的差距不同的是，西部旅游服务出口的比例高于中部，原因可能是西部丰富的旅游资源对国际游客的吸引力超过了 FDI 的旅游服务出口效应。

第五节 基本计量模型

1. 设立模型

现有研究国际旅游服务贸易出口影响因素的实证文献，主要从旅游地的引力因素和客源国的因素两方面选择解释变量构建计量模型。旅游地引力模型在实证中更多地考虑地理因素、微观因素等，而入境旅游本质上就是贸易出口，郭为（2007）认为用贸易引力模型解释入境旅游的影响因素更接近于经济的一般形式，比旅游地吸引力模型更具有解释力。本章运用宏观数据进行实证检验，因此采用贸易引力模型进行研究。如果不考虑空间距离和客源国经济发展水平的影响，Bergstrand（1989）的贸易引力模型可以简化为如下形式：

$$fti = \omega z^{\beta} y^{\varphi} \tag{2-1}$$

fti 表示旅游外汇收入，y 代表经济发展水平，z 为促进或阻碍贸易流动的因素；ω、β、φ 为模型中的参数。z 包括的内容比较多，赵东喜（2008）

主要考虑了对外开放水平、旅游资源、交通基础设施和旅游服务设施等因素。赵东喜用进出口额度量对外开放水平；保继刚和刘雪梅（2002）用因子分析法研究入境旅游，用实际外资占 GDP 的比例、出口占 GDP 的比例和外资企业产值占工业产值的比例度量对外开放水平；因为本章主要检验 FDI 对入境旅游的影响，而 FDI 本身反映了对外开放水平，为避免多重共线性，不再考虑其他的对外开放变量。旅游资源的丰裕度可能与经济发展水平无关，但是旅游资源经过开发才会具有更大的观赏价值，旅游资源的开发水平一般与经济发展水平一致，因此，旅游资源开发水平比旅游资源更能影响入境旅游，而旅游资源开发水平包含在经济发展水平之中，基于此，一些实证研究如郭为（2007）不再单独考虑旅游资源的影响。其实交通基础设施和旅游服务设施两个因素直接反映了旅游接待能力和旅游服务水平，可以归于旅游服务基础设施，借鉴鲁明泓（2000）用第三产业占 GDP 比例度量基础设施的方法，我们用国际旅游收入占第三产业的比重度量旅游服务基础设施，反映各地区接待国际旅游的能力和服务水平。基于上述分析，将贸易引力模型改造为入境旅游的引力模型：

$$fti = \omega fdi^{\beta} y^{\varphi} e^{\theta ins} \qquad (2-2)$$

fdi 为实际利用的外商直接投资，ins 为国际旅游收入占第三产业的比重，ω、β、φ 和 θ 为参数。对（2-2）式取对数，可以构建本章的基本计量模型：

$$\ln fti_{it} = \alpha_{it} + \beta \ln fdi_{it} + \varphi \ln y_{it} + \theta ins_{it} + \varepsilon_{it} \qquad (2-3)$$

i 表示第 i 个地区，t（$t=1987,\cdots,2008$）代表第 t 年，β、φ 和 θ 为待估参数；α 为截距，并初步假定 α 随个体或时间变化，ε 为残差。fti 为地区旅游外汇收入，fdi 为地区利用外商直接投资水平，用实际利用 FDI 数量度量，是模型的核心解释变量，fti 和 fdi 均按当年年均汇率换算为人民币；y 和 ins 为控制变量，y 为地区经济发展水平，用人均 GDP 测度，ins 为国际旅游接待能力和服务水平，用国际旅游收入占第三产业增加值度量；其中旅游外汇收入、实际 FDI 和人均 GDP 均不考虑价格指数的影响。数据来源同表 2-1。

2. 研究方法

本章不仅要考察 FDI 对中国旅游服务出口的影响，还要考察 FDI 对旅游服务出口影响的空间差异，因此对模型（2-3）分四种情况检验，即分全国、东部、中部和西部样本进行检验①。模型形式的选择关系到检验结果的可靠性，为保证实证检验结果的置信度，我们对四种情况的检验模型进行严格的检验。具体的步骤如下，首先进行 Hausman 检验，以确定面板数据模型是适用固定效应模型还是随机效应模型；其次进行个体效应和时间效应检验，以确定模型中截距项的形式；最后对模型进行残差自相关检验，以判断模型是否存在内生性。如果模型存在内生性，则将模型（2-3）修正为一般形式的动态面板模型；确定动态面板模型被解释变量滞后阶数和解释变量的滞后阶数是难点，我们对四种情况的动态面板数据模型具体适用的模型形式进行面板残差自相关检验，以确定滞后阶，并对面板残差进行面板单位根检验，判断检验结果的稳健性。

第六节 实证检验及结果分析

1. 固定效应模型和随机效应模型设定检验

面板数据模型因个体影响处理方法的不同，变截距模型分为固定效应和随机效应两种，对模型（2-3）分四种情况进行 Hausman 检验。表 2-2 结果表明，Hausman 检验的 P 值最小的是西部，为 0.39，其余均超过 0.69，远远低于 10% 显著水平，因此接受原假设，四种情况均适用随机效应模型。

表 2-2 Hausman 检验

	全国	东部	中部	西部
χ^2 统计量	1.4527	0.0432	1.0648	3.0125
P 值	0.6932	0.9976	0.7856	0.3897

2. 个体效应和时间效应检验

国内运用面板数据进行实证研究的文献中，很少检验模型的个体效应和时间效应，而是直接假定模型存在个体效应或时间效应，这是不科学的，

---

① 表2-1 中全国数据和西部数据均包括西藏和青海，实证检验中全国和西部均不包括西藏和青海，因为两省数据不全。

可能影响实证结果的可信度。在面板数据模型中，除了解释变量对被解释变量产生影响外，个体变化和时间变化也可能影响被解释变量，因此为提高检验结果的置信度，对模型进行个体效应和时间效应的检验。我们运用拉格朗日乘子检验法对模型四种情况进行检验，表2-3的结果显示，四种样本情况选择的模型在显著水平1%下存在个体效应；而全国样本选择的模型在显著水平10%下，拒绝时间效应，东部样本选择的模型在显著水平10%下，存在时间效应，中部和西部选择的模型在显著水平1%下存在时间效应，因此，全国样本适用个体随机效应模型，东部、中部和西部适用个体时间随机效应模型。

表2-3 个体效应和时间效应的拉格朗日乘子检验

	全国		东部		中部		西部	
	个体效应	时间效应	个体效应	时间效应	个体效应	时间效应	个体效应	时间效应
LM 统计量	61.1219	-0.1505	33.2245	-0.8906	4.3758	4.7052	37.7696	-2.3103
P 值	2.22e-16	0.2201	2.22e-16	0.09328	3.024e-06	6.34e-07	2.22e-16	0.0052

注：目前 R 软件运算的 P 值只能精确到 2.22e-16，故表中出现 2.22e-16 则表示 P 值小于 2.22e-16，而不是精确的等于此值，后面的表格均同。

3. 残差自相关检验

运用面板数据进行估计要求模型解释变量是严格外生的，模型的协方差估计才可能是无偏的；如果外生性假定不能被满足，面板残差则存在自相关，模型估计的结果是失效的。地区国际旅游水平和利用 FDI 水平可能是相互影响的，因为二者都是对外开放的重要内容，而对外开放水平对国际旅游和利用 FDI 都有明显影响。因此，一方面，FDI 的流入可以带动国际旅游服务贸易的发展；另一方面，地区的国际旅游服务贸易水平越高，可能意味着社会环境、基础设施、社会服务等方面更好，吸收更多的 FDI 流入，进而打破发展国际旅游的瓶颈，形成良性循环。这样，本期的国际旅游收入会对后期产生动态连续影响，即模型面板残差出现自相关，运用静态面板数据模型进行估计则会导致结果失效。运用 Bera Sosa-Escudero and Yoon 的自回归检验法（适用随机效应模型）的序列相关检验法对模型（2-3）分四种情况进行检验。由表2-4可知，四种情况检验的 P 值均很小，意味着四种样本选择的模型存在内生性，不适用静态面板模型。

表2-4 残差自相关检验

	全国	东部	中部	西部
	序列相关检验	序列相关检验	序列相关检验	序列相关检验
χ^2 统计量	31.4992	24.2858	95.268	8.1044
P值	1.99e-08	8.31e-07	4.28e-11	0.0044

4. 模型（2-3）的修正

根据以上一系列模型设定检验表明，全国样本适用个体随机效应动态面板模型，因此将模型（2-3）修正为一般形式的个体随机效应动态面板数据模型：

$$\ln fti_{it} = \alpha_0 + \varphi_1 \ln fti_{it-1} + \cdots + \varphi_j \ln fti_{it-j} + \beta_1 \ln fdi_{it} + \beta_2 \ln fdi_{it-1} + \cdots + \beta_{j+1} \ln fdi_{it-j} + \varphi_1 \ln y_{it} + \varphi_2 \ln y_{it-1} + \cdots + \varphi_{j+1} \ln y_{it-j} + \theta_1 ins_{it} + \theta_2 ins_{it-1} + \cdots + \theta_{j+1} ins_{it-j} + \alpha_i + \varepsilon_{it}$$

(2-4)

模型（2-4）中 α_0 为不随个体时间变化而变化的截距项，α_i 表示个体变化的影响。

东部、中部和西部样本适用个体时间随机效应动态面板模型，因此将模型（2-3）修正为一般形式的个体时间随机效应动态面板数据模型：

$$\ln fti_{it} = \alpha_0 + \varphi_1 \ln fti_{it-1} + \cdots + \varphi_j \ln fti_{it-j} + \beta_1 \ln fdi_{it} + \beta_2 \ln fdi_{it-1} + \cdots + \beta_{j+1} \ln fdi_{it-j} + \varphi_1 \ln y_{it} + \varphi_2 \ln y_{it-1} + \cdots + \varphi_{j+1} \ln y_{it-j} + \theta_1 ins_{it} + \theta_2 ins_{it-1} + \cdots + \theta_{j+1} ins_{it-j} + \alpha_i + \nu_t + \varepsilon_{it}$$

(2-5)

ν_t 表示时间变化的影响，其他均与模型（2-4）相同。

5. 动态模型滞后阶的确定和模型稳健性的检验

动态面板模型（2-4）和（2-5）的滞后阶数选择是一个难点，通过比较所有变量滞后1阶与仅被解释变量滞后1阶的回归发现，模型（2-4）、东部和西部样本选择的模型（2-5）均是仅被解释变量滞后1阶时，模型整体显著水平及其解释变量的显著水平更高；进一步发现，模型（2-4）和东部样本选择的模型（2-5）被解释变量滞后3阶时，整体的显著水平及解释变量的显著水平比滞后2阶明显降低，模型的解释力下降；而被解释变量滞后1阶和2阶时，整体的显著水平及解释变量的显著水平变化不大，这说明模型（2-4）和东部选择模型（2-5）为被解释变量滞后1阶或滞后2阶的动态面板模型较为合理。西部样本选择的模型（2－5）被解释变量滞后2阶时与滞后1阶相比，模型整体的显著水平和解释变量的显著水平均下降，因此，西部样本选择的模型（2－5）为被解释变量滞后1阶的动态面板模型较为合理。中部样本选择的模型（2－5），所有变量滞后1阶与被解释变量滞后1阶到滞后5阶相比，所有变量滞后1阶时模型的整体显著水平更高，中部样本适用所有变量滞后1阶的动态面板模型。以上判断需要进一步检验。

表2－5 动态面板残差的自相关检验

	全国		东部		中部		西部
	lag(ln*fti*, 1)	lag(ln*fti*1, 2)	lag(ln*fti*, 1)	lag(ln*fti*1, 2)	lag(ln*fti*, 1)	变量均滞后1阶	lag(ln*fti*, 1)
χ^2 统计量	13.3074	0.5942	4.3535	2.0e-04	15.5628	0.5272	2.5112
P值	2.64e-04	0.4408	0.03693	0.9887	7.98e-05	0.4678	0.1130

王少平和封福育（2006）认为，动态面板数据模型滞后阶的稳健性可以依据面板残差的自相关性进行诊断，我们运用这一方法确定动态面板模型的滞后阶。检验结果如表2－5所示，模型（2－4）和东部样本选择的模型（2－5）被解释变量滞后1阶时，面板残差存在自相关，滞后2阶时面板残差不存在自相关，因此，模型（2－4）为被解释变量滞后2阶的个体随机效应动态面板模型，东部样本选择的模型（2－5）为被解释变量滞后2阶的个体时间随机效应动态面板模型。西部样本选择的模型（2－5）适用被解释变量滞后1阶时，面板残差不存在自相关，意味着西部样本适用被解释变量滞后1阶的个体时间随机效应动态面板模型。中部样本选择模型（2－5）时，被解释变量滞后1阶至滞后5阶，甚至滞后多阶，面板残差均存在自相关，而所有变量滞后1阶时，面板残差则不存在自相关，表明东部样本适用所有变量滞后1阶的个体时间随机效应动态面板模型。

为评价估计结果的稳健性，需要检验所估计的面板残差的平稳性。为此，我们运用LLC、IPS、ADF、PP、Breitung、Hadri六种方法对模型回归的面板残差进行面板单位根检验，检验结果如表2－6所示，四种情况回归的面板残差均在显著水平1%下具有平稳性，说明模型估计不是伪回归且满足动态面板的基本假设条件，因此，全国、东部、中部和西部样本的估计结果是稳健的。

表 2-6 面板残差的平稳性检验

检验方法	全国		东部		中部		西部	
	统计量	P值	统计量	P值	统计量	P值	统计量	P值
LLC	-17.615	0.000	-5.528	0.000	-12.934	0.000	-9.852	0.000
IPS	-16.268	0.000	-5.876	0.000	-10.145	0.000	-8.911	0.000
ADF	306.804	0.000	73.636	0.000	98.799	0.000	97.600	0.000
PP	418.636	0.000	164.986	0.000	282.603	0.000	114.089	0.000
Breitung	-4.698	0.000	-3.054	0.001	-6.570	0.000	-3.743	0.000
Hadri	9.951	0.000	5.485	0.000	6.972	0.000	4.425	0.000

注：检验类型均为含截距、含趋势、滞后0阶。

6. 实证结果及分析

分四种情况进行回归的结果见表 2-7。对于全国而言，外商直接投资的系数为 0.12，显著水平为 1%，表明 FDI 对全国旅游服务出口具有显著的创造效应，当年 FDI 增加 1%，旅游服务出口增加 0.12%；东部地区外商直接投资的系数为 0.14，略高于全国，显著水平为 1%，意味着 FDI 对东部旅游服务出口具有显著的创造效应，当年 FDI 增加 1%，旅游服务贸易出口增加 0.14%。原因可能是，中国作为利用 FDI 的大国，FDI 数量的优势产生的旅游服务出口扩大效应，对中国旅游服务总出口的影响是明显的，这种影响在东部更为突出。而中西部无论当年还是上一年外商直接投资的系数均不显著，表明 FDI 对中西部旅游服务出口的创造效应在计量上不显著，原因可能是中西部利用 FDI 的数量少，对旅游服务出口的创造效应相对于中西部旅游服务总出口来说非常小，甚至是微不足道的，不能对旅游服务总出口产生显著的影响。进一步可以得出结论，FDI 对中国旅游服务出口的创造效应主要是东部创造的，也表明表 2-1 中中国 FDI 区域分布差异与旅游服务出口的区域差异存在内在联系。

表 2-7 动态面板估计结果

解释变量	全国		东部		中部		西部	
	系数	P值	系数	P值	系数	P值	系数	P值
C	2.57	0.00	3.05	0.00	3.17	0.00	2.35	0.00
$\ln fdi_t$	0.12	0.00	0.14	0.00	0.01	0.84	0.01	0.68

续表

解释变量	全国		东部		中部		西部	
	系数	P值	系数	P值	系数	P值	系数	P值
$\ln fdi_{t-1}$	*	*	*	*	−0.01	0.78	*	*
$\ln y_t$	0.23	0.00	0.33	0.00	−0.50	0.24	0.14	0.14
$\ln y_{t-1}$	*	*	*	*	0.86	0.04	*	*
ins_t	17.77	0.00	18.06	0.00	218.13	0.00	6.18	0.02
ins_{t-1}	*	*	*	*	−173.92	0.00	*	*
$\ln fti_{t-1}$	0.54	0.00	0.48	0.00	0.65	0.00	0.81	0.00
$\ln fti_{t-2}$	0.11	0.00	0.09	0.11	*	*	*	*
F统计量	2078.59	0.00	422.39	0.00	144.58	0.00	213.06	0.00
调整的 R^2	0.94	0.88	0.82	0.79				
样本数	580.00	220.00	168.00	210.00				

注：全国的个体效应、东中西部的个体效应和时间效应均未列出。

上一年的旅游服务贸易出口增加1%，当年全国旅游服务出口增加0.54%，东部增加0.48%，中部增加0.65%，西部增加0.81%；而且前二年旅游服务出口增加1%，当年全国旅游服务出口分别增加0.11%。这一结果的隐含意义是，上一年或前二年的入境旅游对当年旅游服务出口具有显著促进作用，其作用机制是入境游客对中国旅游信息的传播使更多的国际游客了解了中国的旅游资源，即游客的旅游信息扩散效应对扩大旅游服务出口发挥了作用。全国和东部入境游客的旅游信息扩散效应可能包括了FDI引致的入境游客旅游信息扩散效应，也就是说FDI旅游服务信息溢出效应可能扩大了全国和东部旅游服务出口，但是实证未能分解出FDI的旅游信息溢出效应对旅游服务出口的影响。虽然FDI的旅游信息溢出效应也可能影响中西部旅游服务的出口，但是FDI对中西部旅游服务的出口都是不显著的，所以FDI的旅游信息溢出效应对中西部旅游服务出口的影响更难以显现，因为中西部利用FDI的数量少，FDI引致的入境游客少，对旅游信息扩散传播的网络有限，作用有限。

控制变量中，国际旅游接待能力和服务水平（ins）对全国和各区域的旅游服务出口具有显著的促进作用，与保继刚和刘雪梅（2002）实证得出的服务水平对入境旅游作用最大的结论基本一致；经济发展水平对全国和东部旅游服务出口具有显著的促进作用，上一年的经济发展水平对中部当年旅游服务出口具有显著的促进作用，西部则不显著。

表2-7中不同的解释变量系数大小不能说明解释变量对旅游服务出口作用的大小，因为度量单位和变量数值大小是不同的，这就是说不能依据外商直接投资的系数小于其他变量，认定FDI对旅游服务贸易出口的作用就小，而且外商直接投资的数值在绝大多数情况下均大于其他变量，因此FDI对旅游服务出口的平均作用可能更大。以上分析说明，FDI对全国和东部旅游服务出口具有显著的创造效应，意味着FDI与往年的旅游服务出口、国际旅游接待能力和服务水平、经济发展水平都是促进全国和东部旅游服务出口的重要因素；而促进中西部旅游服务贸易出口的因素是上一年的旅游服务贸易出口、国际旅游接待能力和服务水平等，但不包括FDI。

第七节 结论及对策

如何扩大服务贸易以优化贸易结构、转变贸易增长方式既是一个需要研究的重大理论问题，也是当前急需解决的现实问题。中国服务贸易总量虽然居世界前列，但服务贸易发展水平低，服务贸易占总贸易的比值仅及发达国家的一半，甚至低于世界平均水平8%左右，其原因是服务贸易支柱产业旅游服务的出口增长缓慢，比例不断下降，因此保持旅游服务出口的稳定增长是促进服务贸易发展的重要手段，本章从FDI的视角研究了旅游服务贸易的出口，以期利用中国引进FDI的大国优势来推动旅游服务出口的增长。

理论上，外商直接投资通过多种方式推动旅游服务的出口，一是投资商务活动直接带动商务旅游、观光旅游；二是母公司或海外其他子公司与本地子公司因业务往来而直接产生公务旅游、观光旅游；三是外资企业外方雇员的亲朋好友的探亲访友，也带动国际旅游；四是流入服务业的FDI因为改善旅游服务基础设施，更新了旅游服务理念，提高旅游服务水平，更能促进国际旅游服务贸易的发展；五是上述四种情况导致的入境游客对旅游服务信息的扩散效应，在中国渐进式的对外开放中，是旅游国际宣传的重要方式，能推动旅游服务的出口。

利用中国1987~2008年的区域面板数据，构建动态面板模型进行估计表明，FDI对全国和东部旅游服务出口具有显著的创造效应，FDI对中西部旅游服务出口没有显著的创造效应，意味着FDI对中国旅游服务出口的创造效应是东部创造的，这说明了FDI空间分布的差异与旅游服务出口的区域差异存在内在的逻辑联系。进一步来说，FDI与往年的旅游服务出口、国际旅游接待能力和服务水平、经济发展水平都是促进全国和东部旅游服务出口的重要因素；上一年的旅游服务出口、国际旅游接待能力和服务水平等是促进中西部旅游服务出口的因素，但FDI不是。

虽然实证研究发现FDI并不支持中西部旅游服务的出口，原因是中西部利用FDI数量偏少，水平低，但是随着中西部利用FDI的力度加大，流入的FDI会越来越多，FDI促进旅游服务出口的积极作用会不断显现，因此，理论分析的结论和实证检验的结果对利用FDI促进旅游服务出口具有明确的政策含义。充分利用FDI的积极作用，扩大旅游服务出口，如政府部门可利用涉外招商引资会推介旅游产品，或者政府部门联合举办招商引资与旅游产品推介会；地方政府在FDI聚集的区域，定期不定期举办旅游产品推介会，扩大旅游宣传的力度，提高地方旅游产品的国际知名度。拥有旅游资源优势的地区，积极加大旅游服务行业引进外资的力度，以改善旅游基础设施落后的条件，提高旅游服务水平，扩大旅游服务的出口。职能部门要规范旅游服务管理，加强监督，着力提高旅游服务水平与质量，以利用入境游客传播中国各地旅游服务的信息，提高各地旅游产品的国际知名度，因为入境旅客对旅游服务信息的国际传播能有效扩大旅游服务的出口。

第二篇

外资技术溢出的路径与经济发展方式转变

第三章

生产本地化程度测度的外资溢出效应及其影响因素

——基于中国数据的实证研究

本章提要 提高外资企业生产本地化是扩大技术转移与扩散效应的重要途径，外资企业生产本地化水平则受东道国区位优势、政策制度等因素影响。本章利用中国2001~2007年规模以上工业企业的数据，运用统计分析法考察了不同区域、不同类型、不同行业外资企业生产本地化程度的差异，并采用面板数据模型分组考察了不同地区、不同类型和不同行业外资企业生产本地化程度变化的原因。检验结果表明：知识产权保护水平、对外资企业出口的强制性要求对外资企业生产本地化主要具有正面作用，市场规模仅对市场占有型外资企业生产本地化具有正面作用；而市场化水平、对外开放水平、东部地理区位优势对外资企业生产本地化或具有负面作用或影响不显著，原因可能是知识产权保护水平不高。

第一节 引言

外商直接投资（FDI）的流入对发展中国家的工业化起了重要作用，特别是FDI可能带来发展中国家需要的技术。东道国能否通过利用FDI来引进技术，很大程度上取决于跨国企业投资项目的技术含量及其转移的力度。

跨国企业主要通过生产本地化程度来控制技术使用及其转移和扩散，因此，对东道国来说，激励外资企业提高生产本地化水平是扩大技术转移与扩散效应的重要途径。跨国企业在东道国选择浅加工还是深化制造过程，涉及产品的价值增值程度。早期的国际生产仅在东道国进行浅加工或组装甚至是重新包装半成品；即使现在，跨国企业为减少技术溢出，常常采取进口中间投入品支持企业生产的策略。东道国政府为促使FDI产生更多的技术转移和扩散，利用绩效要求政策如本地化程度的规定鼓励跨国企业生产更多的增加值。本章利用中国2001~2007年数据，运用扩展的国际生产区位模型研究影响外资企业生产本地化程度的因素。

第二节 文献回顾

一 外资企业生产本地化概念及其对东道国的意义

Kumar（2000，2002）认为，生产本地化程度是外资企业在东道国生产的产品中销售一个单位产品的价值增值率。这一定义本质上将生产本地化程度界定为外资企业增加值率，但仅指外资企业在东道国生产的产品中销售部分的增加值率，不包含出口部分产品的增加值率。Kumar指出，外资制造业企业生产本地化程度反映了外资企业在东道国创造的就业机会、技术转移与扩散。但是，这一定义对生产的本地化程度界定存在很大的局限性，忽略了外资企业技术在出口产品生产过程中的转移。因此，本章将生产的本地化程度直接定义为外资企业价值增值率。我们认为外资企业的生产本地化程度主要度量溢出效应中的模仿学习效应。

模仿学习效应与Kinoshita（1998）、张建华、欧阳轶雯（2003）概括的FDI四种溢出机制的关系是，学习效应包括示范效应、培训效应，也包含竞争效应和关联效应中诱发的模仿学习效应，因此，学习效应与竞争效应、联系效应的外延部分重合。学习效应与竞争效应、联系效应也有区别。外资企业生产本地化程度反映的FDI技术转移与扩散效应，动力源和技术源均是FDI，模仿学习效应还包含非竞争或非关联企业的模仿学习效应。竞争效应和关联效应对本地企业技术进步的影响是，因为竞争压力或与外资企业关联，本地企业可能模仿学习FDI的技术，也可能是引进技术，还可能是进行研发，以提高技术水平。这就是说，内资企业技术进步的动力来源于FDI，技术源不一定是FDI。因此，在计量检验中常用外资的参与程度反映的FDI技术溢出效应不一定是FDI的技术转移与扩散效应。模仿学习效应与竞争效应、联系效应对本地企业技术进步的净福利影响存在明显的差距：通过模仿学习获得技术常常是无偿的，而通过竞争效应和联系效应获得技术，如依靠引进技术和进行研发提高技术水平，成本则是高昂的。

用生产的本地化水平度量跨国企业技术转移和扩散的程度，包含了一个重要前提，即跨国企业生产的本地化程度与技术含量正相关。郭克莎（2000）、王美今和沈绿珠（2001）指出，工业企业的价值增值率是衡量技术含量的重要指标。王美今和沈绿珠认为，在产出水平既定的情况下，增加值的增加（减少）取决于中间消耗的减少（增加）；实现产品由粗加工向精深加工转变，增加产出水平、减少中间消耗是提高工业增加值率的基本途径。价值增值率反映的中间投入产出水平，本质上体现的是技术水平。

外资企业生产的本地化程度即外资企业的价值增值率还有一层重要的意义，即反映了外资经济的质量。沈利生和王恒（2006）指出，价值增值率直接度量的是总投入的产出率，间接度量的是中间投入的产出水平。因此，价值增值率反映了经济增长是依靠技术进步和产业结构升级，还是依靠高投入和高消耗，它是度量经济增长质量的综合指标。理所当然，外资企业的价值增值率也是衡量外资经济质量的综合指标。因此，外资经济的质量不仅直接影响东道国经济增长质量，而且通过技术转移与扩散影响东道国的技术水平和产业结构变化，间接影响内资经济增长的质量。

正是外资企业生产本地化对东道国具有特殊的意义，许多国家在引进FDI时用产品本地含量特别是价值增值率规定约束外资企业生产行为。如何提高外资企业生产本地化程度，以促使FDI转移和扩散更多的技术，既是理论的需要，也是中国制定新的利用外商直接投资政策的需要。

二 实证研究文献的回顾

从现有的研究看，研究跨国企业国际生产区位的学者如Dunning（1981，1993，2000）仅讨论了跨国企业国际生产区位选择的影响因素，没有解释跨国企业生产本地化程度变化的原因。Kumar的研究则是这方面的重大突破，2000年和2002年利用美日跨国企业在74个国家1982~1994年三个时点的数据,采用扩展的国际生产区位模型,运用面板数据模型分全样本和发展中国家子样本分别对美国和日本跨国企业的生产本地化进行分组估计发现:市场规模(用人口测度)、收入水平、地理距离、母国市场导向、对外开放水平、税率、税收激励、知识产权保护水平等因素对美日跨国公司海外子公司生产的本地化程度的影响几乎完全不同。在行业和区域的混合面板的估计中,税率和税收激励对跨国企业生产的本地化影响基本上不显著,其余因素对美国和日本跨国企业的生产本地化的影响也是因行业和跨国公司来源的差异而不同。

上述研究主要从跨国企业的视角讨论生产的本地化,而且仅涉及美日两个国家的跨国企业,基本上没有得出一致性结论。因此,结论特殊性很强,不具有一般性;虽然讨论了发展中国家的一些区位因素和政策因素对跨国企业生产本地化的影响,但研究使用的是国别数据,结论不一定适用转型中的新兴市场大国中国。国内对外资企业生产本地化很少关注,仅有的文献如王美今和沈绿珠(2001)、傅元海和方齐云(2007)、傅元海(2009),这些文献也只是局限于外资企业生产本地化程度现状的统计描述,没有对外资企业生产本地化程度变化原因给予解释。因此,研究外资企业生产本地化无论对 FDI 理论发展还是对利用 FDI 政策制定都具有现实意义。

第三节 外资企业生产本地化程度测度溢出效应的特征分析

利用生产本地化判断外资企业的技术溢出效应一定要结合其技术含量及其内外资企业技术含量的差距,特别是当外资企业的本地化不能准确反映其技术水平时,需要选择其他指标反映外资企业的技术含量。本章用全员生产率和价值增值率来共同衡量内外资企业的技术含量及外资企业的实际溢出效应,并进一步解释外资企业生产本地化反映的经济增长质量。

一 不同区域、不同类型外资企业生产的本地化程度

本地化程度反映的外资企业溢出效应在不同的区域范围内和不同企业类型之间是存在差异的。无论全国还是东部和中西部,本地化程度低反映了外资企业整体上的技术溢出效应弱。一是因为价值增值率和全员生产率反映外

资企业的技术含量不高，内外资企业的技术含量差距不大，并随时间不断缩小，甚至低于内资企业，溢出效应必然有限；同时，价值增值率明显低于内资企业，全国范围内二者相差 0.05 左右，东部的差距在 0.025 左右，西部的差距在 0.04 左右，说明外资企业的技术转移和扩散的力度是有限的。由此可以判断，全国、东部和中西部外资企业的技术溢出效应整体上越来越弱，其中全国和东部到 2005 年左右已不明显，中西部一直存在溢出效应。

表 3-1 不同区域内不同类型企业价值增值率和全员生产率的比较

区域	企业类型	价值增值率							全员生产率（万元/人·年）						
		2001	2002	2003	2004	2005	2006	2007	2001	2002	2003	2004	2005	2006	2007
全国	全部外资	0.260	0.260	0.260	0.230	0.260	0.260	0.250	7.590	8.130	9.220	8.680	10.770	12.060	13.650
	港澳台资	0.270	0.270	0.270	0.260	0.260	0.260	0.270	5.910	6.250	6.680	*	7.910	8.650	10.140
	其他外资	0.260	0.260	0.260	0.200	0.250	0.250	0.250	9.840	10.610	12.400	*	13.610	15.300	16.790
	内资	0.310	0.310	0.310	0.290	0.300	0.300	0.310	4.710	5.470	6.770	8.130	10.350	12.500	15.380
东部	全部外资	0.260	0.260	0.260	0.250	0.250	0.250	0.240	7.450	7.920	8.950	9.150	10.440	11.590	12.930
	港澳台资	0.260	0.270	0.260	0.250	0.260	0.260	0.260	5.830	6.110	6.530	*	7.750	8.370	9.870
	其他外资	0.250	0.250	0.250	0.190	0.240	0.240	0.230	9.730	10.420	12.120	*	13.200	14.760	15.750
	内资	0.280	0.280	0.280	0.270	0.270	0.270	0.270	5.280	6.050	7.390	8.700	10.620	12.440	14.620
中西部	全部外资	0.320	0.310	0.310	0.300	0.310	0.310	0.330	8.840	10.130	11.870	13.080	14.300	17.040	20.870
	港澳台资	0.320	0.330	0.330	0.330	0.320	0.320	0.320	6.880	7.980	8.590	*	10.000	12.330	13.430
	其他外资	0.320	0.310	0.300	0.310	0.300	0.330	0.330	10.590	12.000	14.500	*	17.300	20.080	25.570
	内资	0.320	0.360	0.360	0.370	0.350	0.360	0.360	4.500	5.300	6.700	9.680	11.080	13.990	18.330

注：表中数据是根据规模以上工业企业的数据计算而来，内资企业数据用全部规模以上工业企业数据减去全部外资企业数据获得，其中中西部不包括西藏。

数据来源：表中 2004 年全部外资企业和内资企业数据依据 2005 年《中国经济贸易年鉴》整理，而港澳台资企业和其他外资企业大多数数据则根据各省 2005 年统计年鉴整理，少数省份采用插值法，其余数据来源于《中国工业统计年鉴》。

全国、东部和中西部港澳台资企业溢出效应低甚至不明显，主要原因是技术水平低，全员生产率反映的技术水平到 2003 年左右高于内资企业，之后明显低于内资企业。技术水平不高决定了本地化程度不会高，这与港澳台投资项目规模小、主要是劳动密集型的加工出口投资密切相关。因此，港澳台资企业本地化反映的溢出效应弱，甚至不明显，这与王美今和沈绿珠计量分析的结论是一致的。全国和东部其他外资企业溢出效应低并越来越弱，一是与内资的技术含量差距越来越小，到2007年已经相差不大，潜在溢出效应变小；二是技术转移和扩散的力度小，这是主要的，全国、东部和中西部外资企业的价值增值率分别低于内资企业 0.049~0.088、0.027~0.081 和 0.035~0.06，与技术水平决定港澳台资企业本地化低不同的是，其他外资企业对技术控制严，甚至越来越严，致使本地化程度呈下降趋势。因此，本地生产要素参与经营程度越来越低，溢出效应不仅低，而且越来越弱。不过，其他外资企业的溢出效应明显比港澳台资企业大。

从东部外资企业的本地化明显低于中西部可以推断，东部FDI的溢出效应明显低于中西部。这是因为价值增值率和全员生产率反映的东部外资企业技术含量明显低于中西部，而且全员生产率反映的东部外资企业技术含量到2005年后反而低于内资企业，港澳台资企业则从2002年就低于内资企业，其他外资企业虽然明显高于内资企业，但差距越来越小；中西部内外资企业的技术含量差距虽然也是在不断缩小，但明显大于东部内外资的差距，特别是内资企业和其他外资企业的差距一直比较稳定，因此，技术含量说明东部外资企业的潜在溢出效应低，而中西部外资企业的潜在溢出效应大。更为重要的是，东部的外资企业为控制技术溢出，利用沿海的地理优势进口中间投入品，支持企业本地生产，降低了本地化程度，中西部全部外资企业、港澳台资企业和其他外资企业的价值增值率分别高出东部 0.054~0.082、0.055~0.084 和 0.053~0.117，这说明东部外资企业人为地抑制了技术的溢出，致使东部外资企业的溢出效应低于中西部。

本地化程度反映的外资经济质量都不高，无论全国还是东部和中西部外资经济质量都明显低于内资经济，这意味着外资经济降低中国经济质量；其中其他外资经济质量低于港澳台资经济，这与其他外商投资为控制技术溢出、降低了投入产出效率有关；东部外资经济质量明显低于中西部，这与东部利用外资集中在劳动密集型的加工出口有关。

表3-2 不同行业的内外资企业价值增值率和全员生产率的比较

区域	企业类型	价值增值率							全员生产率（万元/人·年）						
		2001	2002	2003	2004	2005	2006	2007	2001	2002	2003	2004	2005	2006	2007
食品加工制造	外资	0.270	0.280	0.280	0.280	0.300	0.300	0.290	8.600	10.240	11.490	13.270	15.430	17.650	20.430
	内资	0.270	0.270	0.270	0.270	0.290	0.290	0.290	5.120	5.670	6.890	8.380	10.540	12.680	15.490

续表

区域	企业类型	价值增值率							全员生产率（万元/人·年）						
		2001	2002	2003	2004	2005	2006	2007	2001	2002	2003	2004	2005	2006	2007
纺织衣帽鞋	外资	0.260	0.250	0.260	0.270	0.280	0.280	0.290	3.250	3.210	3.510	3.630	4.260	4.900	5.650
	内资	0.250	0.250	0.250	0.250	0.260	0.270	0.270	2.790	3.090	3.620	4.050	5.180	6.130	7.390
石油加工业	外资	0.230	0.220	0.240	0.260	0.190	0.190	0.180	56.400	29.980	40.160	46.250	44.050	50.940	61.860
	内资	0.190	0.210	0.200	0.180	0.160	0.150	0.170	13.720	17.150	20.340	23.300	25.270	28.420	35.980
化学医药制造	外资	0.300	0.290	0.300	0.300	0.290	0.280	0.290	13.770	15.080	18.060	21.500	23.720	26.840	32.460
	内资	0.270	0.270	0.270	0.270	0.270	0.270	0.270	4.640	5.510	6.970	8.890	10.800	12.480	15.790
金属冶炼加工	外资	0.230	0.240	0.240	0.230	0.230	0.230	0.230	7.250	7.730	9.850	12.100	13.950	16.900	20.600
	内资	0.270	0.270	0.280	0.270	0.280	0.270	0.270	5.190	6.150	8.660	11.950	14.790	18.530	22.880
机械制造	外资	0.280	0.280	0.280	0.280	0.270	0.260	0.270	11.630	14.030	18.090	16.080	16.110	18.110	21.540
	内资	0.260	0.260	0.250	0.250	0.260	0.260	0.270	3.480	4.480	5.130	6.070	7.400	9.200	11.600
电气电子仪表	外资	0.220	0.220	0.210	0.210	0.210	0.210	0.200	9.400	10.750	11.420	10.580	12.270	12.900	12.830
	内资	0.260	0.260	0.270	0.270	0.270	0.270	0.270	5.560	6.520	8.140	8.570	9.730	12.080	13.860
其他制造业	外资	0.280	0.280	0.280	0.280	0.280	0.280	0.280	5.330	5.510	5.250	5.440	6.440	7.420	8.560
	内资	0.280	0.280	0.280	0.280	0.280	0.290	0.290	3.150	3.640	4.380	5.170	6.440	7.930	10.070

注：表中数据是根据规模以上工业企业的数据计算；其中食品加工制造业包括食品加工制造和饮料制造；纺织衣帽鞋制造业包括纺织，纺织服装、鞋、帽和皮革、毛皮、羽毛（绒）及其制品业；石油加工业是指石油加工、炼焦及核燃料加工业；化学医药制造业包括化学原料及化学制品、医药和化学纤维制造业；金属冶炼加工业包括黑色和有色金属冶炼及压延加工业、金属制品业；机械制造业包括通用、专用和交通运输设备制造业；电气及电子仪表制造业包括电气机械及器材制造业、通信设备、计算机及其他和仪器仪表及文化、办公用品；其他制造业包括除上述行业和烟草制造业以外的加工制造业。

数据来源：《中国统计年鉴》和2005年《中国经济贸易年鉴》。

二 不同行业外资企业生产的本地化程度

本地化程度反映的外资企业溢出效应在不同行业存在差异。从表3-2可以看出，化学医药制造业和石油加工的外资企业溢出效应非常明显，因为不仅价值增值率和全员生产率反映的技术含量明显高于内资，潜在溢出效应大；而且化学医药制造业和石油加工的外资企业的价值增值率分别高出内资企业0.014~0.031和0.004~0.072，说明本地化程度反映外资企业技术转移和扩散的力度大。食品加工制造和机械制造的外资企业溢出效应也很明显，价值增值率和全员生产率反映的技术含量明显高于内资，意味着潜在溢出效应大；而且本地化程度高，外资企业的价值增值率绝大多数年份高出内资企业，说明外资企业的技术转移和扩散的程度高。电气及电子仪表制造业外资企业存在溢出效应，但不大，原因是技术含量基本上高于内资企业，存在潜在溢出效应；但本地化程度低，价值增值率比内资企业低 0.041~0.077，意味着外资企业严格控制了技术溢出，技术转移和扩散程度低，溢出效应弱。纺织衣帽鞋制造业、金属冶炼加工业和其他制造业外资企业的溢出效应不明显，虽然价值增值率高于内资企业或与内资企业的差距不大，甚至低于内资企业，但技术含量在 2004 年之前高于内资企业，2004 年之后低于内资企业，技术含量低决定了外资企业无法产生溢出效应。

同样，依据本地化程度可以判断不同行业的外资经济质量，与内资经济质量相比，纺织衣帽鞋制造业、化学医药制造业和石油加工业的外资经济质量最高，食品加工制造和机械制造的外资经济质量次之，这五个行业的外资能提高中国经济的质量；其他制造业的外资经济质量略低于内资经济，而金属冶炼加工业和电气电子仪表制造业的外资经济质量最低，降低了内资企业经济质量。

第四节　影响因素与变量的选择

跨国企业生产的本地化程度在不同区域和行业是变化的，这种变化与不同区域和行业的因素是有关的，因此，Kumar 采用扩展的国际生产区位抉择的计量模型解释跨国企业生产的本地化变化。在区域面板模型中主要考虑了市场规模、经济发展水平、地理距离、母国市场导向、贸易体制的开放度、绩效要求（如对外资企业生产本地化的规定）、外资鼓励政策、税率、税收激励、知识产权保护、地理区位等因素；在区域和行业混合面板中还考虑产业的聚集和技术能力因素。上述文献研究的对象是不同的国家，与转型中的新兴市场大国中国的条件是不同的，因此，我们不能直接运用这一计量模型。结合中国的实际，本章主要讨论以下可能影响外资企业生产本地化的因素。

一　引力因素

市场规模（MSIZE）和经济发展水平（PGDP）。制造企业一般会追求规模经济,市场规模越大,越有利于外资企业实现规模经济。中国不仅人口众多,而且经济发展很快,无论是市场的绝对规模,还是市场发展的潜力,对任何寻求规模经济的跨国企业都有巨大的诱惑力。因此,预期市场规模和经济发展水平能提高外资企业生产的本地化程度。

地理区位(D)。东部沿海和中西部相比,具有良好的区位条件,对跨国企业生产本地化有重要影响。一方面,经济发展水平高,市场规模大,有利于外资企业提高生产本地化程度;另一方面,东部集中了中国主要的港口、码头,水运发达,同时,政策先行和对外开放水平高,有利于外资企业进口中间投入品支持企业生产,可能降低外资企业生产的本地化程度。

二 制度因素

中国作为转型中的大国,对跨国公司生产的本地化既具有诱惑,又充满风险。制度转型意味着制度环境不稳定、政策易变、法制不健全,增加了企业扩大规模、深化加工过程的风险。制度转轨主要包括市场化的程度、知识产权保护水平和贸易体制的开放水平。

第一,市场化(MAR)是基本因素。改革开放以来,市场化程度不断提高,跨国企业无论是本地采购,还是深化加工、销售产品,都可以减少交易成本。因此,在其他条件不变的情况下,预期市场化程度与跨国企业生产的本地化正相关。

第二,知识产权保护水平(PATR)。知识产权制度完善与否决定了跨国企业生产本地化的风险程度。知识产权保护水平越高,侵权、模仿、假冒现象越少,生产本地化的技术溢出风险越小;反之越大。通过加入WTO的努力和加入WTO后履行承诺,我国知识产权保护状况已经得到较大程度改观,预期知识产权保护水平的符号为正。但中国知识产权保护水平不高,是跨国公司在中国进行深化生产的最大风险。在知识产权保护程度低的情况下,中国拥有的一些能提高跨国企业深化加工的优势将发生变化。

第三,贸易体制开放水平(OPEN)。在转轨过程中,中国贸易体制发生了巨大变化,贸易体制的开放水平不断提高,特别是进口管制的程度越来越低,进口的自由度越来越大,对外资企业生产的本地化产生两方面的影响:一是贸易体制的对外开放支持跨国企业生产的本地化,如出口自由度高,有利于跨国企业充分利用东道国的廉价生产要素,形成规模经济,降低出口产品成本；二是进口的难度低，外资企业为控制核心技术的外溢，常常可以从母国或其他海外子公司进口中间投入品，支持外资企业的生产，减少技术的溢出，这样就降低了生产本地化水平；反之，则提高外资企业的生产本地化。因此，对外贸易体制的开放度对跨国企业生产本地化的影响不确定。

三　政策因素

利用各种政策一直是中国利用 FDI 的重要手段，这些政策不仅对引进 FDI 产生了重要影响，也对外资企业的生产本地化产生了重要影响。这些政策主要包括业绩要求、投资鼓励、税收激励、污染管制等。

出口业绩要求（EXPR）和技术含量要求（TECR）政策。东道国政府引进 FDI 时往往通过一些政策对跨国企业生产经营销售做出规定，如销售本地化、技术含量及生产本地化。中国利用 FDI 的政策中对外资企业出口的强制性要求或者说出口鼓励是非常突出的，如出口减税、退税等。对外资企业出口的要求从两方面影响外资企业生产的本地化程度，一是出口减税、退税，可以降低外资企业出口产品的税负，提高利润，这就鼓励了外资企业深化加工，提高增加值；二是鼓励出口加工型外资的进入，这类企业一般是劳动密集型，价值增值率低，特别是"两头在外"型的外资企业仅仅是利用税收优惠和廉价的劳动力，生产本地化程度非常低，因此，容易导致外资企业生产本地化的平均水平降低。中国自 20 世纪 80 年代中后期重视 FDI 的技术含量，这一政策对本地化的影响受制于溢出风险。知识产权保护水平越高，溢出风险越小，技术含量越高，外资企业越会深化制造过程，反之，降低生产本地化。

FDI 鼓励政策（INC）和税收激励政策（TAXINC）。东道国制定的外商投资和税收激励政策不仅吸引了 FDI，而且常常与外资企业创造的就业和增加值相联系。中国常常制定土地使用、简化审批等一系列外商投资激励措施鼓励外资，在一定程度上降低了外资企业的成本，鼓励了企业扩大规模，提高增加值；同时，地方政府在引进 FDI 中制定的外资鼓励政策出现恶性竞争，导致了一些淘汰产业、低附加值产业的进入，会降低外资企业生产本地化的平均水平。一直到 2007 年，中国都是将利用税收优惠激励政策作为引进外资的重要措施，税收优惠政策同外资鼓励政策一样，也会对外资企业生产的本地化产生两个方面的影响。

污染管制政策（POLL）。中国对环境污染控制越来越严，一方面，必然提高外资企业的生产成本，外资企业的价值创造过程缩短，可能导致生产本地化程度降低；另一方面，污染控制越严，企业或者进一步扩大规模，以追求工业"三废"治理的平均成本降低，或者进行技术创新，改变粗加工的生产模式，促使企业转型对产品深加工，降低污染水平，使生产本地化程度提高。

四　创造性资产

创造性资产（TEC）对东道国特别是发展中国家的现代产业或技术密集型产业[①]利用FDI具有重要影响（Kumar，2002），也必然影响现代或技术密集型产业外资企业生产的本地化。一般而言，越是技术含量高的企业，对创造性资产需求越大，因此，可以预期创造性资产会支持技术密集型外资企业生产的本地化。

五　集聚因素

新区位理论强调集聚因素（AGG）对国际生产区位选择的影响（Krugman，1991）。集聚经济是近似产品在地理区位上的集中，对技术密集型产业区位选择尤为重要。但是，近似的经济活动集聚形成发达的供给和需求网络，支持了企业生产的进一步专业化，出现了大量生产中间产品的企业，跨国企业可以廉价地获得中间投入品支持企业的生产，因此，近似经济活动的集聚可能降低跨国企业的生产本地化程度。

第五节　计量模型

一　模型构建

依据理论分析，并借鉴Kumar扩展的国际生产区位模型，得到本章的面板模型如下。

[①] Kuamr依据1987年联合国贸易与发展会议（UNCTAD）的技术分类，将现代产业或技术密集型产业界定为化学及其产品、机械、电子及设备、汽车制造和科学仪器等。

$$LOC_{ikt} = \alpha + \beta_1 LMSIZE_{it} + \beta_2 PGDP_{it} + \beta_3 MAR_{it} + \beta_4 PATR_{it} + \beta_5 OPEN_{it} + \beta_6 EXPR_{it} +$$
$$\beta_7 TECR_{it} + \beta_8 INC_{ikt} + \beta_9 TAXINC_{ikt} + \beta_{10} POLL_{it} + \beta_{11} TEC_{it} + \beta_{12} D \quad (3-1)$$
$$LOC_{ijt} = \alpha + \beta_1 LMSIZE_{it} + \beta_2 PGDP_{it} + \beta_3 MAR_{it} + \beta_4 PATR_{it} + \beta_5 OPEN_{it} + \beta_6 EXPR_{it} +$$
$$\beta_7 TECR_{it} + \beta_8 INC_{ijt} + \beta_9 TAXINC_{ijt} + \beta_{10} POLL_{it} + \beta_{11} TEC_{it} + \beta_{12} AGG_{ijt} + \beta_{13} D$$
$$(3-2)$$

模型中 i 为第 i 个地区；k 为第 k 类外资企业（$k=1,2,3$，分别为全部外资企业、港澳台资企业和其他外资企业）；j 为第 j 个行业（$j=1,\cdots,8$，分别是食品加工制造、纺织衣帽鞋制造、石油加工、化学医药制造、金属冶炼加工、机械制造、电气和电子及办公用机械制造业、其他制造业）；t 为第 t（$t=2001,\cdots,2007$）年，α、β 为待估参数。

LOC 为外资企业生产本地化程度，是被解释变量，用规模以上工业企业增加值率度量。$MSIZE$ 为市场规模，用人口度量，并对人口取对数为 $LMSIZE$。人均 GDP（$PGDP$）度量经济发展水平，单位为万元，也能度量人均消费水平，甚至反映劳动力成本的高低（鲁明泓，2000）。

MAR 为市场化水平，本章选择居民消费占最终消费的比例、市场收入的比例、非国有集体企业就业的比例、非国有集体工业产值的比例、非国有经济固定投资的比例5个指标，并通过主成分回归进行处理。$PATR$ 为知识产权保护水平，本章以 Ginarte-Park 方法提出的 GPI 指标为基础（Ginarte and Park，1997），并结合韩玉雄、李怀祖和姚利民、饶艳提出的知识产权保护"执行效果"测量方法（韩玉雄、李怀祖，2005；姚利民、饶艳，2009），测算各地区的知识产权保护水平。$OPEN$ 为贸易体制的开放度，本章根据国家或地区的结构而调整的贸易强度进行调整（Kumar，2002），这种度量方法，考虑了多种因素，同时又消除了对外开放水平与相关变量的共线性。

$EXPR$ 为中国对外资企业出口的强制性要求的严格程度，考虑到政策的连续性和稳定性，用外资企业累计5年出口占全国累计5年出口的比例度量。$TECR$ 为中国对外商直接投资技术含量的强制性要求，用技术密集型产业外资企业的投资总额占外资企业投资总额的比例度量[①]。因为企业投资总

---

① 这里将技术密集型产业界定为化学原料及化学制品、医药和化学纤维制造业，通用、专用和交通运输设备制造业，电气机械及器材制造业、通信设备、计算机及其他和仪器仪表及文化、办公用机械制造。因缺少2002年数据，用2003年2月数据计算的结果替代；缺少2007年12月的数据，用2007年11月数据计算的结果替代。因为是存量数据，误差较小。

额是存量概念,能较好地度量外商直接投资技术含量强制性要求政策的连续性和稳定性。

INC 为外资鼓励政策的强度,用规模以上外资工业企业产值占全部规模以上工业产值的比例度量。模型(3-2)中的 *INC* 为外资产业鼓励政策的强度,用某一行业规模以上外资工业企业产值占行业全部规模以上工业产值的比例度量。*TAXINC* 为外资企业税收优惠程度,用外资企业单位产值的实际税收优惠程度衡量,即为外资企业单位产值税率与内资企业单位产值税率的差额[①]。单位产值税率等于利税总额减去利润总额(主营业务税收及附加与增值税)除以总产值。*POL* 为污染管制程度,用工业废水排放达标率度量。

TEC 为创造资产。准确度量创造性资产很难,本章借鉴 Kumar 的方法,选取技术存量水平、创新水平、技术能力和人均图书期刊数进行主成分分析,得到创造性资产的整体水平。*AGG* 为产业集聚效应,AGG_{ijt} 表示 i 地区 j 部门 t 年占地区规模以上工业产值的份额与全国 j 部门 t 年占全国规模以上工业产值的份额之比。*D* 为地理区位变量,对东部 11 个地区取值 1,中西部 19 个地区取值 0。

二 数据来源

本章中人均 GDP、人口、固定投资、进出口、工业废水排放达标率、外资企业投资额等数据主要来自历年《中国统计年鉴》、中国经济信息网、国研网。各种类型工业企业的产值、增加值、就业、税收等数据来自《中国工业统计年鉴》和 2005 年《中国经济贸易年鉴》;2004 年港澳台资企业和其他外资企业的产值、增加值来自各省统计年鉴,行业数据来自 10 省 2002~2008 年统计年鉴。技术引进、微电子设备价值、专利均来自《中国科技统计年鉴》。知识产权保护的相关数据来自 2000~2008 年《中国知识产权年鉴》,律师数据来自《中国律师年鉴》,图书期刊数据来自《中国出版年鉴》。高技术产品出口来自中国科技部网站。部分缺失数据采用插值法处理。

---

① 模型(3-2)中辽宁省缺乏各行业主营业务税及附加数据,税收优惠仅为内外资企业增加值税率的差额。

三 研究方法

面板数据模型主要有三种，本章选择无个体影响的不变系数面板数据模型，采用广义最小二乘法修正了横截面异方差（pooled EGLS）分析方法进行分组估计，考察不同因素对不同区域、不同类型、不同行业外资生产本地化水平影响的异同。具体的分组如下。

对模型（3-1）既按企业类型又按区域分组进行检验，共包括全国、东部和中西部全部外资企业、港澳台资企业、其他外资企业9个样本，全样本是除了西藏之外的30个地区，子样本是东部11个地区，中西部是19个地区。主要是考察不同地区的不同类型外资企业生产本地化水平变化的原因。

面板数据模型（3-2）是北京、山西、内蒙古、辽宁、江苏、浙江、安徽、福建、山东、广东和陕西11个地区8个行业的面板数据模型。行业具体的分组为：食品加工制造业包括食品加工制造和饮料制造；纺织衣帽鞋制造业包括纺织，纺织服装、鞋、帽和皮革、毛皮、羽毛（绒）及其制品业；石油加工业是指石油加工、炼焦及核燃料加工业；化学医药制造业包括化学原料及化学制品、医药和化学纤维制造业；金属冶炼加工业包括黑色和有色金属冶炼及压延加工业、金属制品业；机械制造业包括通用、专用和交通运输设备制造业；电气和电子及办公用制造业包括电气机械及器材制造业、通信设备、计算机及其他、仪器仪表及文化、办公用品；其他制造业包括除上述行业和烟草制造业以外的加工制造业。按行业分组检验主要是考察不同行业外资企业生产本地化水平变化的原因。

第六节 计量检验结果分析

一 模型（3-1）检验结果

运用模型（3-1）检验不同因素对不同类型外资企业生产本地化影响的异同，结果表明，F统计量均明显大于1%显著水平的临界值，回归方程均非常显著。解释变量在不同样本中对不同类型外资企业生产本地化程度的影响既有一些相同点，又存在一定差异。

市场规模除了在全国港澳台资企业样本组的系数不显著外，其他样本组的回归系数 t 统计量的显著水平达到或接近1%，因此，市场规模对外资企业生产本地化程度的影响基本上是显著的。其中，市场规模的扩大促进了全部外资和其他外资企业生产本地化水平提高，但阻碍了东部和中西部港澳台资企业的生产本地化程度的提高。市场规模降低港澳台资企业生产本地化程度的原因是，港澳台投资企业主要是出口加工型，目的不是占有中国市场。经济发展水平对外资企业生产本地化程度的影响没有一致性特点，可能与人均 GDP 既能度量消费水平又能度量工资水平有关。

表3-3 影响不同类型外资企业生产本地化程度因素的检验

解释变量	全　国			东　部			中　西　部		
	全部外资	港澳台资	其他外资	全部外资	港澳台资	其他外资	全部外资	港澳台资	其他外资
c	0.040 (0.171)	0.268 (0.021)	0.264 (0.026)	0.001 (0.985)	0.383 (0.000)	-0.291 (0.000)	0.057 (0.424)	0.311 (0.009)	0.077 (0.558)
$LMSIZE$	0.016 (0.000)	-0.009 (0.200)	0.023 (0.000)	0.012 (0.000)	-0.014 (0.002)	0.019 (0.000)	0.015 (0.001)	-0.023 (0.016)	0.024 (0.000)
$PGDP$	-0.003 (0.147)	-0.013 (0.000)	0.019 (0.039)	*	*	-0.020 (0.000)	0.006 (0.549)	*	0.047 (0.002)
MAR	-0.008 (0.000)	0.002 (0.635)	-0.026 (0.003)	-0.008 (0.000)	0.004 (0.210)	-0.003 (0.294)	-0.004 (0.223)	-0.015 (0.057)	-0.016 (0.006)
$PATRIG$	0.045 (0.000)	0.021 (0.357)	-0.088 (0.012)	0.042 (0.018)	0.063 (0.001)	0.094 (0.000)	0.033 (0.006)	*	0.010 (0.828)
$OPEN$	-0.044 (0.000)	-0.042 (0.005)	-0.053 (0.052)	-0.040 (0.000)	0.024 (0.051)	-0.104 (0.000)	-0.167 (0.003)	0.964 (0.053)	-0.126 (0.372)
$EXPR$	0.071 (0.001)	0.110 (0.003)	-0.064 (0.129)	0.096 (0.003)	0.196 (0.000)	0.073 (0.017)	0.067 (0.038)	0.170 (0.014)	-0.233 (0.007)
$TECR$	-0.094 (0.000)	0.055 (0.009)	-0.134 (0.001)	-0.110 (0.002)	-0.144 (0.000)	-0.051 (0.194)	-0.051 (0.056)	0.065 (0.185)	-0.107 (0.015)
INC	0.040 (0.017)	0.121 (0.038)	0.025 (0.632)	0.051 (0.003)	-0.153 (0.000)	0.098 (0.001)	-0.150 (0.000)	2.043 (0.000)	0.099 (0.483)
$TAXINC$	-0.062 (0.013)	0.170 (0.052)	-0.382 (0.000)	0.104 (0.497)	0.314 (0.290)	0.285 (0.294)	-0.058 (0.042)	0.369 (0.004)	-0.328 (0.000)
$POLL$	-0.015 (0.227)	0.090 (0.042)	0.052 (0.325)	-0.026 (0.416)	-0.135 (0.001)	0.053 (0.028)	0.005 (0.790)	0.257 (0.000)	-0.088 (0.072)

续表

解释变量	全国			东部			中西部		
	全部外资	港澳台资	其他外资	全部外资	港澳台资	其他外资	全部外资	港澳台资	其他外资
TEC	0.000 (0.820)	-0.016 (0.000)	0.012 (0.197)	-0.010 (0.029)	-0.019 (0.022)	-0.003 (0.363)	0.014 (0.013)	-0.009 (0.229)	0.016 (0.259)
D	-0.076 (0.000)	-0.073 (0.000)	-0.080 (0.000)	*	*	*	*	*	*
调整 R^2	0.751	0.192	0.558	0.711	0.706	0.783	0.255	0.119	0.119
F	53.423	5.131	23.000	19.719	19.268	25.960	5.110	2.978	2.614
样本数	210.000	210.000	210.000	77.000	77.000	77.000	133.000	133.000	133.000

注：①括号内数据为伴随概率。②*表示相关变量未进入该组样本。③外资的激励政策（INC）在其他外资企业生产本地化估计时，使用全部外资企业产值比例的回归结果解释力强于使用其他外资企业产值的比例；在港澳台资企业生产本地化的估计则使用港澳台资企业产值的比例。

市场化水平在全国和东部全部外资企业、全国和中西部的其他外资企业、中西部的港澳投资企业样本中的系数为负，显著水平达到1%或接近5%，在这些样本中市场化水平提高1个单位，外资企业生产本地化程度下降0.8~2.6；市场化水平在其他样本组中则均不显著。因此，市场化水平的提高至少不能提高外资企业生产的本地化水平，甚至阻碍外资企业提高生产本地化水平。原因可能是，市场化水平的提高，外资企业通过市场采购中间投入品的可能性增大，降低生产本地化水平。

知识产权保护水平在全国和中西部全部外资企业、东部三类外资企业生产的本地化程度中的符号为正，显著水平达到或接近1%，意味着知识产权保护水平提高1个单位，这些样本中的外资企业生产本地化水平提高0.03~0.9。因此，知识产权水平对外资企业生产本地化程度基本上具有正面作用。

贸易体制的开放水平除了对中西部其他外资企业生产的本地化影响不显著外，在其他8个样本组的回归系数显著水平达到或接近5%，其中在东部和中西部港澳台资企业样本组的系数为正，其余5个样本组的系数为负。这说明，其他外资企业因为技术含量较高，为控制技术溢出，可能通过进口中间投入品支持企业的生产，因而降低了本地化程度；而港澳台资企业技术含量不高，凭借出口自由的便利，可以利用廉价的资源和劳动力实现规模经济,可能提高本地化水平。

对外资企业出口的强制性要求除了在中西部其他外资企业样本组的系数为负外,在其余各样本组的系数为正,其中全国其他外资企业样本组的系数统计上不显著,其余7个样本组的回归系数均达到5%显著水平,因此,对外资企业出口的强制性要求对外资企业生产的本地化程度基本上具有正面作用,外资企业出口提高1个单位,外资企业生产本地化水平可提高0.07~0.17。原因是,中国利用出口减税、退税鼓励外资企业出口,能鼓励出口型外资企业扩大规模,提高增加值,提高生产本地化水平。

对FDI技术含量的强制性要求除了在全国和中西部外资企业样本组的系数为正外,在其余7个样本组的系数为负值,因此,对FDI技术含量强制性要求的严格程度提高阻碍了外资企业提高生产本地化水平,即技术密集型外资企业产值的比例提高1个单位,7个样本组的本地化水平下降0.05~0.13。原因可能是,外资企业技术含量的提高在弱知识产权保护环境下,溢出风险增大;越是技术含量高,越是控制技术溢出,通过进口中间投入品支持企业生产是常用手段,因此,生产本地化水平相应下降。

FDI鼓励政策除了在全国和中西部其他外资企业样本组的系数不显著外,其余7个样本组的系数均达到5%显著水平,其中东部的港澳台资和中西部全部外资样本中的系数为负值,其余5个样本组的系数为正,FDI鼓励政策对外资企业生产本地化程度的影响没有一致性。

税收优惠政策在全国和中西部三类外资企业样本组的系数达到或接近5%显著水平,其中在全国和中西部港澳台资企业样本组的系数为正值,在全国和中西部的全部外资企业和其他外资企业样本组的系数为负值。因此,税收优惠能提高港澳台资企业生产本地化水平,降低全部外资企业和其他外资企业生产的本地化水平,具体地说,税收优惠程度提高1个单位,全国和中西部港澳台资企业生产本地化程度分别提高0.17和0.37,而全国和中西部的全部外资企业和其他外资企业生产本地化程度下降0.06~0.38。原因可能是,港澳台资企业是劳动密集型的,主要以降低成本为目的,港澳台资企业可以利用税收优惠政策降低成本,追求规模经济,提高了增加值;而其他外资技术相对较高,以占有市场为目的,为保证在东道国的竞争力,尽可能减少技术溢出,降低生产本地化就是重要的手段。

污染控制和创造性资产对外资企业生产本地化程度的影响没有表现出

一致性规律。虚拟变量地理区位在全国三类外资企业样本组的系数均为负值，意味着地理区位优势降低了外资企业生产本地化水平。原因可能是，中国知识产权保护水平不高，技术溢出风险大，为控制技术溢出，东部地区外资企业利用进口方便和发达的海运条件，进口中间投入品支持企业的生产，降低了生产的本地化水平。

二 模型（3-2）检验结果

运用模型（3-2）检验不同因素影响不同行业外资企业生产本地化的异同，结果表明，8个工业行业分组回归的F统计量均明显大于1%显著水平的临界值，说明这些回归方程是合理的，但这些分组回归方程的解释力比模型（3-1）分组回归方程差。具体情况如下。

市场规模对资源密集型产业如纺织衣帽鞋制造业、金属冶炼加工业、其他制造业外资企业生产本地化有显著的负面影响，对电气和电子及办公用机械制造业外资企业生产本地化有显著的正面影响。原因可能是，这些资源密集型产业是出口加工型，而电气和电子及办公用机械制造业是技术密集型产业，以占有市场为目的，市场规模对二者的影响就完全不一样。经济发展水平对劳动密集型产业食品加工制造业、金属冶炼加工业、电气和电子及办公用机械制造业、其他制造业外资企业生产本地化有显著的负面影响，第一个原因与市场规模一样，第二个原因与人均GDP反映的工资水平有关。

知识产权保护水平除了在纺织衣帽鞋制造业和机械制造业样本组的系数不显著外，在其余6个样本组的系数均为正且统计上显著，知识产权保护水平提高1个单位，6个行业的外资企业生产本地化水平提高0.06~0.23。因此，知识产权保护水平提高能支持这些行业外资企业生产的本地化。

表3-4 影响不同行业外资企业生产本地化程度因素的检验

解释变量	食品加工制造业	纺织衣帽鞋制造业	石油加工业	化工医药制造业	金属冶炼加工业	机械制造业	电气电子及办公用机械	其他制造业
c	-0.275 (0.004)	0.526 (0.000)	0.540 (0.342)	0.248 (0.165)	0.406 (0.098)	0.451 (0.000)	-0.236 (0.084)	0.417 (0.000)
LMSIZE	0.008 (0.215)	-0.034 (0.000)	-0.020 (0.605)	-0.017 (0.266)	-0.030 (0.041)	-0.005 (0.480)	0.015 (0.009)	-0.039 (0.000)

续表

解释变量	食品加工制造业	纺织衣帽鞋制造业	石油加工业	化工医药制造业	金属冶炼加工业	机械制造业	电气电子及办公用机械	其他制造业
PGDP	-0.015 (0.000)	*	*	*	-0.013 (0.024)	*	-0.029 (0.000)	-0.012 (0.030)
PATR	0.153 (0.000)	0.060 (0.178)	0.112 (0.090)	0.232 (0.000)	0.213 (0.000)	-0.034 (0.103)	0.101 (0.012)	0.149 (0.000)
OPEN	-0.006 (0.730)	-0.023 (0.048)	-0.099 (0.000)	0.072 (0.039)	0.000 (0.992)	-0.035 (0.007)	-0.039 (0.039)	-0.014 (0.088)
EXPR	0.125 (0.000)	0.197 (0.000)	0.391 (0.000)	0.197 (0.003)	0.439 (0.000)	0.056 (0.044)	0.142 (0.003)	0.267 (0.000)
TECR	0.045 (0.121)	-0.067 (0.194)	-0.249 (0.033)	-0.102 (0.139)	-0.053 (0.157)	0.210 (0.000)	-0.056 (0.466)	0.089 (0.063)
INC	0.047 (0.219)	0.020 (0.380)	-0.051 (0.608)	-0.080 (0.001)	-0.193 (0.001)	-0.002 (0.795)	-0.022 (0.000)	-0.042 (0.000)
TAXINC	-0.432 (0.000)	-0.634 (0.000)	-0.081 (0.181)	-0.228 (0.525)	-0.709 (0.000)	-0.815 (0.000)	-0.068 (0.724)	0.205 (0.112)
POLL	0.060 (0.084)	0.094 (0.004)	-0.189 (0.002)	-0.241 (0.077)	-0.208 (0.000)	-0.134 (0.000)	0.170 (0.022)	-0.029 (0.266)
TEC	-0.012 (0.002)	-0.017 (0.001)	0.026 (0.013)	-0.002 (0.800)	-0.026 (0.000)	-0.025 (0.000)	-0.003 (0.711)	-0.026 (0.000)
AGG	-0.001 (0.819)	-0.031 (0.001)	-0.014 (0.096)	0.020 (0.363)	-0.062 (0.000)	0.000 (0.994)	0.000 (0.986)	0.004 (0.381)
D	-0.058 (0.000)	-0.060 (0.012)	-0.264 (0.000)	-0.170 (0.000)	-0.187 (0.000)	-0.032 (0.017)	-0.114 (0.000)	-0.111 (0.000)
调整 R^2	0.532	0.748	0.741	0.602	0.663	0.520	0.715	0.630
F	7.538	19.565	18.958	10.484	12.296	7.803	15.442	10.782

注：①括号内数据为伴随概率。② * 表示相关变量未进入该组样本。

贸易体制的开放水平除了在食品加工制造和金属冶炼加工业样本组的系数不显著外，在其余6个样本组的系数是显著的，其中在化工医药制造样本组的系数为正，另外5个行业样本组的系数均为负值。因此，贸易体制的开放水平对绝大多数行业外资企业生产的本地化水平或起阻碍作用或影响不显著，与模型（3-1）的检验结果几乎一致。

对外资企业出口的强制性要求在所有行业中的系数均为正，且显著水平达到5%。外资企业出口的比例提高1个单位，机械制造业外资企业生产本地化程度提高的幅度最低，为 0.056，金属冶炼加工业外资企业生产本地化程度提高的幅度最大，为 0.439，其余行业外资企业生产本地化程度提高的幅度在 0.12 以上。因此，对外资企业出口的强制性要求提高了所有行业外资企业生产的本地化水平。

中国关于 FDI 技术含量的强制性要求对各个行业外资企业生产本地化水平影响没有一致性结论。外资的鼓励政策仅对化工医药制造业、机械制造业、电气和电子办公用机械制造业和其他制造业外资企业生产的本地化水平具有显著的负面作用；税收激励政策对食品加工制造业、纺织衣帽鞋制造业、金属冶炼加工业和机械制造业外资企业生产本地化具有显著的负面作用，对其他行业的外资企业生产本地化没有显著影响。

污染管制对重污染行业如石油加工、化工医药、金属冶炼等行业外资企业生产本地化具有负面作用，而且达到 1% 或 10% 的显著水平，污染管制水平提高 1 个单位，这些行业外资企业生产本地化水平下降 0.13~0.24；对其他行业如食品加工制造业、纺织衣帽鞋制造业、电气和电子及办公用机械制造业具有显著的正面作用，污染管制水平提高 1 个单位，三个行业外资企业的生产本地化水平提高 0.08~0.17。原因可能是，一方面，重污染行业因污染管制程度提高而成本增加幅度大，缩短价值增值过程；另一方面，对其他行业，污染控制越严，企业可能扩大规模，以降低治理"三废"的平均成本，也可能通过技术创新，改变粗加工的生产模式，对产品进行深加工，降低污染水平，导致生产的本地化程度提高。

创造性资产对食品加工制造业、纺织衣帽鞋制造业、金属冶炼加工业、机械制造业和其他制造业的外资企业生产本地化水平有负面作用，显著水平达到 1%，创造性资产水平提高 1 个单位，外资企业生产本地化水平下降 0.003~0.025；对石油加工业外资企业生产本地化水平有显著的正面作用。因此，创造性资产降低多数行业外资企业生产的本地化程度，原因可能是创造性资产反映了中国技术能力，技术能力越强，外资企业为控制技术溢出，越可能进口中间产品以降低生产的本地化程度；而石油加工业则是高度依赖本地原材料，不适合进口中间产品支持企业生产，所以，创造性资产对其具有正面作用。

产业集聚水平仅对纺织衣帽鞋制造业、石油加工业、金属冶炼加工业外资企业生产的本地化水平有显著的负面作用，原因可能是这些产业是资源寻求型的，产业集聚水平越高，外资企业越可能从相关企业获得中间投入品，这就会降低企业生产的本地化水平。虚拟变量地理区位对所有行业外资企业生产本地化程度均有负面作用，与模型（3-1）的检验结果完全一致。

第七节　主要结论与对策

一　结论

东道国特别是发展中国家利用FDI的重要目标是促进技术进步和经济增长质量的提高，能否实现这些目标，主要取决于流入FDI的技术含量及其转移力度。提高外资企业生产的本地化程度是扩大FDI技术转移和扩散效应、提高外资经济质量的主要途径；而外资企业生产本地化水平的选择受东道国区位优势、政策制度的影响。利用中国2001～2007年面板数据，采用按地区、外资类型和行业分组实证检验了不同因素对外资企业生产本地化水平的影响，得到主要结论如下。

第一，市场规模支持全部外资企业和其他外资企业生产本地化水平，降低了东部和中西部港澳台资企业生产本地化水平；在按行业分组的面板模型中，市场规模仅支持电气和电子及办公用机械制造业外资企业生产本地化，降低资源密集型产业如纺织衣帽鞋制造业、金属冶炼加工业、其他制造业外资企业生产本地化。原因可能是，无论企业类型还是行业类型，市场规模降低出口加工型外资企业生产本地化水平，支持市场占有型外资企业生产本地化。

第二，制度变量对外资企业生产本地化影响的特点是：区域面板模型中市场化水平的提高至少不能提高外资企业生产本地化水平，甚至阻碍外资企业提高生产本地化水平；知识产权保护水平无论在面板模型（3-1）还是面板模型（3-2）中，主要是支持了外资企业生产本地化水平；对外开放水平区域面板模型主要是降低了外资企业生产本地化水平，在按行业分组的面板模型中，对绝大多数行业外资企业生产本地化水平或起阻碍作用或影响不显著。

第三，政策变量对外资企业生产本地化水平的影响特点：对外资企业出口的强制性要求主要是支持了外资企业生产的本地化。在区域面板模型中，对FDI的技术含量强制性要求主要是降低了外资企业生产的本地化水平。税收优惠能提高港澳台资企业生产本地化水平，但对全部外资企业、其他外资企业和各个行业的外资企业生产本地化不是具有负面作用，就是影响不显著。污染管制程度的提高能降低污染行业如石油加工、化工医药、金属冶炼等行业外资企业生产本地化水平。

第四，创造性资产在多数行业样本中的系数为负，东部地理区位优势的系数一致为负，原因可能是中国知识产权保护水平不高，外资企业技术溢出风险大，致使外资企业进口中间投入品支持企业的生产，降低了生产的本地化水平。

二 简要对策

中国正面临利用FDI模式的转型，利用FDI的重点是促进技术进步和经济增长质量的提高，上述实证结论具有以下方面的政策含义：虽然对FDI的技术含量的强制性要求降低了外资企业生产本地化程度，主要原因是中国知识产权保护水平不高，但是不能否定中国对FDI项目的技术含量要求政策。提高FDI的技术含量是提高FDI溢出效应的基础和前提，中国特别是外资集中的东部地区引进FDI时，要着重提高FDI的技术含量，如加大引进欧美发达国家FDI的力度，不仅能优化外资的来源结构，而且能获得更多的技术溢出。

在提高外资企业生产的本地化程度方面，实证的结论为中国2008年已经实行的内外资企业统一税制提供了证据，说明中国取消外资企业税收优惠旨在提高外资质量政策的科学性、适时性和战略意义。同时，借鉴国外一些国家或地区的成功经验，引进FDI时对外资企业生产的价值增值率应该制定相应的规则，特别是对技术密集型企业生产的本地化程度做出相应的规定。加强知识产权保护执法的力度，加大打击专利侵权、假冒力度，提高知识产权保护水平，保护外资企业知识产权的合法权益，这是提高外资企业生产本地化的根本措施。继续实行对外资企业出口强制性要求的政策和出口鼓励政策，同时也要配合制定出口型企业在本地价值的增值率规定，以有效地促使外资企业提高生产本地化水平。按行业分组的面板检验结果支持加大环境管制力度，引进FDI时设置FDI准入的环境门槛，防止高污染项目的进入，同时加强对外资企业排污的检查。虽然产业集聚水平降低了外资企业生产的本地化水平，但政府仍然需要制定相关政策鼓励产业集聚，形成产业集群，因为外资企业向本地企业采购中间投入品，通过后向关联效应能促进相关本地企业提高技术水平。

第四章

模仿效应、竞争效应与经济增长集约化
——基于区域动态面板的检验

本章提要 在已有文献中,探讨外资技术溢出影响全要素生产率的成果很多,研究外资技术溢出影响经济增长集约化的成果极少,特别是考察外资技术溢出不同路径影响经济增长集约化差异的文献缺失。本章在研究外资技术溢出成果的基础上,进一步讨论了外资进入产生的竞争效应和模仿效应对经济增长集约化作用的差异,并利用中国1996~2012年非平衡面板数据进行了GMM估计。结果表明:外资参与度反映的竞争效应显著阻碍了经济增长集约化水平的提升,外资企业生产本地化程度反映的模仿效应则显著促进了经济增长集约化水平的提升。利用外资引进技术要着力提高外资企业生产本地化程度,扩大外资技术溢出效应,提升经济增长集约化水平。

第一节 引言

中国持续30多年来的经济增长是人类经济史上的奇迹,但是长期依靠投资拉动经济增长所积累的矛盾日益凸显,已经成为经济进一步发展的障碍。投资拉动经济增长常常表现为高投入、高排放、低产出,本质上是粗放型经济增长。有限的资源已无力维系粗放型经济增长过程中的资源高消耗，生态环境承载力的下降也难以支撑粗放型经济增长过程中的高排放，随经济发展水平不断上涨的资源价格也危及了中国制造业在国际价值链中的低端地位，因此政府适时提出转变经济增长方式的重大战略，学者也广泛深入地探索了转变经济增长方式的路径。实现经济增长由粗放型向集约型转变，就是实现经济增长由物质投入拉动向技术进步驱动转变，政府和学术界对这一点已经取得共识。

技术进步主要有技术创新和技术引进等路径。自主创新是一个国家或地区推动技术进步、提升经济竞争力的必由之路，但是自主创新依赖于知识资本的积累水平，发展中国家因为历史等原因技术基础薄弱，与发达国家技术水平差距大，依靠自主创新难以在短期内缩小与发达国家的技术差距，因此引进技术是发展中国家实现技术进步、缩小与发达国家技术差距的重要途径。大量的实证研究已经证明了国际技术转让与扩散是技术进步的主要因素之一（Coe 和 Helpman，1995；Eaton 和 Kortum，1996）。引进技术主要包括购买专利、进口货物和引进国际直接投资（简称外资或 FDI）等方式。一些学者如 Blomström（1989）认为，先进技术转移与扩散最显著的途径是国际直接投资而非技术转让协议。正因为此，世界各国引进国际直接投资的竞争日趋激烈。随着国际直接投资规模不断扩大，理论界对国际直接投资技术转移与扩散的研究成果急剧增多。以下从两方面评述文献。

第一，现有研究成果主要讨论外资技术溢出对经济增长、劳动生产率和全要素生产率等的影响，很少有文献研究外资技术溢出对经济增长集约化水平的影响。如国外学者 Jansen（1995）、De Mello（1997）、Borensztein et al.（1998）等研究了外资技术溢出对经济增长的影响；国内学者沈坤荣和耿强（2001）、武剑（2002）、许冰（2010）、邹建华和韩永辉（2013）讨论了技术溢出对经济增长的影响。外资技术溢出通过促进技术进步来影响经济增长，从外资技术溢出对经济增长的作用，可以在一定程度上判断外资技术溢出对经济增长集约化的影响。如果外资技术溢出对经济增长具有负面作用，意味着外资进入抑制了全要素生产率的增长，即降低了全要素生产率对经济增长的贡献，经济增长集约化水平下降；如果外资技术溢出促进经济增长，意味着外资技术溢出通过促进技术进步推动经济增长，也就是说外资技术溢出可能提升经济增长集约化水平，但是不能确定外资技术溢出提升经济增长集约化水平，因为只有全要素生产率进步率对经济增长率的贡献上升才使经济增长集约化水平上升，而外资技术溢出促进全要素生产率提升，并不意味着外资技术溢出提升了全要素生产率进步率对经济增长率的贡献。

在研究外资技术溢出影响经济增长的基础上，国内外学者进一步讨论了外资技术溢出对劳动生产率的影响。国外学者如 Caves（1974）、Kokko et al.（1996）等检验了外资技术溢出对劳动生产率的影响，国内学者陈涛涛（2003，2006）也检验了外资技术溢出对劳动生产率的影响。虽然一些学者认为劳动生产率是反映经济增长质量的重要指标（李周为和钟文余，1999；任保平，2010），但是劳动生产率仅仅反映劳动资源利用的效率，并不能全面反映资源的综合利用效率，特别是不能反映要素效率和要素投入对经济增长的相对贡献，即不能直接反映经济增长集约化水平。因此，外资技术溢出对劳动生产率的影响并不能反映外资技术溢出对经济增长集约化水平的影响。

相对于外资技术溢出影响劳动生产率的研究而言，外资技术溢出影响全要素生产率的文献非常丰富。国外，Bin（2000）实证检验了美国跨国公司对40个国家全要素生产率增长的影响，Girma et al.（2001）研究了外资对英国全要素生产率的作用，Woo（2009）利用大样本检验了国际直接投资对发展中国家全要素生产率的影响；国内，卢荻（2003）、朱平芳和李磊（2006）、平新乔等（2007）检验外资技术溢出对全要素生产率的影响，近年来一些学者深化了外资技术溢出影响全要素生产率的研究，如李燕等（2011）、王华等（2012）检验了外资技术溢出对全要素生产率的非线性效应，张公嵬（2013）则发现外资与产业集聚耦合度制约了外资技术溢出对全要素生产率的作用。全要素生产率较为全面地衡量了资源的利用效率，一些学者如王小鲁等（2009）认为全要素生产率能反映经济增长方式，但是全要素生产率不能准确反映经济增长集约化水平，全要素生产率的增长仅是经济增长集约化水平上升的必要条件，不是充分条件，因为全要素生产率增长并不意味着全要素生产率增长对经济增长的贡献上升。外资技术溢出对全要素生产率的作用，并不能反映外资技术溢出对经济增长集约化水平的作用。

第二，学者从理论上讨论了外资技术溢出的机制与路径，但是实证检验外资技术溢出不同路径的成果并不多。如 Blomström 和 Kokko（1996）将外资技术溢出效应分为模仿学习和竞争两种；张建华和欧阳轶雯（2003）则将外资技术溢出效应区分为示范效应、竞争效应、关联效应和人力资本流动效应；李平（2007）将外资技术溢出效应归纳为直接学习效应、关联效应和R&D本地化三种；但是实证检验外资技术溢出的不同路径的文献很少（Blomström，1986；Blomström和Kokko，1998）。学术界通常采用外资参与度反映技术溢出，对外资参与度反映的是竞争效应还是其他效应，学者存在争议。Aitken和Harrison（1999）、傅元海等（2010）认为外资份额反映的是竞争效应，沈坤荣和傅元海（2010）采用外资企业生产本地化程度反映模仿效应，以区分外资参与度反映的竞争效应；而陈涛涛和陈娇（2005）认为外资参与度反映示范效应（或学习效应）和人力资本流动效应等，称之为外资集聚性溢出效应，并采用外资企业劳动生产率度量竞争效应，以区分竞争效应和外资集聚性溢出效应。在市场完全竞争条件下，企业产出是竞争均衡的结果，也就是说企业生产份额虽然在一定程度上反映了示范效应，但更主要地反映了竞争效应。总的来说，目前的实证研究能成功地将外资技术溢出的关联效应（McAleese和McDonald，1978）、竞争效应（Blomström和Kokko，1995）、技术创新效应（Feinberg和Maryland，2001；冼国明和严兵，2005）等区分开来。

以上分析表明，现有研究文献没有将外资技术溢出与经济增长集约化水平联系起来，特别是没有区分外资进入产生的竞争效应和模仿效应对经济增长集约化水平影响的差异。近年来笔者的一系列成果区分了外资进入产生的竞争效应和模仿效应对投入产出率、自主创新等影响的差异，在前期研究基础上，我们进一步讨论外资进入产生的竞争效应和模仿效应对经济增长集约化水平的差异。本章的贡献在于：第一，从理论上揭示外资进入产生的竞争效应和模仿效应影响经济增长集约化水平的差异；第二，将竞争效应、模仿效应与经济增长集约化水平纳入同一个实证模型，采用GMM估计法检验竞争效应和模仿效应对经济增长集约化水平的作用差异。因此，这一研究不仅能深化外资技术溢出效应的研究，而且能考察外资技术溢出对经济增长方式转变的作用，并为政府制定利用外资促进经济增长方式转变的政策提供有益的参考，具有较强的理论和实践意义。

第二节 理论分析与实证模型

一 理论分析

(一) 经济增长集约化的内涵

经济增长方式是指经济增长依靠要素投入还是依靠要素利用效率提高来实现，从经营方式或经济增长效率的角度来看，经济增长方式可以分为粗放型和集约型两种类型。粗放型经济增长主要依靠大量投入和原材料消耗支撑，突出的特征是高投入、高消耗、低效率、低产出；与此相对应，集约型经济增长是依靠要素利用效率提高推动经济增长，其特征是低投入、低消耗、高效率、高产出。经济增长方式从粗放型向集约型转变主要表现为要素利用效率提高对经济增长的贡献上升，或者要素利用效率对经济增长的贡献与要素投入增长对经济增长的贡献之比上升。要素综合利用效率一般用全要素生产率反映，因此厉无畏和王振（2006）将经济增长集约化界定为：

$$gm = tfp/g \quad (4-1)$$

gm 表示经济增长集约化水平，tfp 表示全要素生产率增长率，g 表示经济增长率。从（4-1）式可以看出，只有全要素生产率增长率超过经济增长率时，经济增长集约化水平才能上升；也就是说，全要素生产率增长并不意味着经济增长集约化水平上升。正因为此，一些学者认为全要素生产率不能准确反映经济增长方式（郑玉歆，2007）。

(二) 外资技术溢出影响经济增长集约化分析

外资进入可能通过多种途径对东道国技术创新产生影响。傅元海等（2010）将示范效应、人力资本流动效应归结于模仿学习效应，而且认为模仿效应外延与外资进入产生的竞争效应、关联效应部分重合。重合的大小主要取决于在竞争效应、关联效应下本地企业模仿外资企业技术的程度。一般而言，竞争效应会促使本地企业主要选择技术创新、技术购买提高技术水平，以获取竞争优势，因为选择模仿外资技术只能成为技术的跟随者，无法获得竞争优势。关联效应中特别是后向关联中，本地企业主要通过外资企业的技术援助、技术创新等手段提升技术水平，进而为外资企业提供合格的中间投入品；相对而言，本地企业模仿其他外资企业技术的可能性较小，因为如果存在许多其他外资生产同类中间投入品，需要这类中间投入品的外资企业可能更偏向于外资企业生产的上游投入品。以上说明，外资进入产生的模仿效应与竞争效应、关联效应外延重合部分不大。基于本章的目的，以下重点讨论外资进入产生的模仿效应和竞争效应影响经济增长集约化的机理及差异。

外资企业生产过程中，本地企业通过参观、学习可以近距离接触、了解外资技术；特别是外资企业雇用的本地技术人员，通过干中学可以更多地接触、了解、掌握外资技术。如果本地企业利用获得的外资技术进行生产，尤其是外资企业的技术人员流出后，就会直接表现为本地企业技术水平的变化，进而影响经济增长集约化水平。如果本地企业具有充分的学习能力，外资企业本地化程度越高，意味着外资企业价值链越长，即生产环节越长，本地企业相应地能获得更多生产环节的技术，一旦本地企业模仿学习外资企业技术，就能提高本地企业产品的附加值率。附加值率的提高，意味着投入不变产出增加，或者产出不变投入减少，生产要素利用效率提高，经济增长集约化水平上升。因此，一般来说，外资企业生产化程度越高，本地企业模仿的外资技术越多，经济增长集约化水平越可能提高。

当然，外资企业本地化程度促进东道国经济增长集约化提升有重要的前提，外资企业将附加值较高的生产环节放在东道国，这通常涉及一个产品的关键技术或核心技术，或者至少是外资企业相关生产环节诱发本地企业的投入较少。否则，外资企业生产本地化的技术溢出可能抑制东道国经济增长集约化水平提高，因为如果外资企业将高附加值的生产环节放在母国，在东道国主要是低附加值生产环节，那么东道国企业也只能获得外资企业低附加值生产环节的技术，即使引进了资本密集型或技术密集型产业，本地企业获得的也是劳动密集型生产环节或加工组装环节的技术；当本地企业利用模仿的外资技术进行生产，必须依赖进口包含关键技术的中间投入品，或者促使本地企业加大投入，深化资本，本地企业经营方式是高投入、低产出、低效率型，经济增长集约化水平就会下降。

外资进入加剧东道国市场的竞争，东道国企业在竞争压力下可以选择模仿外资技术、技术创新和购买技术等多种方式，本地企业选择技术进步的路径不同,竞争效应对经济增长集约化水平的作用也可能不同。本地企业选择模仿外资技术,竞争效应对经济增长集约化水平的作用与模仿效应的作用类似。本地企业选择技术创新提高技术水平,竞争效应对经济增长集约化水平的作用,与技术创新的特点密切相关。如果本地企业在竞争压力下,以现有技术为基础进行创新,并能较大幅度地提升附加值率,资源利用效率会得到提升,经济增长集约化水平就会提高;本地企业在引进技术基础上进行创新,运用新技术进行生产,创造的附加值不高,因为包含关键技术的中间投入品依赖进口,高附加值生产环节常常在国外,资源利用效率并不高,经济增长集约化水平可能下降。外资进入产生的竞争诱使本地企业引进技术以提高技术水平。对绝大多数企业而言,因为财力限制,不可能购买一个产品全部生产环节的技术。如果本地企业购买核心技术,产品附加值率就高,竞争效应会提高经济增长集约化水平。如果本地企业购买的技术与本地技术能力不相匹配,购买的技术就会出现空心化,新技术与本地联系不大,致使运用引进技术进行生产不仅投入大量的机器设备,而且高质量的原材料和中间投入也依赖于进口,附加值增长的幅度低于投入增长的幅度,资源整体利用效率下降,经济增长集约化水平下降。因此,竞争效应既可能促进经济增长集约化水平提升,也可能抑制经济增长集约化水平。

二 构建计量模型

一般来说,影响全要素生产率的因素可能影响经济增长集约化。除了技术引进外,市场化(樊纲等,2011)、对外贸易(王小鲁等,2009)、城市化(朱英明,2009)、产业结构(张军等,2009)、政府干预(罗长远,2005)等也是影响全要素生产率的重要因素,因此可以构建影响经济增长集约化的计量模型如下:

$$gm_{it} = c + \beta_1 \cdot fdi_{it} + \beta_2 \cdot loc_{it} + \beta_3 \cdot trad_{it} + \beta_4 \cdot mark_{it} + \beta_5 \cdot gov_{it} + \beta_6 \cdot urban_{it} + \beta_7 \cdot tsh_{it} + \beta_8 \cdot tst_{it} + \varepsilon_{it} \quad (4-2)$$

i、t 分别表示第 i 个地区、第 t($t=1996,\cdots,2012$)年。gm 为经济增长集约化水平;借鉴傅元海等(2010)的方法,外资参与度 fdi 反映竞争效应,生产本地化 loc 反映模仿效应;$trad$ 为对外贸易水平;$mark$ 为市场化水平；gov 为政府干预程度；urban 为城市化水平；tsh、tst 分别表示制造业高级化和合理化；c 为截距，ε 为残差。

第三节 变量测度、数据及估计方法

一 变量测算及数据

（一）经济增长集约化

首先利用生产函数测算全要素生产率进步率，然后利用测算的全要素生产率进步率除以经济增长率可以得到经济增长集约化水平。全要素生产率为索罗残差，全要素生产率进步率测算公式如下：

$$g_{it} = \alpha \cdot l_{it} + \beta \cdot k_{it} + \mu_{it} \quad (4-3)$$

$$tfp_{it} = g_{it} - \alpha \cdot l_{it} - \beta \cdot k_{it} \quad (4-4)$$

g 为经济增长率，l 和 k 分别为劳动和存量资本增长率，μ 为残差，即为（4-4）式中的 tfp。gm 采用地区经济增长集约化和地区工业增长集约化两种方法测度，相应的，tfp 采用两种方法测度。

1. 地区经济增长集约化

利用（4-3）式可以测算 29 个地区的 tfp，由于重庆和四川资本存量数据没有分割，因此将重庆和四川合并为一个地区，西藏因数据不全未考虑。tfp 除以 g 得到 29 个地区经济增长集约化水平。相应的，模型（4-2）中被解释变量 gm 为地区经济增长集约化时，地区数为 29。1996~2006 年资本存量增长率采用单豪杰（2008）测算的结果计算，2007~2012 年资本存量增长率采用他的方法计算，地区经济增长率、固定资本形成额、固定资产投资价格指数、就业来自《中国统计年鉴》、中国经济信息网和中宏数据库；其中 2006~2007 年就业数据来自《新中国 60 年统计资料汇编》，2011~2012 年就业数据来自各地区年鉴数据，2012 年天津就业数据来自年度统计公报。

2. 地区工业增长集约化

利用（4-3）式可以测算 30 个地区（未考虑西藏）的工业 tfp，进而可以计算工业增长集约化水平（表示为 gmv）。相应的，模型（4-2）中被解释变量为地区工业增长集约化时,地区数为30。工业数据的统计口径为规模以上工业企业[①]。1996~1997年和1999年工业经济增长率采用《中国统计年鉴》工业增加值数据按可比价格计算,其中1995~1996年重庆和四川工业增加值数据来自《中国工业交通能源50年统计资料汇编1949~1999》,价格指数为工业品出厂价格指数[②]。因1997年和1998年工业数据的统计口径不同,1998年工业经济增长率采用GDP中工业增加值增长率替代。2000~2012年规模以上工业经济增长率为中宏数据库每年1~12月规模工业增加值累计增长率。工业就业增长率采用《中国统计年鉴》和《中国工业经济》年均从业人数计算;1998年就业增长率按《中国劳动统计年鉴》全部工业企业从业人数计算;考虑数据的可比性,2005年就业增长率按《中国经济贸易年鉴》从业人数计算。就业数据、固定投资价格指数来自《中国工业交通能源50年统计资料汇编1949~1999》、中宏统计数据库、《中国统计年鉴》和《中国工业经济统计年鉴》。借鉴涂正革(2008)的方法,资本存量采用固定资产净值年平均余额替代(1995~1996年重庆和四川工业固定资产净值年平均余额按1997年二者比例分割)[③];2005年固定资产净值年平均余额增长率采用《中国经济贸易年鉴》数据计算;2009~2012年固定资产净值年平均余额缺失,按李斌等(2013)的方法测算。

(二) 其他变量的测算

外资参与度 fdi 采用外资工业企业总产值占工业企业总产值比例反映,2012年缺失天津、河南外资企业工业总产值数据,采用外资企业主营业务收入的比例替代。外资企业本地化 loc 采用外资企业增加值率测度,一些地区缺失部分年份数据,其中河北、上海、江苏、安徽、陕西缺失2008~2012年数据,黑龙江缺失2009~2012年数据,湖北缺失2012年数据,新疆缺失2008~2009年数据。因此实证模型为非平衡面板数据模型。市场化 mark 采用非国有工业企业总产值的比例反映,2012年天津和河南缺失工业

---

① 1996~1997年为独立核算工业企业统计口径,后文均相同。
② 1996年宁夏和1996~2001年海南缺失工业品出厂价格指数,采用国内生产总值中工业增加值数据测算的工业产品价格指数。
③ 1996~1997年重庆和四川工业固定资产净值年平均余额按1997年二者的比例进行分割。

总产值数据，采用非国有企业主营业务收入的比例替代；城市化 urban 采用城镇人口的比例反映，2010 年缺失部分地区数据采用插值法处理；政府干预 gov 和对外贸易水平 trad 分别采用财政支出、进出口总额占 GDP 的比例反映。韩国李贤珠（2010）对 OECD 制造业分类进行调整，即将中高端和高端技术产业合并为高端技术产业，得到低端、中端、高端技术产业 3 类制造业，进一步借鉴干春晖等（2011）的方法，采用泰尔指数反映制造业结构合理化 tst，采用高端技术产业产值与中端产业产值之比反映高度化 tsh 的方法。测算产业结构变化的数据来自国研网工业经济统计数据库，其他数据来自中宏网、《中国统计年鉴》、《中国工业经济统计年鉴》。

表 4-1 共线性检验

被解释变量	gm			gmv		
模型	(4-2a)	(4-2b)	(4-2c)	(4-2a)	(4-2b)	(4-2c)
解释变量数量	8	7	6	8	7	6
特征根倒数和	18.1942	12.2152	9.3206	18.1942	15.9115	13.8186

注：以 gm 为被解释变量的模型选择所有解释变量时记为（4-2a），删除最不显著的解释变量 tsh 后模型记为（4-2b），进一步删除不显著的解释变量 urban 后模型记为（4-2c）；以 gmv 为被解释变量的模型选择所有解释变量时记为（4-2a），删除最不显著的解释变量 tsh 后模型记为（4-2b），进一步删除 open 后模型记为（4-2c）。以上模型均不包含滞后 1 阶的被解释变量。

二 估计方法

模型估计结果的无偏性、一致性和有效性取决于正确的估计方法。选择科学的估计方法应首先对模型设定进行相关检验，以下依次对模型进行共线性、自相关等检验。模型（4-2）中的解释变量依据理论选择，解释变量是否显著影响经济增长集约化取决于估计结果，为正确设定模型，采用逐步删除法删除不显著的解释变量。解释变量存在高度共线性时，估计结果虽然有效，但是有偏。Chatterjee et al.（2000）认为模型解释变量共线性程度依据解释变量主成分分析的特征根倒数和判断，如果大于解释变量数量的 5 倍则为严重共线性，否则不存在严重共线性。对所有模型检验表明，分别以 gm 和 gmv 为被解释变量的模型无论是否删除不显著的解释变量，解释变量特征根倒数和为解释变量数量的 2 倍左右，远远低于解释变量数量的 5 倍，因此所有模型的解释变量均不存在高度共线性。

模型（4-2）为静态面板模型，面板模型可分为多种类型，不同类型估计方法也不同。依据不可观测因素与解释变量是否相关，面板模型可以分为固定效应和随机效应模型。白仲林（2008）认为，如果依据模型估计结果来解释样本空间的经济关系，一般选择固定效应模型较为合适。本章研究目的不是对从总体随机抽样得到的部分样本进行估计，以推断或解释总样本的性质，而是解释样本空间的经济关系，因此本章面板模型设定为固定效应模型。面板残差是否自相关和变量是否内生都会影响静态面板估计结果的有效性。采用 Wooldridge 检验法和 Breusch - Godfrey 检验法对静态面板残差进行序列相关检验表明，以 gm 为被解释变量的模型两种方法检验的 χ^2 统计量均大于 1% 显著水平下的临界值，拒绝残差不存在序列相关的原假设；而以 gmv 为被解释变量的模型两种方法检验的结果不一致，Wooldridge 检验法在 10% 或 5% 显著水平下拒绝残差不存在序列相关的原假设，Breusch - Godfrey 检验法不拒绝残差不存在序列相关的原假设。残差自相关说明以 gm 为被解释变量的模型不适合静态面板估计。

静态面板的正确估计要求模型变量严格外生，但是模型的变量往往不能满足这一假设。也就是说，模型变量可能存在内生性。如模型中被解释变量经济增长集约化水平具有持续性，即当期经济增长集约化水平可能影响以后若干期的经济增长集约化水平；同样，解释变量也不可能完全是外生的，即解释变量之间、解释变量与残差之间不可能完全独立。如果静态面板模型变量存在内生性，估计结果可能是一致的，但是可能是有偏的。模型变量的内生性不仅进一步意味着以 gm 为被解释变量的静态模型得不到无偏估计，而且也意味着以 gmv 为被解释变量的静态模型得不到无偏估计。因此，将模型（4-2）修正为动态面板模型。

$$gm_{it} = c + \beta_1 \cdot fdi_{it} + \beta_2 \cdot loc_{it} + \beta_3 \cdot trad_{it} + \beta_4 \cdot mark_{it} + \beta_5 \cdot gov_{it} +$$
$$\beta_6 \cdot urban_{it} + \beta_7 \cdot tsh_{it} + \beta_8 \cdot tst_{it} + \varphi_1 \cdot gm_{it-1} \cdots + \varphi_n \cdot gm_{it-n} + \varepsilon_{it} \quad (4-5)$$

$$gmv_{it} = c + \beta_1 \cdot fdi_{it} + \beta_2 \cdot loc_{it} + \beta_3 \cdot trad_{it} + \beta_4 \cdot mark_{it} + \beta_5 \cdot gov_{it} +$$
$$\beta_6 \cdot urban_{it} + \beta_7 \cdot tsh_{it} + \beta_8 \cdot tst_{it} + \varphi_1 \cdot gmv_{it-1} \cdots + \varphi_n \cdot gmv_{it-n} + \varepsilon_{it} \quad (4-6)$$

由于各地区 loc 的数据时间长度不一致，模型（4-5）和模型（4-6）是非平衡面板。与模型（4-2）相比，动态面板的一个突出特征是滞后 n 阶的被解释变量作为解释变量，被解释变量滞后的选择则取决于系数估计

的 t 值和残差的平稳性（王少平和封福育，2006）。假定模型（4-5）和模型（4-6）被解释变量均是滞后 1 阶，采用两步系统法进行 GMM 估计，模型（4-5）和模型（4-6）估计结果分别有 *fdi* 等 3 个变量系数不显著；模型（4-5）和模型（4-6）分别删除不显著的变量 *tsh* 和 *open* 后，再进行两步系统法 GMM 估计，模型（4-5b）和模型（4-6b）估计结果中分别仅有 *urban* 和 *tsh* 不显著；对进一步删除不显著的变量后的模型（4-5c）和模型（4-6c）进行估计发现，模型解释变量系数的显著水平达到 1% 或 5% 或 10%；采用 ADF 和 PP 检验法对非平衡面板残差进行单位根检验表明，χ^2 统计量和 Z 统计量的伴随概率均为 0，拒绝存在单位根的原假设。修正后的模型（4-5c）和模型（4-6c）所有解释变量的系数均是显著的和残差不存在单位根，说明模型（4-5）和模型（4-6）中被解释变量滞后 1 阶是稳健的。

表 4-2　残差单位根检验

模型（4-5c）				模型（4-6c）			
ADF		PP		ADF		PP	
χ^2 统计量	Z 统计量	χ^2 统计量	Z 统计量	χ^2 统计量	Z 统计量	χ^2 统计量	Z 统计量
115.950	-5.127	199.404	-8.726	179.433	-7.556	329.564	-13.242
0.000	0.000	0.000	0.000	0.000	0.000	0.000	0.000

注：模型（4-5c）和模型（4-5c）与表 4-3 相对应。

另外，二阶自相关检验统计量的伴随概率均大于 0.3，不能拒绝不存在二阶自相关的原假设；过度识别检验的 Sargan 统计量伴随概率大于或等于 0.1，Hansen 统计量伴随概率均大于 0.4，不能拒绝不存在过度约束正确的原假设，说明工具变量是有效的。面板残差是平稳的，意味着面板回归不是伪回归。因此，模型采用两步系统法进行 GMM 估计是合理的。

第四节　检验结果及解释

从估计结果表 4-3 中模型（4-5c）和模型（4-6c）可以看出，外资参与度的系数分别为 -0.08 和 -0.4，显著水平分别达到 10% 和 5%，这意味着外资工业企业工业总产值的比例增加 0.1，其他因素不变条件下，地区经济增长集约化水平下降 0.008，地区工业增长集约化水平下降 0.04，因此，外资进入产生的竞争效应降低了中国经济增长集约化水平。外资进入产生的竞争效应阻碍经济增长集约化水平提升的原因如下：外资进入加剧了竞争，本地企业为提高竞争力，主要选择引进技术提高技术水平。因为本地企业技术基础薄弱，难以在短时间内依靠自主创新提升技术水平。在竞争压力下，本地企业可能通过购买专利技术或购买机器设备引进技术。按照 Vernon 的产品生命周期理论，创新国家一般选择生产技术已经形成、产品生产已经进入标准化阶段转让专利。这意味着购买专利的国家必须购买大量的机器设备，以满足自动化生产的要求。同时创新国家为保持技术垄断优势，一般不会转让核心技术和先进技术，购买专利主要是获得成熟技术，引进技术的国家难以掌握高附加值生产环节的技术。本地企业因为财力限制，不可能购买一个产品每个生产环节的技术，而且资本投入增加深化了资本，劳动生产率虽然上升，但是资本边际产出下降。购买专利技术主要是资本密集型产业和技术密集型产业，资本深化导致资本边际产出下降对全要素生产率的影响远远大于劳动生产率的影响，致使生产要素增长对产出增长的贡献上升，经济增长集约化水平下降。

表 4 - 3 估计结果

模型	模型 (4-5a)	模型 (4-5b)	模型 (4-5c)	模型 (4-6a)	模型 (4-6b)	模型 (4-6c)
fdi	-0.106 (0.126)	-0.100 (0.071)	-0.081 (0.085)	-0.143 (0.717)	-0.589 (0.026)	-0.399 (0.031)
loc	0.031 (0.460)	0.060 (0.077)	0.068 (0.038)	1.385 (0.000)	1.476 (0.000)	1.758 (0.000)
$mark$	-0.101 (0.000)	-0.117 (0.000)	-0.116 (0.000)	-0.511 (0.001)	-0.440 (0.001)	-0.482 (0.000)
gov	-0.477 (0.000)	-0.464 (0.000)	-0.471 (0.000)	-1.979 (0.000)	-1.916 (0.000)	-1.643 (0.000)
$open$	0.174 (0.000)	0.171 (0.000)	0.157 (0.000)	-0.218 (0.102)	*	*
$urban$	-0.043 (0.131)	-0.030 (0.336)	*	0.950 (0.000)	0.908 (0.000)	0.754 (0.000)
tsh	(0.000) (0.923)	*	*	-0.140 (0.499)	-0.077 (0.622)	*

续表

模型	模型（4-5a）	模型（4-5b）	模型（4-5c）	模型（4-6a）	模型（4-6b）	模型（4-6c）
tst	0.229 (0.000)	0.238 (0.000)	0.235 (0.000)	1.048 (0.000)	1.122 (0.000)	0.896 (0.000)
c	0.119 (0.000)	0.108 (0.000)	0.094 (0.000)	0.403 (0.002)	0.350 (0.000)	0.252 (0.009)
gm_{t-1}/gmv_{t-1}	0.355 (0.000)	0.361 (0.000)	0.362 (0.000)	0.027 (0.000)	0.028 (0.000)	0.029 (0.000)
一阶自相关	-2.190 (0.028)	-2.190 (0.028)	-2.200 (0.028)	-1.600 (0.109)	-1.620 (0.105)	-1.610 (0.108)
二阶自相关	0.130 (0.898)	0.130 (0.898)	0.130 (0.897)	-0.940 (0.347)	-0.920 (0.358)	-0.930 (0.355)
Sargan检验	39.000 (0.102)	38.800 (0.106)	39.060 (0.100)	17.080 (0.961)	17.000 (0.962)	16.000 (0.976)
Hansen检验	23.580 (0.749)	24.320 (0.713)	24.980 (0.679)	27.970 (0.520)	28.410 (0.496)	29.520 (0.438)

注：括号内值为P值。

本地企业进口机器设备引进技术阻碍经济增长集约化水平提升的机理与购买专利技术类似。特别是，无论购买专利还是购买机器设备引进技术，如果本地企业缺乏相关配套技术，运用引进技术进行生产就会形成飞地化，生产需要高质量的原材料、中间投入品依赖进口，投入增加，投入产出率可能进一步下降，经济增长集约化水平下降。因此，在外资企业竞争压力下，本地企业如果不是通过自主创新而是引进技术提升技术水平，竞争效应可能抑制经济增长集约化水平提升。

外资企业生产本地化的系数在模型（4-5c）和模型（4-6c）分别为0.068和1.76，显著水平分别为5%和1%，如果其他因素不变，外资企业生产本地化程度提高0.1，地区经济增长集约化水平上升0.0068，地区工业经济增长集约化水平上升0.176，可以认为外资企业生产本地化过程中产生的技术溢出效应显著促进了经济增长集约化水平提升。实证结果与理论预期是一致的，具体来说，如果外资企业生产本地化程度越高，即价值链越长，在中国的生产环节越多，本地企业通过近距离观察或通过雇用外资企业的技术人员，就能模仿学习更多生产环节的技术，投入不变的条件下，产出越多，投入产出率上升意味着经济增长集约化水平提高。

第五节 主要结论与建议

国内外很多文献研究了外资技术溢出对全要素生产率的影响，全要素生产率并不能正确反映经济增长集约化水平，全要素生产率上升仅是经济增长集约化水平上升的必要条件而非充分条件；但是没有文献考察外资技术溢出对经济增长集约化水平的影响，特别是没有文献揭示外资技术不同溢出路径影响经济增长集约化水平的差异。为弥补现有研究的不足，本章揭示了外资进入产生的竞争效应和模仿效应对经济增长集约化水平作用的差异；进一步利用1996~2012年非平衡区域面板数据实证检验发现，外资参与度反映的竞争效应显著阻碍了经济增长集约化水平的提升，外资企业生产本地化程度反映的模仿效应则显著促进了经济增长集约化水平的提升。

从实证结论可以得到一些政策启示：在新形势下利用外资引进技术推动经济增长方式转变具有重要意义。因为中国技术水平与发达国家的差距大，技术基础比较薄弱，依靠自主创新难以在短时间内显著提高技术水平，利用引进技术较快地缩小与发达国家技术差距、提升技术能力无疑是较优选择。利用外资引进技术，要着力提高外资技术含量，鼓励外资进入先进制造业；同时要规定外资企业生产本地化程度，防止外资企业生产飞地化。外资企业生产本地化程度提高可以促使外资企业将更多的生产环节放在中国，本地企业可以接触、模仿学习更多生产环节的技术，一旦本地企业运用模仿的技术进行生产，就可能走出国际分工中价值链的低端，逐步攀升到全球价值链的中高端，资源利用效率提高，全要素生产率增长对经济增长的贡献就会上升，经济增长集约化水平则上升。在外资企业竞争压力下，本地企业如果选择引进技术提升技术水平，要选择引进适宜技术，避免引进与本地企业没有关联或关联不大的技术，以消除外资竞争效应对经济增长集约化水平的负面效应。总之，利用外资引进技术要着力扩大外资企业生产本地化过程中的技术溢出效应，有效地提升本地企业技术水平，促进经济增长方式转变。

第五章

模仿效应、非模仿效应与经济增长方式转变
——基于中国高技术产业动态面板的检验

本章提要 基于本地技术进步路径的视角将 FDI 溢出效应分为模仿学习效应、技术创新效应和技术引进效应；不同类型的溢出效应对经济增长方式转变的影响不同，人力资本对不同类型的溢出效应影响经济增长方式转变的作用也不同。利用中国 1996~2007 年 20 个高技术行业数据，运用动态面板进行检验发现，生产本地化程度反映的模仿学习效应对转变经济增长方式具有正面作用，外资虽然对本地企业技术创新水平的提高具有正面作用，但技术创新效应对转变经济增长方式具有负面作用，技术引进效应对转变经济增长方式的影响不显著；人力资本扩大了模仿学习效应对转变经济增长方式的正面作用，也扩大了技术创新效应对转变经济增长方式的负面作用，促使技术引进效应对转变经济增长方式产生积极作用。

第一节 引言

经过 30 多年改革开放，中国经济发展已经进入新的阶段，对引进外商直接投资（简称外资或 FDI）提出新的要求，从原来引进资本以扩大经济规模逐步过渡到引进技术以提升经济增长质量。外资通过直接和间接两种方

式影响经济增长方式,其中,外资的间接影响即外资技术溢出效应对经济增长方式的作用尤为重要。一般认为,外资技术溢出效应通过推动东道国技术进步进而提升经济增长质量和效益,换句话说,外资只要发生技术溢出效应,就会对经济增长方式转变产生积极的影响。但是,外资进入并不一定发生技术溢出效应,也不一定促进经济增长方式发生转变。国内研究 FDI 技术溢出效应的文献很多,但是研究 FDI 在具体行业内技术溢出效应的成果不多,特别是将 FDI 技术溢出效应与经济增长方式转变结合起来研究的文献很少。在新的条件下,不仅需要学者对 FDI 技术溢出效应从理论上进行深入研究,而且需要对具体行业内技术溢出效应的实证检验进一步深化。当前及今后相当长一段时期内,鼓励外资投向高新技术产业是中国引进外资的重点,FDI 在高技术行业内的技术溢出效应对经济增长方式的影响需要深入研究,为新时期 FDI 产业政策的微调提供参考。因此,本章研究 FDI 在高技术行业内的不同技术溢出效应对经济增长方式的影响具有重要的理论价值和现实意义。

本章基于本地技术进步路径选择的视角,将外资技术溢出效应划分为模仿效应、技术创新效应和引进效应,从理论上剖析了外资的不同技术溢出效应影响经济增长方式转变的差异,并利用 20 个高技术行业的面板数据,实证检验不同技术溢出效应对内资经济增长方式转变的影响。研究发现,模仿效应对经济增长方式的转变具有积极影响,技术引进效应对经济增长方式转变的影响受人力资本的制约,而技术创新效应对经济增长方式的转变具有负面影响。

第二节 研究现状

随着国际化生产规模的迅速扩大,FDI 的技术溢出效应越来越受到学者的关注,FDI 技术溢出效应的经验研究成果加速积累,但是将 FDI 技术溢出效应与经济增长方式联系起来的研究成果不多。目前学者从理论上主要探讨 FDI 对经济增长方式的直接影响,如洪银兴(2000)认为利用外资效益的提高和外资结构的优化可以推动经济增长方式的转变;沈坤荣(2000)认为 FDI 除了直接影响经济增长方式外,重要的是通过技术溢出效应影响本地企业技术水平、组织效率等方面来改变经济增长的方式。傅元海等

(2010)认为 FDI 产生的模仿效应、竞争效应、联系效应对经济增长质量的影响是不同的。

一是检验 FDI 行业内技术溢出效应是否存在，这一点无论国内外均没有达成共识，Caves（1974）利用加拿大和澳大利亚制造业数据，Blomström 和 Persson（1983）利用墨西哥制造业数据，王志鹏和李子奈（2003）利用中国数据，通过实证检验证明了 FDI 行业内技术溢出效应的存在；Aitken 和 Harrsion（1999）对委内瑞拉制造业、Blonigen 和 Slaughter（2001）对美国制造业、张海洋（2005b）对中国工业的实证研究则表明 FDI 技术溢出效应不显著。国内学者进一步深入检验了 FDI 在高技术行业内的技术溢出效应，蒋殿春和张宇（2008）利用 2001～2005 年 28 个高技术行业数据研究发现，FDI 仅在部分行业存在技术溢出效应；张倩肖和冯根福（2007）实证研究表明，外资企业 R&D 溢出是中国本地高技术企业技术创新的主要外部力量。

二是深入研究 FDI 的溢出效应存在与否的原因。对 FDI 溢出效应不能自动发生（Blomstrom 和 Kokko，2001）的共识引发了大量 FDI 溢出效应影响因素的实证检验，影响因素主要有经济发展水平（Lemi，2004；潘文卿，2003；Elmawazini et al.，2005）、技术差距（Kokko，1994；Sjöholm，1999；Dimelis，2005）、东道国的经济政策（Blomström et al.，1994；Kohpaiboon，2006）、外资企业的 R&D 支出水平（Lipsey et al.，1990；Kravis 和 Smarzynska，2000；Siler et al.，2003）、吸收能力（Liu et al.，2000；Barry et al.，2005；赖明勇等，2005）。除了技术差距外，研发吸收能力（Griffith et al.，2000；Kinoshita，2000）和人力资本吸收能力（Borensztein et al.，1998）也是制约 FDI 溢出效应的重要因素。

三是对 FDI 溢出效应进行了细化和区分，其研究主要局限于理论上的探讨，Blomström 和 Kokko（1996）将 FDI 的溢出效应划分为模仿学习和竞争两种；张建华和欧阳轶雯（2003）则将 FDI 溢出效应区分为示范效应、竞争效应、关联效应和人员培训效应；李平（2007）将 FDI 溢出效应归纳为直接学习效应、关联效应和 R&D 本地化三种。但是实证检验的文献无法对理论上细分的 FDI 溢出效应进行有效验证（Blomstrom，1986；Blomstrom 和 Kokko，1998），实证研究主要以外资参与度为解释变量、劳动生产率或全要素生产率为被解释变量构建模型，以检验 FDI 的溢出效应，这种方法主要检验的是 FDI 的竞争效应和示范效应，但是不能将竞争效应和示范效应进行区分。目前实证研究能将细分的 FDI 溢出效应成功验证的主要是关联效应（Lall，1978；McAleese 和 McDonald，1978）、竞争效应（Blomström et al.，1994；Blomström 和 Kokko，1995）、技术转移与扩散效应（Bin，2000）、技术创新效应（Feinberg 和 Maryland，2001；冼国明和严兵，2005）。

文献回顾表明，很少有经验研究能区分 FDI 溢出效应下本地企业选择不同的技术进步路径对技术水平的影响，特别是没有将细分的 FDI 溢出效应与经济增长方式联系起来。傅元海等（2010）在这方面有所突破，以外资参与度为被解释变量、外资企业生产本地化为解释变量进行回归得到的残差度量非模仿效应，以外资企业生产的本地化程度测度模仿效应，并利用 1998~2007 年 27 个制造行业面板数据检验了模仿效应与非模仿效应对经济增长绩效（用投入产出率度量）影响的差异。但是这一研究也有几方面明显的不足：一是没有对非模仿效应进一步细分，二是运用静态面板数据模型进行估计不能排除内生性问题，致使估计结果的可靠性受到质疑。而且，仍然没有研究检验人力资本对不同类型的 FDI 溢出效应的影响。本章在这一研究的基础上进一步深化 FDI 溢出效应的研究，并试图弥补上述缺陷，这无论对 FDI 溢出理论的拓展，还是对中国利用 FDI 促进经济增长方式转变的政策探索，都具有重要的意义。

本章的主要创新可能有以下几点：第一，理论上，基于本地企业技术进步路径选择的视角，将 FDI 溢出效应分为模仿学习效应、技术创新效应和技术引进效应，并进一步分析三类 FDI 溢出效应对转变经济增长方式影响的差异；第二，利用 1996~2007 年 20 个高技术行业数据构建动态面板模型，检验模仿学习效应、技术创新效应和技术引进效应对经济增长方式转变影响的差异；第三，构建包含人力资本分别与模仿学习效应、技术创新效应和技术引进效应连乘式的动态面板模型，进一步检验人力资本对模仿学习效应、技术创新效应和技术引进效应影响经济增长方式转变的制约作用。

第三节 理论分析

一 FDI 溢出效应下本地技术进步路径选择

Blomström（1989）认为国际技术转移与扩散最为显著的途径是跨国投

资，而不是技术转让协议。FDI技术溢出产生的途径多种多样，但是不论是示范效应和竞争效应，还是关联效应和人力资本流动效应，FDI技术溢出效应都与本地企业选择技术进步的路径密切相关。傅元海等（2010）基于本地技术进步路径的视角，将FDI技术溢出效应分为模仿效应和非模仿效应。我们将非模仿效应进一步细分为技术引进效应、技术创新效应和技术援助效应等。

在示范效应和人力资本流动效应下，本地企业主要选择模仿学习，因为通过近距离观察或本地员工参与生产的过程中获得发明、设计、图纸、技术诀窍、生产工艺等各种技术信息，本地企业会主动模仿外资企业的先进技术以提高产品的竞争力；本地企业在吸收消化的基础上也可能进一步引进新技术或创新技术，相对而言，这种路径是次要的。在竞争效应下，本地企业迫于竞争压力可以选择多种路径推动技术进步，一是模仿学习外资企业的先进技术，与示范效应和人力资本流动效应下的模仿学习不同的是，这是竞争诱致的模仿学习；二是引进技术；三是研发创新，引进技术和创新技术可能是竞争效应下本地企业主要的技术进步路径。在联系效应下，本地企业可能通过技术转让、技术援助、技术合作和模仿学习等途径提高技术水平。以上分析表明，在FDI的溢出效应下，本地企业技术进步的路径主要有模仿学习、技术创新、技术引进、技术援助等，依据研究的目的和实证数据的可获得性，从本地企业技术进步路径选择的视角，我们将FDI溢出效应划分为本地企业模仿学习效应、技术创新效应和技术引进效应。

二 经济增长方式的内涵及其度量

虽然国外研究很少有文献对经济增长方式予以明确的界定，但国内学者对经济增长方式的内涵从不同视角予以揭示。现有研究认为，经济增长方式关注的是要素使用效率、增长与环境的和谐（郭克莎，1995；郭金龙，2000）。依据这一原则，学者对中国经济增长模式基本上得出一致的结论：中国经济增长模式是高投入低产出的粗放式增长模式。转变经济增长方式本质上就是提高投入的产出效率，即提高资源的利用效率，学者一致认为转变经济增长方式就是依靠技术进步来提高全要素生产率对经济增长的贡献份额，而这直观地表现为单位投入的产出效果，张新（2003）基于机会成本的视角提出类似增加值的经济价值概念，并认为以经济价值创造为核心可以度量可持续发展；沈利生和王恒（2006）认为增加值率能反映经济增长的质量，因为增加值率反映了单位产出的投入消耗，衡量了中间投入的利用效率，也衡量了创造价值的程度。但是用增加值率不能直接度量单位投入的产出率，增加值率计算中的除数部分总产值不仅包含了中间投入，也包含了增加值本身。因此本章将经济增长方式界定为投入产出率，即价值创造率。我们也认为用投入产出率界定经济增长方式对于人均资源匮乏的中国具有特殊意义，因为它关注的是资源利用效率，主张将有限的资源投入价值创造率更高的企业或行业，以实现经济可持续增长。

三 不同溢出效应影响经济增长方式的差异及其人力资本的作用

在FDI溢出效应下本地企业选择不同的技术进步路径对经济增长方式的影响是不同的。傅元海等（2010）的理论和实证检验结果已经表明，模仿效应对经济增长绩效具有正向作用，因为用外资企业生产本地化程度反映的模仿效应越大，意味着外资企业生产本地化程度越高，中间生产环节越多，价值创造率越高，本地企业获得产品生产的更多中间环节技术时，就获得外资企业产品生产流程的技术，一旦本地企业运用这一产品生产流程的技术进行生产，就提高了内资企业创造的新价值，即提高了价值创造率，促使经济增长方式向集约化模式转变。在外资技术控制程度不变的条件下，本地人力资本水平是决定模仿学习效应的重要因素，人力资本水平越高，模仿学习效应越大，对转变经济增长方式的促进作用越大；否则，反之。

FDI导致的竞争会促使本地企业提高技术创新水平。技术创新一般能提高投入产出率，因为在国内企业之间的竞争条件下，企业以国内现有技术为基础进行技术创新，运用新技术进行生产需要的上游投入品或者是企业既有的原材料或中间产品，或者是购买的国内原材料或中间产品，从宏观角度看，运用新技术生产提高了国内价值创造率，经济增长方式发生了转变。但是面对外资企业的激烈竞争，本地企业不一定以国内现有技术为基础进行技术创新。一般而言，本地企业为与外资企业竞争，常常以模仿的外资企业技术为创新的基础，运用创新的技术生产需要更高质量原材料或中间投入品，如果高质量的原材料或中间投入品依赖进口，当投入增加的幅度超过价值创造的幅度时，虽然提高了产品的市场价值，但是内资企业投入产出率下降，妨碍经济增长方式的转变；反之，则能促进经济增长方式的转变。人力资本同样是技术创新的关键要素，人力资本水平越高，技术创新能力越强；反之，技术创新能力越低。但是，因为不同类型的技术创新效应对经济增长方式转变影响的差异，人力资本对技术创新效应影响经济增长方式转变的作用也可能完全相反。

FDI 的进入会导致市场的激烈竞争，本地企业如果通过引进技术以提升竞争力，虽然本地企业利用新技术生产增加了新创造的价值，即增加值增加，但不一定提高价值创造率。具体来说，对于一个有 n 个生产环节的产品，每个环节都创造价值，如果本地企业引进的技术是终端产品或第 j ($1<j<n$) 个中间产品的技术，当新技术创造新价值的比例大于投入的比例时，引进技术能提高投入产出率，促进了经济增长方式转变；当引进技术要求更高质量原材料或中间投入品时，本地企业不得不进口原材料或中间产品，导致新技术创造新价值的幅度小于投入增加的幅度时，虽然产品的市场价值获得竞争力，但是投入增加，价值创造率下降，阻碍了经济增长方式的转变。与模仿效应获得 n 个生产环节的中间产品技术相比，本地企业因为成本的制约不可能引进 n 个生产环节的技术，而是主要选择能较大幅度地提高产品市场价值的生产环节，本地企业引进技术就不一定能提高投入产出率，并促进经济增长方式转变。人力资本对引进技术可能没有多大的影响，但引进技术的应用则决定于人力资本水平，一般而言，人力资本会结合本地技术条件和生产条件将引进技术进行消化并应用于生产，人力资本水平越高，引进技术的消化和应用越可能本地化，新技术生产需要的上游投入产品越有可能来自东道国企业或市场，意味着资源利用效率提高，投入产出水平提高，因此，人力资本有利于技术引进效应对经济增长方式转变产生积极作用。

第四节　计量模型及变量说明

一　基本模型

沈利生和王恒（2006）认为投入产出率是增加值与中间投入的比例，中间投入为总产出减去增加值。借鉴这一方法，经济增长方式的度量进一步可表示为人均增加值与人均中间投入产品的比率：

$$RVA = \frac{VA}{MINP} = \frac{VA/L}{MINP/L} \quad (5-1)$$

RVA 为中间投入产出率，测度经济增长方式；VA 为增加值，$MINP$ 为中间投入，L 为就业人数，VA/L 为人均增加值，$MINP/L$ 为人均中间投入。借鉴 Globerman（1979）和 Blomström（1983）的方法，并假定规模报酬不变，将溢出效应和人力资本引进柯布 – 道格拉斯人均生产函数为：

$$VA/L = Ae^{FI+H}(K/L)^{\alpha} \quad (5-2)$$

K/L 为人均资本，FI 为外资溢出效应，H 为人力资本。将（5 – 2）式两边同除以 $MINP/L$ 并取对数为

$$\ln RVA = \ln A + FI + H + \alpha \ln(K/L) + \ln(MINP/L) \quad (5-3)$$

将（5 – 3）式中 FDI 溢出效应（FI）可以分解为模仿效应（LOC）、技术创新效应（FRD）和技术引进效应（$FINT$），并依据（5 – 3）式构建基本计量模型：

$$\ln RVA_{it} = C_{it} + \theta LOC_{it} + \varphi FRD_{it} + \delta FINT_{it} + \lambda H_{it} + \alpha \ln PK_{it} \\ + \varphi \ln PMINP_{it} + \eta NS_{it} + \mu_{it} \quad (5-4)$$

i（$i = 1, \cdots, 20$）表示第 i 个行业，t（$t = 1996, \cdots, 2007$）表示第 t 年，θ、φ、δ、α、λ、φ、η 为待估参数，C 为截距，并初步假定 C 随个体或时间变化，μ 为残差。模仿效应（LOC）、技术创新效应（FRD）和技术引进效应（$FINT$）是模型的核心解释变量；其余为控制变量，其中 PK（$PK = K/L$）为人均资本，$PMINP$（$PMINP = MINP/L$）为人均中间投入；借鉴沈坤荣、耿强（2001）的方法，A 用市场化制度度量（市场化制度变量 $NS = \ln A$）。

在技术水平一定的条件下，人力资本水平很大程度上决定了东道国的吸收能力。检验吸收能力对外资溢出效应的影响一般可以用两种方法，一是按吸收能力高低分组，依据两组中外资溢出效应变量的系数差异判断；二是构造吸收能力与外资溢出效应变量的连乘式，依据连乘式变量系数与未构造连乘式模型中的外资溢出效应变量系数的差异判断，即连乘式回归系数显著水平或数值如果发生明显变化，则认为是人力资本对各类溢出效

应的影响。借鉴陈涛涛（2003）构建包含连乘式模型不再保留相关变量的方法，本章在模型（5-4）的基础上构建包含人力资本分别与模仿效应、技术引进效应和技术创新效应连乘式的模型：

$$\ln RVA_{it} = C_{it} + \theta LOC_{it} \times H_{it} + \varphi FRD_{it} \times H_{it} + \delta FINT_{it} \times H_{it} \\ + \alpha \ln PK_{it} + \varphi \ln PMINP_{it} + \eta NS_{it} + \mu_{it} \tag{5-5}$$

人力资本分别与模仿效应、技术引进效应和技术创新效应连乘式为 $LOC \times H$、$FINT \times H$、$FRD \times H$，3个连乘式为模型（5-5）的核心解释变量，下标和参数含义同模型（5-4）。

二 数据和变量说明

模型估计运用1996~2007年20个高技术行业数据①，来自1997~2008年《中国高技术产业统计年鉴》。之所以选择高技术产业数据，是因为宏观数据缺少外资经济数据，无法度量外资企业生产本地化，而工业数据缺乏技术引进和技术创新数据，不能度量外资对内资产生的技术引进和技术创新效应；最重要的是外资进入高技术产业不仅能通过提升产业结构促进经济增长方式的转变，而且外商投资技术密集型的高技术产业更容易产生溢出效应，因此以高技术产业为例进行分析更具有特殊意义。

投入产出率 RVA 为内资企业增加值（VA）与中间投入（$MINP$）的比例；严格地说，中间投入等于总产出减去增加值加上增值税，但是，高技术产业行业数据缺失增值税，本章中间投入的计算不考虑增值税；内资企业的数据由全部企业数据减去外资企业数据计算，以下内资企业数据均按此方法处理。

模仿效应可以用外资企业生产本地化程度（LOC）度量，Kumar（2002）认为外资企业生产本地化水平与技术转移和扩散程度高度正相关。因为它反映了外资企业创造新价值的程度，反映了生产过程中使用的技术

---

① 具体包括其他医药制品、化学药品、中成药、生物生化制品、其他电子设备、其他通信设备、通信传输设备、通信交换设备、通信终端设备、广播电视设备、电子真空器件、半导体分立器件、集成电路、电子元件、家用视听设备、计算机整机、计算机外部设备、办公设备、医疗设备及器械、仪器仪表制造20个行业，航空航天器等因为数据不全而未考虑。2008年数据因缺乏增加值而未能考虑。

水平，决定了技术扩散与转让的程度和范围（傅元海和王展祥，2010），如果本地企业模仿学习能力充分，FDI 企业生产本地化程度决定的技术转移与扩散效应可以理解为模仿学习效应。Kumar（2000，2002）将生产本地化程度定义为外资企业在东道国生产的产品中销售一个单位产品的价值增值率，这一定义仅局限于外资企业在东道国生产的产品中销售部分的增加值率，不涉及出口产品的增加值率，忽略了外资企业技术在出口产品生产过程中的转移与扩散。因此，本章将生产的本地化程度界定为外资企业的增加值率。

因为统计数据的局限，资本（K）用内资企业固定资产的原价度量，资本和中间投入均不考虑物价指数的影响。就业人数（L）为内资企业年均就业人数。借鉴陈涛涛（2003）的处理方法，人力资本（H）用内资企业中科技人员占就业人数的比例衡量。市场化（NS）用国有及控股企业总产值占全部工业总产值的比例度量。

FDI 溢出效应下的技术创新效应（FRD）和技术引进效应（$FINT$）的度量是难点。现有的文献研究 FDI 研发溢出效应主要以外资参与度为解释变量构建计量模型进行测度（王红领等，2006；邢斐和张建华，2009），我们也借鉴这一方法来测度 FDI 对内资企业的技术创新效应和技术引进效应。利用面板数据模型进行测度时不能都采用不变系数模型，因为不变系数模型测度的 $FINT$ 和 FRD 结果仅是两个不同系数分别乘以外资参与度，意味着运用模型（5-4）中 $FINT$ 和 FRD 完全共线性。而能否采用变系数面板数据则需要进行模型设定检验，我们利用高铁梅介绍的设立面板数据模型的 F_1 和 F_2 检验方法来检验。①

首先分别构建测度技术创新效应模型为 $RD_{it} = C_i + FDIVA_{it}\tau_{it} + \varepsilon_{it}$，技

---

① $F_1 = \dfrac{(S_2 - S_1)/[(N-1)k]}{S_1/(NT - N(k+1))} - F[(N-1)k, N(T-k-1)]$，$F_2 = \dfrac{(S_3 - S_1)/[(N-1)(k+1)]}{S_1/(NT - N(k+1))} -$ $F[(N-1)(k+1), N(T-k-1)]$，S_1、S_2 和 S_3 分别表示变截距变系数模型的残差平方和、变截距不变系数模型的残差平方和和无个体差异的不变系数模型的残差平方和。在给定显著性水平 α 的条件下，$F_2 < F_\alpha((N-1)(k+1), N(T-k-1))$，适用无个体差异的不变系数模型，否则，继续进行检验；$F_1 \geq F_\alpha((N-1)k, N(T-k-1))$，适用变截距变系数模型，否则适用变截距不变系数模型。高铁梅等：《计量经济分析方法与建模——Eviews 应用及实例》，清华大学出版社，2009，第 321~323 页。

术引进效应的计量模型为 $INT_i = C_{it} + FDIVA_{it}\psi_{it} + \varepsilon_{it}$，$i$、$t$ 的含义同模型 (5-4)，C 为截距，并初步假定 C 随个体变化，ε 为残差。RD 和 INT 分别表示内资企业的创新水平和技术引进水平；FDIVA 为外资参与度，用外资企业增加值占全部企业增加值的比例度量，Bin（2000）也是采用这种方法，因为这一度量方法比其他方法更能反映外资企业参与价值创造的程度。τ 和 ψ 分别是外资对内资企业技术创新和技术引进的影响，相应的，$\tau \times FDIVA$ 和 $\psi \times FDIVA$ 分别是外资对内资企业产生的技术创新效应（FRD）和技术引进效应（FINT）。为与外资参与度度量方法一致，内资企业的创新水平和技术引进水平也分别用 R&D 支出额和技术引进支出额占内资企业增加值的比例度量。

对技术创新效应模型设定的检验表明，$F_2 = 12.31 > F_{0.01}$（19，200），$F_{0.05}$（38，200）$< F_1= 1.55 < F_{0.01}$（38，200），意味着模型在显著水平 1% 下适用变截距变系数模型，在显著水平 5% 下适用变截距不变系数模型；技术引进效应模型设定检验表明，$F_2 = 4.81 > F_{0.01}$（19，200），$F_1 = 3.33 > F_{0.01}$（38，200），意味模型适用变截距变系数模型。对技术创新效应模型采用两种方法估计，将变截距变系数模型估计的技术创新效应表示为 FRD_1，变截距不变系数模型估计的技术创新效应表示为 FRD_2，并对 FRD_1、FRD_2 分别与估计的 FINT 进行相关性检验，依据相关系数选择 FRD。首先运用变截距变系数模型估计，估计结果非常理想，F 统计量都大于显著水平 1% 的临界值；技术创新效应模型和技术引进效应模型的 DW 值分别为 1.9 和 1.7，意味着两个模型均不存在残差自相关；两个模型所有截面的外资参与度（FDIVA）系数显著水平均达到 1%，说明模型具有解释力。运用变截距不变系数模型估计技术创新效应模型表明，F 统计量为 21.9，DW 为 1.7，FDIVA 系数显著水平均达到 1%，说明模型同样具有解释力。两种方法测算的结果均表明 FDI 显著地提高了内资企业技术创新水平，第一种方法估计结果中绝大多数截面的 FDIVA 系数为正，第二种方法估计的 FDIVA 系数为正。

第五节 实证检验及结果分析

一 模型设定检验

（一）变量 FRD_1 和 FRD_2 分别与 FINT 的相关性检验

技术创新效应和技术引进效应均是以外资参与度进行测算的，容易导致技术创新效应和技术引进效应存在高度的共线性；同时也需要用 FRD_1 和 FRD_2 分别与 $FINT$ 的相关系数判断运用变系数模型和不变系数模型分别测度的技术创新效应优劣，因此对 FRD_1、FRD_2 分别与 $FINT$ 进行相关性检验，结果表明，FRD_1、FRD_2 分别与 $FINT$ 的相关系数为 -0.11、0.26，相关程度都低，均可以度量技术创新效应，以下按两种情况进行实证分析。

（二）固定效应模型和随机效应模型设定检验

依据个体影响处理方法的不同，变截距模型分为固定效应和随机效应两种，对模型（5-4）和（5-5）进行 Hausman 检验的结果如表 5-1 所示。模型（5-4）Hausman 检验的 P 值非常小，拒绝原假设，模型（5-4）适用固定效应模型。模型（5-5）选择 FRD_1 作解释变量时，Hausman 检验的 P 值为 0.089，表明在显著水平 10% 下拒绝原假设，接受原假设的概率为 0.089，即模型（5-5）选择 FRD_1 作解释变量适用随机效应模型的概率为 0.089，一般选择显著水平 5% 决定适用的模型；模型（5-5）第二种情况 Hausman 检验的 P 值为 0.26，因此模型（5-5）两种情况均适用随机效应模型。

表 5-1 Hausman 检验

	模型（5-4）		模型（5-5）	
	①	②	①	②
χ^2 统计量	63.0012	36.3601	10.9679	7.6860
P 值	1.20e-10	6.20e-06	0.0894	0.2620

注：模型分别选择 FRD1 和 FRD2 作为解释变量时，在表中相应地表示为①和②。

（三）个体效应和时间效应检验

在面板数据模型中，除了解释变量影响被解释变量外，个体变化和时间变化也可能影响被解释变量，因此有必要对模型（5-4）和（5-5）进行个体效应和时间效应的检验。运用拉格朗日乘子检验法对模型（5-4）和（5-5）四种情况进行检验，由表 5-2 结果可见，P 值均很小，模型（5-4）和（5-5）四种情况均存在个体效应和时间效应，因此，模型（5-4）适用个体时间固定效应模型，模型（5-5）适用个体时间随机效应模型。

表 5-2 个体效应和时间效应的拉格朗日乘子检验

	模型（5-4）				模型（5-5）			
	①		②		①		②	
	个体效应	时间效应	个体效应	时间效应	个体效应	时间效应	个体效应	时间效应
LM	3.5402	2.4348	4.9976	2.9565	15.5596	2.6452	14.0942	1.5248
P 值	9.996e-05	0.0037	1.45e-07	7.78e-04	2.2e-16	0.0020	2.2e-16	0.0318

（四）内生性检验

对面板数据而言，只有模型解释变量是严格外生的，即解释变量之间、解释变量与个体效应之间均是独立的，模型的协方差估计才可能是无偏的；如果不满足外生性假定，残差则存在自相关，模型估计的结果可能完全被颠覆。理论上，外资通过溢出效应可能推动内资企业投入产出率的变化；但是内资企业投入产出率高的行业往往技术水平高、经营绩效好，更能吸收 FDI，而且能打破行业发展的技术瓶颈，形成良性循环。这样，本期的投入产出率会对后期产生动态连续影响，即表现为模型面板残差的自相关，静态面板数据模型就不再适用。因此，运用 Wooldridge 的自回归检验法（仅适用固定效应模型）和 Breusch-Godfrey 的序列相关检验法对模型（5-4）和（5-5）进行检验。由表 5-3 可知结果，模型（5-4）两种情况分别用两种方法检验的 P 值均很小，模型（5-5）两种情况运用 Breusch-Godfrey 的序列相关检验的 P 值均小于 0.01，意味着模型（5-4）和（5-5）均存在内生性，不适用静态面板模型。

表 5-3 内生性检验

	模型（5-4）				模型（5-5）	
	①		②		①	②
	自回归检验	序列相关检验	自回归检验	序列相关检验	序列相关检验	序列相关检验
χ^2 统计量	6.7315	23.3682	11.4856	25.7247	28.7215	27.116
P 值	0.0094	0.0248	7.01e-04	0.0117	0.0043	0.0074

(五) 模型 (5-4) 和 (5-5) 的修正

根据以上一系列模型设定检验表明,模型 (5-4) 适用个体时间固定效应动态面板模型,因此将模型 (5-4) 修正为一般形式的个体时间固定效应动态面板数据模型:

$$\ln RVA_{it} = \varphi_1 \ln RVA_{it-1} + \cdots \theta_1 LOC_{it} + \theta_2 LOC_{it-1} \cdots + \varphi_1 FRD_{it} + \varphi_2 FRD_{it-1} \cdots + \delta_1 FINT_{it} + \delta_2 FINT_{it-1} + \cdots + \cdots \eta_1 NS_{it} + \eta_2 NS_{it-1} + \cdots c_i + \nu_t + \mu_{it}$$

(5-6)

上式中 c_i、ν_t 分别表示个体变化、时间变化的影响。另外,与模型 (5-4) 对应的 $\ln PK$、H 和 $\ln PMINP$ 及其滞后项限于篇幅均未列出。

模型 (5-5) 修正为一般形式的个体时间随机效应动态面板数据模型为:

$$\ln RVA_{it} = c_0 + \beta_1 \ln RVA_{it-1} + \cdots \theta_1 LOC_{it} * H_{it} + \theta_2 LOC_{it-1} * H_{it-1} + \cdots \varphi_1 FRD_{it} * H_{it} + \varphi_2 FRD_{it-1} * H_{it-1} + \cdots \delta_1 FINT_{it} * H_{it} + \delta_2 FINT_{it-1} * H_{it-1} + \cdots + \cdots c_i + \nu_t + \mu_{it}$$

(5-7)

c_i、ν_t 的含义同模型 (5-6),c_0 为不随个体时间变化而变化的截距项。与模型 (5-5) 对应的 $\ln PK$、$\ln PMINP$ 和 NS 及其滞后项限于篇幅均未列出。

二 实证结果分析

(一) 模型稳健性的检验

动态面板模型 (5-6) 和 (5-7) 的滞后阶数选择是一个难点,通过比较所有变量滞后 1 阶与仅被解释变量滞后 1 阶的回归发现,模型 (5-6) 和 (5-7) 均是仅被解释变量滞后 1 阶时,模型整体显著水平及其解释变量的显著水平更高;同样,被解释变量滞后 2 阶、3 阶时模型 (5-6) 整体的显著水平及解释变量的显著水平明显降低,模型的解释力下降。被解释变量滞后 2 阶时与滞后 1 阶相比,模型 (5-7) 整体的显著水平提高,解释变量的显著水平变化不一致,而被解释变量滞后 3 阶时,模型 (5-7) 整体的显著水平和解释变量的显著水平基本上是下降的;因此,初步判断模型 (5-6) 为被解释变量滞后 1 阶的动态面板模型较为合理,而模型

（5-7）为被解释变量滞后1阶或滞后2阶的动态面板模型都可能合理。以上判断需要进一步检验。

表5-4 面板残差的平稳性检验

检验方法	模型（5-6）的残差				模型（5-7）的残差			
	①		②		①		②	
	统计量	P值	统计量	P值	统计量	P值	统计量	P值
LLC	-11.223	0.000	-10.083	0.000	-10.498	0.000	-10.704	0.000
IPS	-5.320	0.000	-4.718	0.000	-2.042	0.000	-2.017	0.000
ADF	93.828	0.000	86.972	0.000	75.553	0.000	75.151	0.000
PP	170.312	0.000	147.583	0.000	139.983	0.000	135.030	0.000
Breitung	-4.837	0.000	-4.286	0.000	-4.331	0.000	-4.603	0.000
Hadri	7.416	0.000	9.254	0.000	11.742	0.000	12.581	0.000

注：检验类型均为含截距、含趋势、滞后0阶。

王少平和封福育（2006）认为，面板数据模型的稳健性可以依据面板残差的平稳性和自相关性进行诊断，我们借鉴这一方法对估计结果和滞后阶的稳健性进行检验。首先运用 LLC、IPS、ADF、PP、Breitung、Hadri 六种方法对模型回归的面板残差进行面板单位根检验，检验结果如表5-4表明，模型（5-6）和（5-7）四种情况回归的面板残差均在显著水平1%下具有平稳性，说明模型估计不是伪回归结果且满足动态面板的基本假设条件，因此，四种情况的估计结果均是稳健的。

表5-5 面板残差的自相关检验

	模型（5-6）		模型（5-7）			
	①	②	①lag($\ln RVA$, 1)	②lag($\ln RVA$, 1)	①lag($\ln RVA$, 2)	②lag($\ln RVA$, 2)
χ^2 统计量	0.2610	0.827	15.3821	9.8687	1.2101	1.8184
P值	0.6094	0.3631	8.782e-05	0.0017	0.2713	0.1775

运用 Wooldridge 的自回归检验法对模型（5-6）的面板残差进行检验，结果如表5-5所示，两种情况均不存在残差自相关；运用 Bera Sosa - Escudero and Yoon 的自回归检验法（适用随机效应模型）对模型（5-7）两

种情况的被解释变量滞后 1 阶和滞后 2 阶的面板残差进一步检验，表 5-5 表明，模型（5-7）两种情况的被解释变量滞后 1 阶的面板残差存在自相关，而被解释变量滞后 2 阶的面板残差不存在自相关。因此，模型（5-6）运用被解释变量滞后 1 阶的动态面板模型进行估计，模型（5-7）运用被解释变量滞后 2 阶的动态面板模型进行估计，结果是稳健的。

（二）实证检验的结果

表 5-6 模型（5-6）和模型（5-7）的检验结果

解释变量	模型（5-6）				解释变量	模型（5-7）			
	①		②			①		②	
	系数	P 值	系数	P 值		系数	P 值	系数	P 值
LOC	0.8137	0.0169	1.088	0.0011	$LOC \times H$	2.8553	0.029	3.4682	0.012
FRD	-3.8126	0.0012	-14.297	5.60E-07	$FRD \times H$	-7.2568	0.0437	-21.2144	0.0496
$FINT$	0.7194	0.5375	0.4671	0.6756	$FINT \times H$	5.0485	0.1054	5.5917	0.0742
PK	0.0602	0.2265	0.0398	0.4033	PK	0.0943	0.0273	0.093	0.0298
$PMINP$	-0.258	9.60E-08	-0.2283	5.60E-07	$PMINP$	-0.2492	4.88E-10	-0.2343	4.91E-09
NS	0.033	0.8254	0.331	0.0371	NS	-0.0607	0.6422	-0.0089	0.9467
H	0.8593	0.0278	0.0519	0.8939	c_0	1.3106	0.0333	1.1406	0.066
$\ln RVA_{t-1}$	0.1703	0.0088	0.1758	0.0042	$\ln RVA_{t-1}$	0.1637	0.0087	0.1797	0.0034
					$\ln RVA_{t-2}$	0.0805	0.1817	0.0768	0.2036
调整的 R^2	0.2067	*	0.2543	*	调整的 R^2	0.2697	*	0.2647	*
F 统计量	7.5796	9.98e-09	10.0946	1.29e-11	F 统计量	9.3964	6.50e-11	9.1548	1.20e-11
样本数	220		220		样本数	200		200	

注：因篇幅所限，表中未列出各模型的个体效应和时间效应。

模型（5-6）选择 FRD_2 作解释变量与 FRD_1 比，模型 F 统计量的 P 值提高，解释变量 NS 和 H 的显著水平变化完全相反，其他解释变量的显著水平没有质的变化；模型（5-7）选择 FRD_2 作解释变量与 FRD_1 比，模型 F 统计量的 P 值略有提高，技术引进效应与人力资本的连乘式（$FINT \times H$）的显著水平由不显著变为显著，其他解释变量选择的显著水平也没有质的变化。基于上述分析，选择 FRD_2 作为解释变量的模型解释力更强，下面以 FRD_2 作为解释变量的模型估计结果进行分析。

模型（5-6）的估计结果表明，模仿效应（LOC）的显著水平为 1%，估计的系数为 1.1，意味着在其他因素不变的条件下，外资企业生产本地化程度提高 0.01，内资企业投入产出率提高 1.1%，表明外资企业生产本地化程度提高能促进内资经济增长方式的转变。技术创新效应（FRD）的显著水平为 1%，估计的系数为 -14.3，说明技术创新效应阻碍经济增长方式的转变。技术引进效应（FINT）的符号虽然为正，但不显著，说明技术引进效应对经济增长方式的转变没有显著影响。

模型（5-7）的结果表明，模仿效应与人力资本的连乘式（$LOC \times H$）的显著水平为 5%，估计的系数为 3.5，模仿效应与人力资本连乘式（$LOC \times H$）提高 0.01，内资企业投入产出率提高 3.5%，是模型（5-6）外资企业生产本地化程度的 3 倍，说明人力资本能显著提高模仿效应对内资经济增长方式转变的正面作用。技术创新效应与人力资本的连乘式（$FRD \times H$）的显著水平为 5%，估计的系数为 -21.2，是模型（5-6）技术创新效应的 1.5 倍，说明人力资本扩大了技术创新效应对经济增长方式转变的负面作用。技术引进效应与人力资本的连乘式（$FINT \times H$）系数为 5.6，显著水平达到 10%，与模型（5-6）技术引进效应的作用相比，说明人力资本是促使技术引进效应对经济增长方式转变产生正面作用的因素。

三 实证结果的解释

我们在上述实证检验中得到一些重要的发现，这些发现有其内在的合理性和逻辑性，现对其进行详细解释。

第一，外资企业生产本地化程度反映的模仿学习效应促进了经济增长方式的转变，而且人力资本能提高模仿学习效应对经济增长方式转变的促进作用，这与理论分析完全一致。原因是，假定外资企业产品有 n 道生产工序，每道工序 j 对应一个中间产品，其增加值为 VA_j，总增加值 VA；一个在中国的外资企业可以选择在母国和中国进行生产，增加值 VA 相应地分为母国创造部分 VA_h 和中国创造部分 VA_c；如果外资企业在中国创造的 VA_c 越大，即 VA_h 趋近 0，VA_c 趋近 VA，意味着中国本地企业在外资示范效应和人力资本流动效应中通过模仿学习可以获得产品的 $n-j$ 道工序（$0 \leq j \leq n$）趋近 n，进而能生产增加值率更高的产品。因此，外资企业生产本地化程度越高，本地企业就越可能获得一种产品的更多生产流程技术，当本地企业具有生产这一产品能力的时候，意味着能生产增加值率更高的产品，投入产出率必然提高，资源利用效率提高，经济增长方式向低投入、高产出模式转变。当外资企业对技术控制程度不变的条件下，即表现为该产品在中国生产的 $n-j$ 道工序不变，人力资本水平越高，本地企业越容易了解、掌握、消化产品 $n-j$ 道工序的生产技术，说明人力资本能提高模仿学习效应，即提高模仿学习效应对经济增长方式转变的正面作用。

第二，外资虽然显著地提高了内资企业的技术创新水平，但是技术创新效应妨碍了经济增长方式的转变，而且人力资本加大了技术创新效应对经济增长方式转变的负面作用。原因可能是，在外资的竞争压力下，本地企业不断进行技术创新，生产能与外资企业竞争的新产品，以获得更多的市场份额。如果本地企业不是在本地原有技术基础上而是在模仿外资企业技术基础上的技术创新，但是本地企业没有掌握新产品更多的流程技术，主要是对产品市场价值增幅大的环节进行技术创新，新技术生产所需要的高质量上游投入品本地企业不能提供，而依赖进口，投入就会增加。虽然新技术提高了产品的市场价值，但是产品增加值增加的幅度可能低于投入增加的幅度，投入产出率下降，妨碍了经济增长方式的转变。人力资本是决定技术创新的关键因素，人力资本水平的提升会提高技术创新水平，如果技术创新不是对本地已有技术水平的提升，则不能改善现有资源的利用效率，人力资本加速技术创新的结果可能是更多的产品生产依赖进口，进一步降低投入产出率。因此，在外资竞争压力下，人力资本提高创新水平则进一步阻碍了经济增长方式的转变。

第三，外资导致的本地技术引进效应对内资经济增长方式转变没有显著影响，但人力资本促使技术引进效应对内资经济增长方式转变产生了正面作用。原因可能是，外资进入导致的激烈竞争促使本地企业引进技术，但是技术引进的内容不同对经济增长方式转变的影响不同。如果引进技术提升了原有本地技术水平对提高投入产出率的作用，与引进的新技术依靠进口上游投入品进行生产而对降低投入产出率的作用势均力敌时，引进技术对经济增长方式转变的影响就会不显著。如果人力资本对引进的技术结合本地技术进行消化吸收，即使是引进新产品技术，人力资本将引进技术的应用本地化，本地企业也就能为生产新产品提供部分甚至更多的上游产品，意味着既有资源利用效率得到提高，投入产出率上升，随着引进技术的增多，经济增长方式就会转向低投入、高产出模式。因此，人力资本能促使技术引进效应对内资经济增长方式的转变产生积极作用。

第六节 结论与启示

在转变经济增长方式和利用外资模式之际,如何利用FDI推动经济增长方式的转变是值得研究的重要课题。本章对不同类型的FDI溢出效应对经济增长方式转变的影响进行了理论分析和实证检验。

依据本地企业技术进步路径选择将FDI溢出效应分为模仿学习效应、技术创新效应和技术引进效应,不同类型的FDI溢出效应对内资经济增长方式转变的影响是不同的。外资企业生产本地化程度越高,本地企业通过模仿学习可能获得产品更多生产流程的技术,进而能生产增加值率更高的产品,提高资源利用的效率和投入产出率,有利于经济增长方式的转变。外资进入加剧了竞争,如果本地企业是对本地已有技术的创新,则能改善资源利用效率,提高投入产出率;如果本地企业是对模仿的外资技术进行创新,生产新产品的上游投入品不能由本地企业供给而依赖进口,投入产出率下降,两类技术创新对经济增长方式转变的作用完全相反。外资进入导致的竞争,如果促使本地企业引进技术是提升本地已有的技术,则提高本地企业投入产出率;如果促使本地企业引进新产品技术,上游投入品不能由本地企业供给而是依赖进口,投入产出率可能下降,因此引进不同的技术对经济增长方式转变的影响也不同。人力资本水平的提升能提高模仿学习效应,能加快引进技术应用的本地化,说明人力资本能促使模仿学习效应和技术引进效应对经济增长方式的转变产生积极作用;人力资本虽然能提高技术创新的水平,但人力资本可能因为提高不同类型技术的创新水平,而对技术创新效应影响经济增长方式转变产生的作用不同。

利用1996~2007年20个高技术行业的相关数据,通过构建动态面板模型进行实证分析得到以下重要发现。一是外资企业生产本地化程度反映的模仿学习效应促进了内资经济增长方式的转变,而且人力资本扩大了模仿学习效应对经济增长方式转变的积极作用;二是外资虽然促进了内资企业的技术创新水平,但是技术创新效应对经济增长方式的转变也具有负面作用,而且人力资本扩大了技术创新效应对经济增长方式转变的负面作用;三是技术引进效应对经济增长方式的转变没有显著影响,但是人力资本促使技术引进效应对经济增长方式的转变产生了积极作用。

理论和经验研究的结论对中国制定利用 FDI 促进经济增长方式转变的政策具有重要的启示。提高资源的利用效率和投入产出率是中国实现集约型经济增长的重要内容，是实现可持续发展的重要途径，而资源利用效率和投入产出率的提高关键在于技术水平，利用外资溢出效应提升技术水平是重要路径。但是，不同类型的外资技术溢出效应对经济增长方式转变的影响是不同的，本地企业只有在外资企业生产过程中模仿学习产品更多生产环节的技术，本地企业才可能获得产品的生产流程技术，并促进经济增长方式的转变，因此，政府可以制定外资企业产品本地新创造价值的比例政策，以提高外资企业生产本地化水平，促使其转移更多产品的生产流程技术。政府应积极引导与外资竞争的本地企业技术创新的方向，因为虽然外资促进了本地企业技术创新水平的提高，但外资的技术创新效应并不一定能对经济增长方式的转变产生积极作用，政府可以制定财政补贴和税收优惠政策，鼓励与外资竞争的本地企业通过原有技术的改造、提升来获得竞争力，利用税收和进口管制约束与外资竞争的本地企业进行本地企业缺乏供给上游投入品能力的新产品技术研发，防止技术空心化，以提高技术创新效应对经济增长方式转变的正面作用。同样，政府可以制定财政补贴、税收优惠和进口管制相关政策，鼓励与外资竞争的本地企业引进以改造提升原有技术为目的的技术项目，约束上游投入品依赖进口的技术项目，以提高技术引进效应对经济增长方式转变的积极作用，限制负面作用。另外，加大高等教育投入，提高科技人力资本的积累，以扩大模仿学习效应和技术引进效应对经济增长方式转变的正面作用，而且在上述技术创新政策的基础上，也能发挥人力资本在技术创新效应对经济增长方式转变的积极作用。

第三篇

技术进步路径与经济发展方式转变

第六章

技术创新、技术引进与经济增长方式转变

——基于动态面板模型的经验分析

本章提要 技术进步是技术创新或技术引进的结果,表现为全要素生产率的提升。但是技术创新或技术引进提高全要素生产率仅是技术创新或技术引进促进经济增长方式转变的必要条件,而非充分条件。理论上,由于技术引进依赖、技术创新的机会成本和逆向溢出等因素的影响,技术创新对经济增长方式转变的作用是不确定的;受技术差距、消化吸收能力等因素的影响,技术引进对经济增长方式转变的作用较为复杂。利用 1996~2011 年中国 28 个地区数据,运用动态面板广义矩(GMM)进行估计发现:技术创新与经济增长集约化水平负相关,外资技术溢出和模仿效应有利于经济增长集约化水平的提升。因此,在进一步的扩大对外开放中,要继续坚持通过利用外资引进技术的战略,强化对引进技术的消化吸收,加大技术创新和人才培养力度,夯实和提升技术创新能力。

第一节 引言

随着经济持续高速增长,中国经济总量已经跃居世界第二,经济增长成就令人瞩目。但是长期依赖投资驱动经济粗放增长所积累的矛盾日益凸

显，这些深层矛盾成为经济持续稳定增长的瓶颈。重构经济增长动力机制，实现经济增长由粗放型向集约型转变，是保持经济长期稳定增长的必然选择。技术进步（仅指狭义技术进步，如果没有说明，下文技术进步均是狭义的）是经济长期稳定增长的核心动力，是促进经济增长方式转变的根本途径，这已经成为共识。技术创新和技术引进是技术进步的两条主要路径，不过，技术创新和技术引进对经济增长方式转变的作用，理论界并没有形成一致性的结论。

研究技术创新和技术引进影响经济增长方式转变的成果很多，如一些学者通过考察自主创新对全要素生产率的影响（王小鲁等，2009）来判断技术创新对经济增长方式转变的影响，也有学者从引进技术对全要素生产率的影响（陈继勇和盛杨怿，2008）或对投入产出率的影响（傅元海等，2010）判断引进技术对经济增长方式转变的影响，但是全要素生产率和投入产出率不能准确反映经济增长方式是否由粗放型向集约型转变，因此这些研究结论不一定合理。当经济增长率为正时，全要素生产率提高只是经济增长集约化水平提升的必要条件，而非充分条件；投入产出率可以直观反映经济效率，不过，产出是要素投入和技术进步等共同作用的结果，这就是说，投入产出率也不能准确反映技术进步对经济增长的贡献。因此，技术创新和技术引进对全要素生产率或对投入产出率的影响，并不能准确反映技术创新和技术引进对经济增长方式转变的影响。这表明，技术创新和技术引进对经济增长方式转变影响的复杂性有待于深入探讨。本章就技术创新和技术引进对经济增长方式转变的影响进行深入研究不仅具有重要的理论意义，而且可以为促进经济增长方式转变的技术进步路径选择提供有价值的政策建议。

本章的主要创新是：理论上揭示技术创新和技术引进对经济增长方式转变作用的不确定性；利用1996～2011年28个地区面板数据，运用动态面板广义矩（GMM）估计方法实证检验技术创新和技术引进对经济增长集约化水平的影响，考察技术创新与技术引进对经济增长方式转变作用的差异；通过构造技术创新与外资参与度连乘式，运用GMM估计方法实证考察模仿创新对经济增长集约化水平的影响，判断促进经济增长方式转变的技术创新路径。

第二节 研究评述

经济增长由粗放型向集约型转变，实质上就是提高技术进步对经济增长的贡献份额。厉无畏和王振（2006）将经济增长集约化水平定义为全要素生产率增长率对经济增长率的贡献。这一定义将经济增长视为要素投入和全要素生产率增长的结果，要素投入和全要素生产率对经济增长的贡献是此消彼长的，换句话说，经济增长集约化水平可界定为全要素生产率增长率对经济增长率的贡献与生产要素（资本和劳动）增长率对经济增长率的贡献之比。

$$gq = (gtfp/g)/[(\alpha \cdot gl + \beta \cdot gk)/g] = gtfp/(\alpha \cdot gl + \beta \cdot gk) \quad (6-1)$$

上式中 gq 为经济增长集约化水平，反映经济增长方式变化，$gtfp$ 为全要素生产率进步率，g 为经济增长率，gl 和 gk 分别为劳动和资本增长率，α 和 β 分别为劳动和资本产出弹性。从经济增长集约化水平的定义可以看出，经济增长方式转变的关键在于全要素生产率 tfp 增长速度与经济增长速度变化的差异。即只要 $\triangle gtfp_t/gtfp_{t-1} \geqslant \triangle g_t/g_{t-1}$，经济增长集约化水平就不会下降。也就是说，只有全要素生产率进步率的增长幅度大于 GDP 增长率的增长幅度，经济增长集约化水平才会上升；如果全要素生产率进步率的增长幅度小于 GDP 增长率的增长幅度，经济增长集约化水平就会下降；如果全要素生产率进步率的增长幅度与 GDP 增长率的增长幅度相同，经济增长集约化水平则不变。

国内外学者就技术进步对经济增长方式转变的影响进行了广泛的探讨，但是无论理论研究还是实证检验，已有文献对技术进步影响经济增长方式转变的认识尚存在以下三方面的误区。第一，将全要素生产率对经济增长的贡献视为技术进步对经济增长方式转变的影响。自从 Denison（1962）利用生产函数测算全要素生产率对经济增长的贡献后，国内外学者广泛考察了全要素生产率对经济增长的贡献。在国外，1991 年《世界银行发展报告》测算了法国、德国全要素生产率对经济增长的贡献，Young（1994）测算了东亚新兴工业经济体、OECD（2005）测算了中国全要素生产率对经济增长的贡献。在国内，郭庆旺和贾俊雪（2005）、周绍森和胡德龙（2010）、宋冬林等（2011）测算了全要素生产率对中国经济增长的贡献，云鹤等（2009）依据全要素生产率对经济增长贡献的测算结果判断了经济增长方式的变化。

许多学者认为全要素生产率代表广义技术进步，并根据全要素生产率对经济增长的贡献得出技术进步促进经济增长方式转变的结论，但是常常有学者混淆全要素生产率代表的广义技术进步与狭义技术进步。这就会导致从全要素生产率对经济增长的贡献来判断狭义技术进步对经济增长方式转变的影响，进而判断技术创新和技术引进对经济增长方式转变的影响。这是不正确的。主要原因有二，一方面全要素生产率变化不仅受技术进步的影响，而且受制度、人力资本、产业结构、区域经济协调、市场化、对外开放、资源配置效率等多种因素的影响。另一方面，技术进步与技术创新和技术引进密切相关，但是技术创新与技术引进并不等同于技术进步；技术进步通常表现为既定投入条件下产出增加，是技术创新与技术引进的结果；技术创新与技术引进表现为对技术进步的投入，或者表现为技术成果，是技术进步的原因。因此，即使技术进步促进了经济增长方式转变，也不能推断技术创新与技术引进促进了经济增长方式转变。因此，从全要素生产率对经济增长的贡献可以判断经济增长方式的变化，但并不能由此判断技术创新与技术引进对经济增长方式转变的影响。

第二，将技术创新与技术引进对全要素生产率的影响视为技术进步对经济增长方式转变的影响。国内外很多学者研究了技术创新与技术引进对全要素生产率的影响，如 Charles（1998）、吴延兵（2006）等检验了研发对全要素生产率的影响；Coe 和 Helpman（1995）、Lichtenberg 和 Pottelsberghe（1998）、颜鹏飞和王兵（2004）、覃毅和张世贤（2011）等检验了外资技术溢出对全要素生产率的影响；陶长琪和齐亚伟（2010）等则检验了技术创新与外资技术溢出对全要素生产率的影响。但是这些研究对于技术创新或者技术引进是否促进全要素生产率提高存在争议。王小鲁等（2009）依据技术创新与外资技术溢出对全要素生产率的贡献认为，研发支出和外资技术溢出对经济增长方式转变具有正面作用，而且外资技术溢出的作用不断弱化。经济增长方式转变的核心内容是提高效率，因为全要素生产率能全面反映投入产出的效率，因此，一些学者甚至国际机构如世界银行、经合组织等主张用全要素生产率反映经济增长方式的转变。但是，全要素生产率并不能准确反映经济增长方式的变化。

从经济增长集约化的内涵看，全要素生产率提高并不意味着全要素生产率进步率对经济增长率的贡献与资本、劳动增长率对经济增长率的贡献之比上升，即经济增长集约化水平不一定提高。经济增长率为正，如果技术创新或技术引进与全要素生产率负相关，由公式（6-1）可以推断技术创新或技术引进不利于经济增长方式转变；即使技术创新或技术引进提高了全要素生产率，也不能确定技术创新或技术引进促进了经济增长方式转变。进一步说，只有技术创新或技术引进提高了全要素生产率增长率对经济增长率的贡献，才能确定技术创新或技术引进促进了经济增长方式的转变。严格地说，技术创新或技术引进提高全要素生产率是技术创新或技术引进促进经济增长方式转变的必要条件，而非充分条件。

第三，将技术创新或技术引进对经济增长的贡献视为技术进步对经济增长方式转变的影响。国内外众多学者讨论了技术创新或技术引进对经济增长的影响，如师萍等（2007）、樊纲等（2011）测算了研发投入对经济增长的贡献，Chen et al.（1995）、沈坤荣和耿强（2001）考察了外资技术溢出对经济增长的影响。实证研究文献对技术创新或技术引进是否促进经济增长并没有得出一致的结论。虽然有学者如杜传忠和曹艳乔（2010）依据科技创新和外资技术溢出对经济增长的贡献低得出经济增长质量低的结论，但是技术创新和外资技术溢出对经济增长的贡献并不能准确反映技术创新和外资技术溢出对经济增长质量的影响。也就是说，技术创新或技术引进对 GDP 具有正面作用，并不意味着技术创新或技术引进提高了全要素生产率增长率对 GDP 增长率的贡献。因此，不能从技术创新或技术引进对经济增长的贡献得出技术创新或技术引进影响经济增长方式转变的结论。

综上所述，虽然众多学者从理论上揭示了技术进步影响经济增长方式转变的机理，但是促进经济增长方式转变的技术进步路径选择并没有得到清晰的阐述，也就是说，技术创新和技术引进是否一定促进经济增长方式转变这一理论问题有待于深入讨论。实证研究成果仅仅局限于考察全要素生产率对经济增长的贡献、技术进步对全要素生产率的影响或者技术进步对经济增长的贡献，很少有学者直接考察技术创新、技术引进对经济增长集约化水平的影响。

第三节 技术创新、技术引进对经济增长集约化水平作用辨析

技术进步是提升经济增长集约化水平的核心动力。这一判断中的技术进步主要指生产技术进步。从长期来看,增加技术创新投入、提高技术创新产出(如专利、科技论文等)和加大技术引进力度是促进生产技术进步的主要途径。在一定时期内和一定条件下,技术创新投入和产出、技术引进不一定能显著促进生产技术进步,也就是说技术创新投入和产出、技术引进不一定能促进经济增长方式转变。这是因为从技术创新投入、技术成果和技术引进到生产技术能力的形成,许多中间环节面临着不确定性。

一 技术创新对经济增长集约化水平的影响

技术创新只有最终形成产品设计、新材料、零部件、制造图纸、新工艺流程、工艺检测方法、维修保养等,才能实现生产技术的提升。在技术创新投入或技术成果形成生产技术且新产品能为市场接受的条件下,要素边际产出下降的速度才会延缓,既定投入不变时产出才会增加。技术创新通过企业规模经济效应、行业聚集效应、产业乘数效应以及外部效应等机制进一步放大生产技术进步的影响。如果给予足够的时间,技术创新形成生产技术的前提是可以忽略的,但是现实往往无法满足这一前提。这就是说,在一定条件下,技术创新不一定促进经济增长方式的转变,原因可能有以下几方面。

一是技术创新存在机会成本,如果技术创新的收益低于机会成本,技术创新可能阻碍经济增长方式转变。技术创新投入增加,意味着投入生产的资本减少,当资本的边际产出大于 0 时,生产性投资减少意味着产出减少,这是技术创新的机会成本。如果技术创新投入推动技术进步并增加产出的数量超过技术创新的机会成本,总产出就会增加;如果技术创新因为成果应用转化率低等原因,增加产出的数量可能低于技术创新的机会成本,技术创新就会抑制经济增长,即技术创新对经济增长率的贡献可能下降,经济增长集约化水平下降。技术创新形成生产技术存在较长的时滞,市场机制的缺失制约技术成果的转化等,都可能导致技术创新增加的产出低于

机会成本，经济增长集约化水平则会下降。

二是依靠自我积累进行自主创新来促进经济增长方式转变存在诸多劣势。如果说农耕文明时代的技术进步主要依靠经验积累，那么工业文明时代的技术进步则更多依赖自然科学理论的积淀和可控性试验。中国学而优则仕的传统文化和隋唐至清的科举制度桎梏了工业技术革命，近现代的中国因为战乱也无力致力于科技知识的累积，新中国成立后的"十年动乱"同样阻滞了科技知识累积的进程。改革开放后国家重视技术创新，由于基础研究的成效一般长期才能显现，任期制决定了地方官员更偏好短期内能显现成效的技术创新，以获得政绩，因此基础研究支出的比例过低，1995～2011年基础研究占研发支出的比例低于6%，基础研究不足制约了技术创新能力的提升。以上诸多原因决定了中国技术创新基础薄弱，技术创新乏力，与发达国家的技术差距大。走技术引进—消化—吸收—模仿创新—自主创新之路，是中国转变经济增长方式的技术进步路径的战略选择。

因为技术基础、学习能力以及急功近利等原因，技术引进可能容易形成路径依赖。技术引进依赖可能诱发技术创新资源的巨大浪费，技术创新投入可能不利于全要素生产率的增长，进而不利于经济增长集约化水平提升。无论是转让专利还是跨国直接投资，技术输出国为维持技术的垄断地位，不会输出先进技术。技术输出国输出技术的最优策略是，输出的技术略高于技术引进国的技术。技术引进国通过研发投资，经过一段时间可能掌握这一技术，当技术输出国观察到技术已完全为技术引进国掌握并成为竞争对手时，技术输出国会采用新技术生产产品，以确保竞争优势。当技术引进国发现现有技术已经落后，缺乏竞争力，则再次引进新技术，这意味着技术引进国对引进技术消化吸收的研发投资和努力得到的收益甚微，这些投资和努力因为引进新技术替代现有技术可能并没有直接形成生产技术，这样，产出不一定增加，经济增长集约化水平不一定上升。

三是内资企业研发逆向溢出至外资企业，技术创新不一定能增加产出，经济增长集约化水平可能下降。外资企业的高工资吸引了内资企业技术人员，以及外资企业并购和参股内资企业，可能使内资企业研发技术溢出至外资企业（沈坤荣和李剑，2009）。技术人员流向外资企业会减少内资企业技术人力资本，技术创新能力下降，技术创新投入产出效率下降，技术成果转化能力下降；外资通过并购和参股内资企业从统计口径上仍归属内资企业，政府和企业的研发投入却被外资方诱导至外资技术的研发，无助于内资企业生产技术的提升。因此，技术创新逆向溢出至外资企业，会导致技术创新投入与生产技术进步不对称，也就是说，创新投入收益可能低于机会成本，表现为技术创新不一定提高全要素生产率对经济增长的贡献。

二 技术引进对经济增长集约化水平的影响

引进技术是发展中国家实施科技兴国战略的重要内容。引进技术包括专利技术、专有技术、工艺流程、机器设备等诸多内容，通过引进技术获得技术的成本低、时间短，有利于加快缩小与发达国家技术差距的步伐。学者们（Teece，1977；Mansfiled et al.，1981；Barro et al.，1997；吴延兵，2008）就引进技术对技术进步的作用进行了广泛的探讨，诸多学者（Kokko et al.，1996；傅元海等，2010）认为引进技术能否形成生产技术进而促进经济增长方式转变受多种因素的制约。其中本地技术水平、吸收消化能力等是制约引进技术影响经济增长方式转变的重要因素。

引进技术与本地技术的匹配程度制约引进技术对经济增长方式转变的作用。微观层面上，基于成本收益的考虑，企业引进技术是引进一个产品生产的少数方面或少数环节的技术，一般不会引进一个产品生产的全部技术。这就会产生一个问题，引进的技术是否与企业已掌握的其他技术相匹配？如果相互匹配，引进技术就能提高产品的质量，技术进步对产出贡献就会增加；如果匹配程度不高，企业利用引进技术生产的产品合格率偏低，引进技术可能不会提高技术进步对产出的贡献。中观层面上，引进技术与本地区技术相匹配，利用引进技术进行生产可以从上游行业获得原材料、中间投入品、机器设备等，形成完备的生产能力，投入产出率提高，经济增长集约化水平提高；如果不匹配，即使引进的技术是先进技术，为确保产品质量，上游投入品、设备甚至技术工人依赖国外，意味着本地企业创造附加值少，投入产出率下降，经济增长集约化水平下降。宏观层面上，引进技术与本地资源禀赋（资本与劳动之比、熟练劳动力与非熟练劳动力之比）特点相匹配，可以提高资源利用效率，经济增长集约化水平上升；反之，引进技术与本地资源禀赋不匹配，如引进技术是资本密集型技术，而技术引进方劳动力资源特别是非熟练劳动力资源丰裕，引进技术可能导致资源利用效率下降，经济增长集约化水平下降。

引进技术最终能否形成生产技术受消化、吸收能力的制约。消化、吸收能力是技术能力的一部分，消化、吸收能力本身包含基础能力和投入强度。技术基础能力（无论是技术存量还是技术人力资本水平）都具有经验性、累积性、连续性特征，而且内生于经济系统之中，既是长期积累的结果，也可以通过后天学习提高（Kim，1999）。技术基础能力和技术创新投入水平高，对引进技术消化、吸收的效果好，形成生产技术的速度快，对经济增长集约化水平提升的作用就大。反之，技术基础能力和技术创新投入水平低，对引进技术难以消化、吸收，难以及时形成生产技术，引进技术可能阻碍经济增长方式转变。

技术差距也是制约引进技术对经济增长方式转变作用的重要因素。技术出让方与技术引进方的技术差距直接影响技术引进方的技术进步，进而影响经济增长方式转变。技术差距大且技术引进方学习能力强，学习的空间大，技术进步幅度大，经济增长集约化水平就会提升。技术差距大但技术引进方学习能力低，本地企业难以学习，引进技术可能出现空心化，会抑制本地技术进步，经济增长集约化水平就会降低。技术差距小，本地企业容易消化、吸收引进技术，市场竞争激烈，技术升级速度快，技术进步效应明显，经济增长集约化水平就会提升。

以上分析表明，无论技术创新还是技术引进，只有体现为生产技术进步，才能提高技术进步对经济增长的贡献，经济增长方式才可能转变。技术创新投入、技术成果和引进的技术形成生产技术，中间存在诸多环节，这些环节使技术创新投入、技术成果和引进技术形成具体产品面临诸多的不确定性，这意味着，在一定条件下，技术创新投入、技术成果和引进技术不一定能提高经济增长集约化水平。

第四节　研究设计与经验分析模型

一　模型设计

技术创新和技术引进是影响全要素生产率的重要因素。除此之外，樊纲等（2011）认为市场化也是提高全要素生产率的重要因素，王小鲁等（2009）则认为外贸依存度对全要素生产率具有显著影响。当然，影响全要素生产率的因素还有产业结构、城市化等,为分析方便,技术创新(tc)、技术引进(ftc)、市场化($mark$)和外贸依存度($trad$)之外的因素归于其他因素(μ)。一般来说,包括全要素生产率在内的经济变量均随时间变化而变化,也就是说,这些变量可以描述为时间 t 的函数,即 $tfp(t)$、$tc(t)$、$ftc(t)$、$mark(t)$、$trad(t)$、$\mu(t)$。依据习惯处理方式,全要素生产率与影响因素的关系可以表述如下:

$$tfp(t) = e^{tc(t)+ftc(t)+trad(t)+mark(t)+\mu(t)} \qquad (6-2)$$

假定(6-2)式所有变量均是 t 的一次函数,对(6-2)式取对数,然后对时间 t 求导,得到(6-3)式:

$$gtfp = d(tfp)/tfp = tc + ftc + trad + mark + \mu \qquad (6-3)$$

从(6-1)式至(6-3)式可以看出,技术创新和技术引进等因素通过影响全要素生产率进步率来影响(6-3)式所表示的经济增长集约化水平。由于经济增长集约化水平等于 $gtfp$ 与 $\alpha \cdot gl + \beta \cdot gk$ 之比,影响因素对 $gtfp$ 的作用与对 gq 的作用性质可能一致,也可能不一致。如果技术创新、技术引进对 $gtfp$ 具有正面作用,且促使 $gtfp$ 超过 $\alpha \cdot gl + \beta \cdot gk$,则技术创新和技术引进对 gq 具有正面作用;但 $gtfp$ 低于 $\alpha \cdot gl + \beta \cdot gk$,则技术创新和技术引进对 gq 的影响不显著或者是负面的。如果技术创新、技术引进对 $gtfp$ 具有负面作用,则必然对 gq 具有负面作用。因此,为检验技术创新和技术引进对 gq 的影响,依据(6-1)式和(6-3)式可以初步构建技术创新、技术引进等影响经济增长集约化水平 gq 的计量模型:

$$gq_{it} = \varphi_1 \cdot tc_{it} + \varphi_2 \cdot ftc_{it} + \varphi_3 \cdot trad_{it} + \varphi_4 \cdot mark_{it} + c_i + \mu_{it} \qquad (6-4)$$

i 表示第 i($i=1$,…,28;重庆和四川因测算 tfp 的存量资本数据缺乏而未考虑,西藏缺乏技术创新和技术引进数据而未考虑)个地区;t 表示第 t 年;c 为个体效应,表示地区特有的不随时间而变化的未观察到的影响经济增长集约化水平的因素。通过对时间 t 求偏导得到的 $gtfp$ 已经消除了时间对其的影响,因此模型不考虑时间因素对 gq 的影响。μ 为残差,反映影响经济增长集约化水平的其他因素。tc 和 ftc 为模型的核心解释变量,$trad$ 和 $mark$ 为控制变量。

模仿创新可以从技术创新和技术引进交互作用的视角理解,为此构造技术创新和技术引进的连乘变量 $tc \times ftc$。其目的是比较模型（6-4）的解释变量 tc 和 ftc 的回归系数符号或显著水平分别与模型（6-5）的连乘变量 $tc \times ftc$ 的差异。现有文献通常构造人力资本与外资参与度的连乘式（Xu,2000；赖明勇等,2005）或研发与外资参与度的连乘式（Kokko et al.,1996；赵增耀和王喜,2007）检验本地学习吸收能力对外资技术溢出的影响。吸收能力不仅包括对外资技术的消化、吸收能力，也包括模仿学习能力。特别是研发与外资参与度的连乘式反映本地研发与外资技术溢出的交互作用，既可能说明外资技术溢出只有在本地企业具有足够的学习能力时才能发生，也可能说明本地技术创新能力只有在引进、消化、吸收、模仿引进技术的基础上才能形成和提升。具体说，如果 $tc \times ftc$ 的回归系数不显著，意味着技术创新和技术引进的相互作用没有显著影响经济增长集约化水平；如果 ftc 的回归系数不显著，而 $tc \times ftc$ 的回归系数显著，表明外资技术溢出效应的发生取决于吸收能力；当 tc 的回归系数不显著或者为显著负时，而 $tc \times ftc$ 的回归系数显著为正，表明中国技术创新主要是在消化吸收引进技术基础上进行创新进而提高经济增长集约化水平；$tc \times ftc$ 的回归系数显著为负，技术创新可能发生逆向溢出，抑制了经济增长集约化水平提高。模型（6-5）符号的含义与模型（6-4）相同。

$$gq_{it} = \varphi_1 \cdot tc_{it} \cdot ftc_{it} + \varphi_2 \cdot trad_{it} + \varphi_3 \cdot mark_{it} + c_i + \mu_{it} \qquad (6-5)$$

模型（6-4）中 ftc 反映的技术引进和模型（6-5）中 $tc \times ftc$ 反映的模仿创新既有联系，又有区别。ftc 反映本地企业对引进技术消化吸收和学习模仿，较少涉及对引进技术的改进；模型（6-5）中 $tc \times ftc$ 不仅是本地企业对引进技术消化吸收和学习模仿，而且通过技术创新投入，加大了对引进技术消化吸收的力度，较多涉及对引进技术的改进。因此，这一连乘式不仅包括简单模仿，而且包括模仿创新，也包括基于引进吸收模仿的自主创新，由于三者无法从定量上区分，统称为模仿创新。

二 变量的测度

（一）经济增长集约化水平的测度

测算经济增长集约化水平 gq 需要先测算 $gtfp$、α 和 β。对生产函数求偏导并移项，得到测算 $gtfp$、α 和 β 的模型：

$$gtfp_{it} = g_{it} - \alpha \cdot gl_{it} - \beta \cdot gk_{it} \qquad (6-6)$$

gl 为年末从业人员的增长率，由于《中国统计年鉴》和中经网缺失 2006 年和 2011 年各地区就业人数，2006～2007 年各地区 gl 采用《新中国 60 年统计资料汇编》数据计算；2011 年各地区 gl 采用各地区统计年鉴数据计算，其中云南和吉林 gl 采用插值法处理，甘肃 gl 采用《甘肃省 2011 年国民经济与社会发展统计公报》数据计算。gk 为存量资本的增长率，1996～2006 年各地区 gk 直接采用单豪杰（2008）测算的以 1952 年价格计算的存量资本计算；2007～2011 年存量资本通过以下公式测算：

$$K_{it} = I_{it}/p_{it} + (1-\delta)K_{it-1} \qquad (6-7)$$

为保证各地区 gk 在时间上具有可比性，(6-7) 式相关变量的处理均与 2008 年单豪杰处理方法相同。具体说，I 为各地区固定资本形成额，数据来自中经网；固定资本折旧率 δ 为 10.96%；p 为以 1952 年为基期的固定资产价格指数，2006 年的 p 依据单豪杰测算的相关数据推算，2007～2011 年固定资产价格指数采用各地区的固定资产投资价格指数替代，数据来自中经网；2006 年的存量资本直接采用单豪杰测算的数据。

（二）其他变量的测算

技术创新可以从产出和投入两方面测度。从产出角度度量技术创新有专利和新产品销售收入两种方法。专利度量技术创新存在两方面的缺陷：第一，由于一些技术创新并不申请专利，专利无法反映技术创新的全部成果（Pakes 和 Griliches, 1980）；第二，不同性质的专利价值不同，专利现有度量单位是件，无法反映专利的实际价值（Griliches, 1990）。新产品销售收入虽然能较好地衡量创新产出，但现有数据仅有大中型工业企业新产品销售收入，也不能反映技术创新的全部成果。创新投入有两种测度方法，一是用研发支出衡量（吴延兵，2008），二是用科技投入经费支出度量（蒋殿春和张宇，2008）。创新投入与专利虽然都存在不能反映技术创新实际效果的不足，但是创新投入具有纵向或横向的可比性，而且现有数据能全面反映技术创新投入水平，是其他测度方法无法比拟的。因此，本章采用技术创新投入水平度量技术创新。我们用两种方法测度，一是用研发支出占 GDP 的比例衡量技术创新，因为研发支出分为企业、研发机构和高等学校三部分，其中1999年之前企业研发支出数据统计口径为大中型企业，1999年开始为全部企业，因此采用研发支出（记为 tcr）度量技术创新时，确定模型（6-4）和模型（6-5）样本期为1999~2011年。二是用科技经费投入占GDP的比例衡量技术创新，由于缺乏2009~2011年各地区科技经费支出数据，采用科技支出（记为 tch）度量技术创新时模型（6-4）和模型（6-5）选取样本期为1996~2008年；因为2000年前企业科技支出统计口径为大中型企业，因此样本期科技支出数据均调整为研发机构、高等学校和大中型企业之和。1999~2010年研发支出和1996~2008年科技支出数据均来自《中国科技统计年鉴》，2011年研发支出数据来自2012年各省统计年鉴和2012年《中国科技统计资料汇编》。

技术引进包括技术贸易、进口和利用国际直接投资（简称为外资）三条途径。为保持技术垄断地位，技术出让国会控制先进技术的贸易，专利转让的技术多是产品已经标准化生产的成熟技术，甚至是衰落技术；而且由于信息不对称条件下缄默知识的存在，技术购买国无法获得全部技术。与技术专利转让相比，进口产品更可能包含先进技术，但是信息不对称使进口方无法通过"逆向工程"获得全部技术特别是关键技术。Blomström（1989）认为先进技术转移最显著的途径是国际直接投资，而不是专利转让。跨国投资倾向转移先进技术，这是因为，以占有中国市场为目的的跨国企业因经营环境变化致使管理成本上升，同时为获得竞争优势，跨国企业可能采用先进技术进行生产，通过降低成本或生产新产品获得市场份额；跨国企业生产经营过程中使用的技术信息容易为本地雇员获得，本地雇员通过与内资企业雇员的交流，特别是跨国企业本地雇员流向本地企业，本地企业就会消化、吸收相关技术，因此，利用跨国投资是引进技术的重要途径。外资技术溢出通常采用外资参与度衡量，我们借鉴赵奇伟和张诚（2007）的方法，采用当年实际FDI占全社会固定投资比例（表示为 ftc）度量。截至2008年的FDI数据来自《新中国60年统计资料汇编》，2009~2010年FDI数据来自《中国商务年鉴》，2011年FDI数据来自各地区统计年鉴，FDI按年均汇率折算为人民币；GDP和全社会固定投资数据来自中经网。

采用不同的方法测度技术创新可以检验模型结果是否具有稳健性。由于技术创新有不同的测度方法，模型（6-4）可以分为两种情况，一是模型（6-4a），技术创新为 tcr；二是模型（6-4b），技术创新为 tch。与模型（6-4）相对应，模型（6-5）也分为模型（6-5a）、模型（6-5b）。另外，外贸依存度 trad 用进出口占 GDP 的比例衡量，市场化 mark 用非国有经济单位就业比例衡量。进出口数据和就业数据来自中经网。

三 模型形式设定检验

如果模型变量之间信息重合程度较高，模型变量的共线性会导致有偏估计。Chatterjee et al.（2000）指出，可以依据解释变量主成分分析的特征根倒数和是否大于解释变量数目的 5 倍判断模型解释变量共线性的严重程度。通过主成分分析发现，模型（6-4a）解释变量特征根倒数和小于 8，模型（6-4b）解释变量特征根倒数和为 8.02，不超过解释变量数目的 2 倍，因此模型（6-4）两种情况的解释变量均不存在高度共线性。模型（6-5a）解释变量特征根倒数和均为 8.7，模型（6-5b）解释变量特征根倒数和为 6.6，不超过解释变量数目的 3 倍，模型（6-5）两种情况的解释变量也不存在严重共线性。

表 6-1 个体效应和序列相关检验

模型	个体效应检验		序列相关检验		模型	序列相关检验	
	F 统计量	P 值	χ^2 统计量	P 值		χ^2 统计量	P 值
模型（6-4a）	1.2886	0.0584	12.1589	0.0005	模型（X-8a）	1.1162	0.2907
模型（6-4b）	2.1018	1.69e-06	38.1153	6.67e-10	模型（X-8b）	0.9545	0.3286
模型（6-5a）	1.2913	0.0511	11.8165	0.0006	模型（X-9a）	1.1384	0.2860
模型（6-5b）	3.1170	2.13e-13	21.9266	2.83e-06	模型（X-9b）	0.4469	0.5038

设定模型（6-4）和模型（6-5）时虽然考虑了个体效应的影响，但是是否存在个体效应需要进行相关检验。运用拉格朗日乘子检验法对适用固定效应的模型（6-4）和模型（6-5）检验表明，模型（6-4a）和模型（6-5a）在 10% 的显著水平下、模型（6-4b）和模型（6-5b）在 1% 的显著水平下存在个体效应。如果模型残差项存在序列相关，估计结果虽然是无偏的、一致的，但不是有效的。采用 Wooldridge 检验法分别对固定效应模型（6-4）和模型（6-5）的各种情况进行检验，结果如表 6-1 所示，χ^2 统计量伴随概率均很小，因此模型（6-4）和模型（6-5）的各种情况

均存在序列相关。

许多经济社会现象具有持续性且相互关联，在计量模型中表现为变量存在自回归和相互影响，如当期经济增长集约化水平可能影响以后若干期经济增长集约化水平，而且技术创新、技术引进不仅可能促进经济增长方式转变，而且可能是经济增长方式转变导致的结果；另外，技术创新、技术引进等解释变量并不是完全独立的，这意味着模型解释变量可能存在内生性，静态模型得不到无偏有效一致的估计结果。

因为存在序列相关和内生性，运用静态面板对模型（6-4）和模型（6-5）估计得不到无偏、有效的估计结果，模型（6-4）和模型（6-5）适用动态面板进行估计，即静态面板模型（6-4）和模型（6-5）应修正为动态面板。动态面板的具体形式可以是包含滞后多阶的被解释变量，也可以是同时包含滞后多阶的被解释变量和滞后多阶的解释变量。一般而言，解释变量较多时，动态面板包含解释变量的滞后阶，会造成较大自由度损失。为避免自由度的损失，一般选择包含滞后多阶被解释变量的动态面板。动态面板被解释变量滞后阶的确定可依据无自相关性和广义矩（GMM）估计结果。

假定模型（6-4）和模型（6-5）可以修正为包含滞后一阶的被解释变量的动态模型（6-8）和模型（6-9）。因为技术创新有两种测度方法，与模型（6-4）和模型（6-5）的各种情况相对应，模型（8）相应地分为模型（6-8a）和模型（6-8b）两种情况，模型（6-9）可以分为模型（6-9a）和模型（6-9b）两种情况。分别对模型（6-8）和模型（6-9）进行序列相关检验表明，χ^2统计量伴随概率均大于0.27，因此模型（6-8a）、模型（6-8b）、模型（6-9a）、模型（6-9b）不存在自相关。可以初步认为包含被解释变量滞后一阶的动态面板是合理的。当然，动态面板模型的合理性需依据模型参数估计的t检验、过度识别约束的Sargan检验等结果评价。

$$gq_{it} = \varphi \cdot gq_{it-1} + \varphi_1 \cdot tcr_{it} + \varphi_2 \cdot ftc_{it} + \varphi_3 \cdot trad_{it} + \varphi_4 \cdot mark_{it} + c_i + \mu_{it}$$

(6-8a)

$$gq_{it} = \varphi \cdot gq_{it-1} + \varphi_1 \cdot tch_{it} + \varphi_2 \cdot ftc_{it} + \varphi_3 \cdot trad_{it} + \varphi_4 \cdot mark_{it} + c_i + \mu_{it}$$

(6-8b)

$$gq_{it} = \varphi \cdot gq_{it-1} + \varphi_1 \cdot tcr_{it} \cdot ftc_{it} + \varphi_2 \cdot trad_{it} + \varphi_3 \cdot mark_{it} + c_i + \mu_{it} \quad (6-9a)$$

$$gq_{it} = \varphi \cdot gq_{it-1} + \varphi_1 \cdot tch_{it} \cdot ftc_{it} + \varphi_2 \cdot trad_{it} + \varphi_3 \cdot mark_{it} + c_i + \mu_{it} \quad (6-9b)$$

第五节 估计结果及分析

一 模型的合理性和估计结果的稳健性

由于样本时间较长，采用差分GMM进行估计。采用一步差分GMM估计法和两步差分GMM估计法分别对模型（6-8）的两种情况进行估计，结果列入表6-3。从表6-3可以看出，技术创新系数均为负值，外资参与度的系数均为正值，且显著水平最低达到10%；外贸依存度的系数均为正，且在1%或5%显著水平下显著。市场化回归系数均为负，除了仅在模型（6-8b）的两步差分估计结果中显著外，其他情况均不显著。自相关检验表明，模型（6-8）的各种情况均没有拒绝不存在二阶自相关的假设。过度识别约束的Hansen检验均没有拒绝原假设，说明工具变量是有效的。

采用一步差分GMM估计法和两步差分GMM估计法分别对模型（6-9a）和模型（6-9b）进行估计，估计结果列入表6-4。表6-4显示，技术创新和技术引进连乘式的系数均为正，显著水平达到5%以上；trad的系数均为正，除了模型（6-9b）一步差分GMM估计不显著外，其余情况的显著水平达到1%或5%；mark的系数为负，除了模型（6-9b）一步差分GMM估计不显著外，其余情况均是显著的；被解释变量的滞后一阶均为正，显著水平达到1%或5%。序列相关检验均没有拒绝不存在二阶自相关的假设。Hansen检验均没有拒绝原假设，意味着工具变量是有效的。

表6-2 面板残差的平稳性检验

模型	GMM估计方法	LLC	Breitung	IPS	ADF	PP	Hadri
模型(6-8a)	一步差分法	-8.9355 (0.0000)	-3.3713 (0.0004)	-3.0518 (0.0011)	90.1182 (0.0026)	107.705 (0.0000)	16.5215 (0.0000)
	两步差分法	-8.7201 (0.0000)	-3.4142 (0.0003)	-3.1465 (0.0008)	91.2785 (0.0020)	113.854 (0.0000)	16.7907 (0.0000)

续表

模型	GMM 估计方法	LLC	Breitung	IPS	ADF	PP	Hadri
模型 (6-8b)	一步差分法	-13.0050 (0.0000)	-6.6291 (0.0000)	-5.8034 (0.0000)	122.675 (0.0000)	181.717 (0.0000)	13.0454 (0.0000)
	两步差分法	-12.9480 (0.0000)	-6.0774 (0.0000)	-6.0673 (0.0000)	126.449 (0.0000)	200.054 (0.0000)	12.4767 (0.0000)
模型 (6-9a)	一步差分法	-11.1375 (0.0000)	-4.0683 (0.0000)	-4.6128 (0.0000)	113.064 (0.0000)	165.107 (0.0000)	21.6243 (0.0000)
	两步差分法	-10.9738 (0.0000)	-3.9599 (0.0000)	-4.6105 (0.0000)	113.258 (0.0000)	168.108 (0.0000)	21.6923 (0.0000)
模型 (6-9b)	一步差分法	-14.9794 (0.0000)	-6.6996 (0.0000)	-9.4676 (0.0000)	181.142 (0.0000)	264.273 (0.0000)	17.0300 (0.0000)
	两步差分法	-15.0681 (0.0000)	-6.8133 (0.0000)	-9.4618 (0.0000)	180.655 (0.0000)	262.892 (0.0000)	14.9996 (0.0000)

注：括号内数值为 P 值。

运用 LLC、IPS、ADF、PP、Breitung、Hadri 等方法，对模型（6-8）和模型（6-9）GMM 估计的残差进行面板单位根检验。从表 6-2 的检验结果可知，在 1% 显著水平下，GMM 估计的面板残差均是平稳的，即模型不是伪回归。通过上述分析表明，模型（6-8）和模型（6-9）的设定是合理的。采用一步差分法和两步差分法分别检验技术创新、技术引进和二者连乘式对 gq 的影响，结果发现技术创新的系数显著为负，技术引进和连乘式显著为正；采用两种方法测度的技术创新显著抑制经济增长集约化水平提升，技术创新与技术引进的连乘式显著提升了经济增长集约化水平。因此，采用不同的方法测度技术创新和采用不同的方法进行估计，结果是一致的，表明模型估计结果具有稳健性。

二 估计结果

（一）技术创新对经济增长集约化水平的影响

从表 6-3 可知，技术创新与经济增长集约化水平显著负相关。具体地说，tcr 的系数为 -33.1 ~ -38.5，显著水平为 1%，意味着研发投资占 GDP 的比例提高 0.01，其他因素不变的条件下，经济增长集约化水平下降 0.331 ~ 0.385。tch 的系数为 -17.2 ~ -18.7，显著水平为 1% 或 10%，表明科技投资占 GDP 的比例提高 0.01，其他因素不变的条件下，经济增长集约化水平下降 0.172~0.187。

（二）技术引进对经济增长集约化水平的影响

外资技术溢出能显著促进经济增长集约化水平的提高。ftc 的系数为 2~3.3，显著水平为 1% 或 10%，这就是说当年实际 FDI 占全社会固定投资的比例上升 0.01，其他因素不变，经济增长集约化水平上升 0.033；如果技术创新采用科技支出占 GDP 的比例测度而其他因素不变，经济增长集约化水平上升 0.02。

表 6-3 模型（6-8）的 GMM 估计结果

	模型（6-8a）				模型（6-8b）			
	一步差分法		两步差分法		一步差分法		两步差分法	
	系数	P 值	系数	P 值	系数	P 值	系数	P 值
tcr	-33.092	0.000	-38.533	0.008				
tch					-17.205	0.072	-18.658	0.000
ftc	3.311	0.089	3.269	0.087	2.034	0.001	2.162	0.000
$trad$	0.606	0.004	0.547	0.028	0.505	0.015	0.451	0.000
$mark$	-0.070	0.450	-0.048	0.571	-0.129	0.168	-0.129	0.000
gq_{t-1}	0.015	0.900	0.025	0.829	0.332	0.000	0.335	0.000
Hansen 检验（统计量）	24.55	1.000	24.55	1.000	26.70	1.000	26.70	1.000
一阶自相关检验（Z 统计量）	-1.95	0.051	-1.08	0.281	-1.52	0.122	-1.42	0.157
二阶自相关检验（Z 统计量）	-1.25	0.213	-1.56	0.116	1.05	.292	1.03	0.301

（三）模仿创新对经济增长集约化水平的影响

从表 6-4 可以看出，技术创新和技术引进的交互作用可以显著提升经济增长集约化水平。$tcr \times ftc$ 的系数约为 145，显著水平为 5%；$tch \times ftc$ 的系数为 80~87，显著水平为 1% 或 5%。比较模型（6-8）的技术创新和模型（6-9）连乘变量可以发现，模型（6-8）中技术创新抑制经济增长集约化水平上升，模型（6-9）中在消化、吸收引进技术基础上的技术创新，能显著提升经济增长集约化水平。因此，在消化、吸收引进技术的模仿创新能显著促进经济增长方式转变。

(四) 控制变量对经济增长集约化水平的影响

模型 (6-8) 中 $trad$ 估计系数为 0.45~0.61，模型 (6-9) 中 $trad$ 估计系数为 0.35~0.46，绝大多数情况下显著水平为 1% 或 5%；表明提高外贸依存度能提升经济增长集约化水平。模型 (6-8) 和模型 (6-9) 的估计结果发现 $mark$ 对经济增长集约化水平具有负向作用，但一般情况下不显著。多数情况下，gq_{t-1} 的系数显著为正，意味着前期经济增长集约化水平显著提升当期经济增长集约化水平。

表 6-4 模型 (6-9) 的 GMM 估计结果

	模型 (6-9a)				模型 (6-9b)			
	一步差分法		两步差分法		一步差分法		两步差分法	
	系数	P 值	系数	P 值	系数	P 值	系数	P 值
$tcr \times ftcf$	146.308	0.022	145.173	0.018				
$tch \times ftcf$					87.431	0.022	79.997	0
$trad$	0.452	0.026	0.461	0.027	0.353	0.167	0.347	0
$mark$	-0.334	0.046	-0.289	0.065	-0.076	0.38	-0.074	0
gq_{t-1}	0.287	0.039	0.296	0.028	0.318	0	0.32	0
Hansen 检验 (统计量)	25.64	1	25.64	1	26.59	1	26.59	1
一阶自相关检验 (Z 统计量)	-1.89	0.058	-1.29	0.199	-1.62	0.106	-1.37	0.172
二阶自相关检验 (Z 统计量)	-1.3	0.193	-1.57	0.117	1.08	0.28	1.03	0.303

三 估计结果的解释

(一) 技术创新与经济增长集约化水平负相关

这一结论与多数研究成果矛盾，但与一些学者如张海洋 (2005a)、李小平和朱钟棣 (2006)、李宾 (2010) 等实证发现技术创新抑制全要素生产率增长的结论是一致的。因为改革开放以来中国 GDP 增长率一直为正，技术创新抑制全要素生产率增长，实质上就是技术创新降低了全要素生产率增长率对 GDP 增长率的贡献，即技术创新降低了经济增长集约化水平。学者们对技术创新抑制全要素生产率增长的原因进行了讨论，张海洋 (2005a) 将原因归结为高科技行业的调整、行业竞争和生产效率；李小平和朱钟棣 (2006) 则将原因归结为行业本身使用的 R&D 资本投入结构不恰当、使用效率不高以及不完善的市场环境。不过，这些解释缺乏说服力。技术创新降低经济增长集约化水平的原因可能有以下几方面。

第一，由于技术创新的基础薄弱，新中国成立以来主要通过技术引进促进技术进步，形成了技术引进路径依赖。技术引进依赖可能导致技术创新投入对产出的作用不显著。其结果就是众多学者所说的中国技术进步陷入"落后—引进—再落后—再引进"低水平的循环，是中国制造业技术"低端锁定"的主要原因。技术引进路径依赖也可能减少中国企业自主研发的动力，即使进行研发投资，更多的是为了引进技术适应本地市场的研发，而不是为了形成自主知识产权的研发。

第二，历史和现实原因决定了中国技术创新的知识积累不足，技术创新的基础薄弱，是中国在核心技术上难以创新突破的深层原因，进而决定了技术创新集中在低层次技术和低附加值技术。这直接表现为中国在国际市场具有竞争优势的产品是劳动密集型产品。特别是中国制造业企业在国际分工中多是承担低附加值的加工、组装生产环节，意味着企业处于全球价值链的低端（刘志彪，2007）。后一种情况常被称为技术创新空心化，即形式上产品是本地生产，实质上包括原材料、设备、中间投入品等依赖进口，与本地企业关联甚少，结果可能降低投入产出率，或提高资本对产出的贡献，降低技术进步对产出的贡献。当中国企业为了在高技术含量产品的国内市场甚至国际市场获得一定的市场份额而进行生产时，由于技术创新能力的局限无法获得核心技术，就只能依靠进口中间投入品支撑企业的生产，而包含核心技术的中间投入品往往是产品附加值最高的部分，结果可能是增加值增加的幅度低于投入增加的幅度，投入产出率下降，技术进步提升经济增长的幅度可能低于要素投入。如电子产品的芯片、机动车的高质量发动机等主要是依靠进口。中国高技术企业的增加值率更说明这一观点的合理性，1995~2007年高技术内资企业的增加值率虽然从0.26上升到0.31，但是一半年份低于中国工业内资企业增加值率，其余年份二者相近，比日本、德国、英国和加拿大高技术企业低0.06以上，比美国和意大利低0.1。以上说明企业虽然拥有高技术含量产品部分环节的技术，生产需要高技术含量的中间投入品依赖进口，如航空设备、精密仪器、医疗设备、工程机械等80%以上关键技术投入品依赖进口（李树培，2009），生产高技术含量的产品并没有创造高附加值。同时，生产高技术含量的产品需要购买高质量的机器设备，资本投入增加，技术创新创造的增加值可能低于资本增加创造的增加值，技术创新对增长率的贡献就会下降，经济增长集约化水平也随之下降。

第三，技术创新投入对经济增长的贡献低于机会成本，也就是技术创新投入不一定能转化为现实生产技术。技术创新投入可能受以下因素制约而不能提高产出：一是时滞和新产品的市场风险使技术创新投入需要较长时期才能表现为生产技术进步；二是由于科技人员为外资企业高工资吸引，内资企业可能出现研发逆向溢出效应，降低了内资企业技术创新能力，技术创新投入产出效率低，技术创新投入与产出不对称；三是科技体制不灵活和风险投资缺失使中国科技成果转化率低，仅为25%，实现产业化的不足5%，远远低于发达国家80%的转化率（王顺兵，2011）。

（二）外资技术溢出显著提升了经济增长集约化水平

外资进入通过竞争、示范、关联和职员流动对内资企业产生技术溢出。外资进入，竞争加剧，本地企业为提高竞争力，有针对性地学习外资技术，能有效地提高生产技术水平。相对于破解进口产品技术的"逆向工程"和购买专利而言，外资企业生产过程中本地技术人员可以近距离接触各个生产环节的技术，很大程度上消除了信息不对称对消化、吸收技术的影响，外资技术容易为内资企业模仿学习。而且模仿学习外资技术具有生产、管理等诸多方面的成本优势，如 Mansfield et al. (1981)、Levin et al. (1987) 研究均支持这一结论。同时，模仿外资技术可以极大程度上降低新产品面临的市场风险，如 Golder and Tellis (1993) 研究发现，技术创新者的失败率为47%，模仿者的失败率仅8%。另外，内外资企业技术差距不断缩小，1998~2007年内资企业劳动生产率与外资企业之比不断上升，1998年二者之比为0.5，2004年已经达到0.9以上。这表明通过利用外资引进的技术不一定是先进技术，而是与中国要素禀赋相适应的适宜技术，技术差距小意味着内外资企业竞争更激烈，外资技术扩散的速度更快，内资企业生产技术进步更大。因此，外资技术溢出更容易提高本地企业生产技术进步率，具体表现为外资技术溢出对经济增长集约化水平具有显著的正向作用。

（三）模仿创新显著提升了经济增长集约化水平

技术创新与经济增长集约化水平负相关，外资技术溢出显著提升经济增长集约化水平，技术创新与外资参与度连乘式反映的模仿创新显著提升了经济增长集约化水平，说明中国技术创新虽然没有促进生产技术进步进而促进经济增长方式转变，但是在消化、吸收外资技术基础上的模仿创新促进了经济增长方式转变。模仿创新不仅具有成本、管理、低市场风险的后发优势，而且更重要的是在创新者开发技术和开拓市场的基础上，可以改进产品并超越创新者，使产品的性能更好、质量更高，进而获得比创新者和简单模仿者更多的市场份额（Shankar et al.，1998）。在模仿技术的基础上进行创新能促进经济增长方式转变，原因还可能在于，技术创新投入增加能提升内资企业的技术水平，缩小内外资企业技术差距，促使外资技术加速转移。技术创新投入增加能提高本国企业的模仿学习能力，也能提高技术创新能力，学习能力提高能有效消化、吸收外资技术，促使外资企业加快技术升级，扩大技术扩散效应，创新能力提高可以提高、改进和超越模仿技术的能力。因此，大量外资涌入带来的适宜技术，诱导了中国技术创新偏向于对外资技术进行模仿创新，促进了技术进步，提高了经济增长集约化水平。

第六节　简要结论与政策建议

理论分析认为，由于机会成本、引进技术的路径依赖和研发的逆向溢出等原因，在一定条件下技术创新对经济增长方式转变的作用是不确定的。受技术差距、要素禀赋、吸收能力的影响，引进技术对经济增长方式转变的作用也是不确定的。利用 1996～2011 年中国区域面板数据并运用 GMM 估计法进行检验发现，技术创新与经济增长集约化水平显著负相关，外资技术溢出对经济增长集约化水平具有显著的正面作用。进一步构建包含技术创新与外资参与度连乘式的模型检验发现，模仿创新对经济增长集约化水平具有显著的正面作用。这一研究结论对中国加快经济增长方式转变的技术进步路径选择具有明确的政策含义。

首先，在今后较长的时期内，要继续坚持通过利用外资引进技术的战略。因为外资技术溢出是促进经济增长方式由粗放型向集约型转变的重要因素。新形势下，利用外资引进技术要着力提高外资技术含量，鼓励欧美发达国家投资，鼓励外资流向高技术产业，鼓励外资进行研发活动。鼓励本地采购比例较高的外资进入，扩大外资的后向关联效应。同时，规定外资企业创造附加值的比例和提高外资企业进口中间投入品的关税，以提高外资企业生产的本地化程度，使受雇于外资企业的本地技术人员接受更多生产环节的技术，扩大外资技术溢出效应。

其次，要加大对引进技术消化吸收的力度，重视模仿创新，在较短时期内低成本提高技术创新知识的积累速度，缩小与发达国家的技术差距，为自主创新奠定坚实的基础。在引进—消化吸收—模仿创新的基础上，注重自主创新能力的形成，提高自主创新水平，改变落后—引进—再落后—再引进的低水平循环，消除技术引进的路径依赖，解除制造业技术的低端锁定，打破发达国家对技术和利润高端的控制，提高企业在国际市场的核心技术竞争力，实现经济持续稳定增长。

再次，要加大技术创新投入和人才培养力度，夯实技术创新的基础，培育和提升技术创新能力。虽然短期内技术创新不一定促进经济增长方式转变，但不能否定长期内技术创新对经济增长方式转变的根本作用。因为技术创新投入对经济增长方式转变的积极作用可能需要较长的时间才能显现，或者是技术成果转化率低制约了技术创新对经济增长方式转变的正面作用。特别是，技术创新能力决定了技术引进战略最终能否成功向自主创新战略的转变。因此，要加大技术创新以不断提升技术能力，当然技术创新的内容要合理安排。不仅重视对引进技术消化吸收和模仿创新的投入，以尽快缩小与发达国家的技术差距，而且更要加大基础研究的投入，重视技术创新知识的自我积累，寻求原创性技术创新，以在世界市场上获得竞争力。在重视技术创新的同时，要完善技术创新制度，积极引入市场机制，大力发展风险投资，加快技术创新成果的转化、应用，切实有效地提高技术创新形成生产能力的速度，加快经济增长方式转变的步伐。

第七章

技术创新、技术引进对制造业结构优化的影响
——基于动态面板的经验分析

本章提要 统计数据表明,制造业结构合理化和高度化并不总是一致。理论上,不同技术进步路径对制造业结构合理化和高度化的作用也并不一致。利用1999~2011年区域面板数据进行动态面板估计发现,自主创新显著促进了制造业结构合理化,但没有显著影响制造业结构高度化;外资并没有产生显著的技术溢出效应影响制造业结构合理化和高度化;构造自主创新与外资参与度连乘式反映自主创新与外资技术溢出的交互作用,显著促进了制造业结构合理化和高度化。进一步说,从实证结果可以发现一个重要结论:只有自主创新和外资技术溢出的相互作用,才是促进制造业结构优化的技术进步路径最优选择。采用结构偏离度和泰尔指数测度制造业结构合理化和采用三种方法测度外资参与度,实证检验的结果均是一致的,说明模型估计结果非常稳健。

第一节 引言

在改革开放中,凭借廉价劳动力、土地、原材料等优势,不仅中国吸引了大量外商直接投资(简称外资),而且本地企业积极参与由跨国公司主

导和控制的全球价值链国际生产分工体系中,主要承担了劳动密集型、低附加值的生产制造或组装环节,因此,中国以初级要素专业化的产业发展战略成功推动了经济持续稳定高速增长。随着经济发展水平提高,劳动力工资及土地、能源、原材料价格不断上涨,初级要素专业化的产业发展战略依托的低成本优势已逐步消失,资源环境的约束和低附加值产品出口空间扩大的有限进一步制约了以初级要素专业化产业发展为载体的经济持续稳定增长。要实现经济可持续增长必须加快经济增长方式转变。转变经济增长方式的重要内容就是优化产业结构,特别是优化制造业结构,才能实现节能、降耗、减排。

学者一致认为技术进步是产业结构变化的根本动力（傅家骥,1998；Yoshikawa 和 Miyagawa,2009）。技术进步有自主创新、技术引进等多种路径,产业结构包括合理化和高度化两个层面,不同技术进步路径对制造业结构合理化和高度化的作用并不一致。虽然研究技术进步影响产业结构的文献众多,但这些文献多是讨论单一技术进步路径对产业结构高度化的影响,迄今没有研究考察不同技术进步路径对制造业结构合理化和高度化影响的差异。本章创新之处：第一,从理论上揭示自主创新、技术引进及二者的相互作用等不同技术进步路径影响制造业结构高度化和合理化的差异；第二,分别构建制造业结构合理化和高度化为被解释变量、自主创新、外资参与度及二者连乘式为核心解释变量的计量模型,利用中国 1999～2011 年省际面板数据进行两步系统 GMM 估计,不仅可以考察技术进步影响中国区域制造业结构合理化和高度化的差异,而且可以考察技术创新、外资技术溢出及二者的相互作用影响中国区域制造业结构变迁的差异,进而判断是否存在既能促进制造业结构合理化又能促进高度化的技术进步路径；第三,借鉴世界经济合作与发展组织（简称 OECD）（1997）对制造业分类方法将制造业分为三类,并采用结构偏离度和泰尔指数反映制造业结构合理化,同时采用三种方法测度外资参与度,考察不同方法测度变量进行 GMM 估计的结果是否一致,以判断模型估计结果的稳健性。

第二节　研究现状述评

产业结构合理化和高度化在产业结构变迁中既可能相互依存,也可能相互冲突。产业结构合理化是指产业间的协调程度，强调产业间资源的最优配置；而产业结构高度化是指产业结构高级化水平，衡量产业结构升级。产业结构从低水平向高水平演进过程中，如果资本、劳动力等生产要素能及时在产业间流动，产业结构高度化与合理化就是一致的；由于资本专用型和劳动技能的制约，资本和劳动不能及时流动，产业结构升级过程中结构可能不合理，即资源在产业间的配置效率下降。也就是说，产业结构高度化不一定意味着产业结构合理化。

学者从不同视角深入揭示了技术进步影响产业结构变化的机理。孙军（2008）构建的数理模型证明了需求引致的技术创新是产业结构变迁的动力。周叔莲和王伟光（2001）认为技术进步通过促进劳动分工、劳动生产率变化和需求结构变化等途径优化产业结构。薛敬孝和张天宝（2002）认为技术进步通过新产业形成、产业分化、产业改造、产业替代和产业融合等方式促进产业结构演进。Stiglitz（2002）认为信息技术发展促进产业融合影响产业结构，不同类型的产业融合方式影响产业结构的变迁也不同。国外学者进一步揭示了高新技术进步影响产业结构变迁的机理，如 Bonardi 和 Durand（2003）认为高新技术进步通过关联效应促进了关联产业发展并引发产业结构变化，Tsai 和 Wang（2004）认为高新技术创新投入对传统产业产生差异化的溢出效应可改变产业结构。江小涓（2002）、伍华佳和苏东水（2007）则进一步揭示了国际技术转移影响东道国产业结构的机理。上述研究成果主要是揭示技术进步对产业结构高度化作用的机理，很少涉及技术进步对产业结构合理化的影响；特别是，已有研究成果没有揭示不同技术进步路径对产业结构变化的影响可能存在差异。

在理论研究基础上，学者广泛深入地检验了技术进步对产业结构变化的影响。国内外实证文献主要包括两方面的内容。一是检验本国技术水平或技术创新对产业结构的影响。胡志强（2005）从科技拨款、研发投入、科技奖励项目和专利申请四方面反映高技术发展，并运用统计数据描绘了高技术发展与中国三次产业结构变化的关联。一些学者用全要素生产率反映技术进步，并检验技术进步对三次产业结构变化的影响，如蔡荣生和刘传扬（2012）对1979~2008年时间序列数据进行协整分析发现，技术进步是三次产业结构变化的格兰杰原因。但是这些实证文献仅仅涉及技术进步对三次产业结构变化的影响，一些学者的实证研究则深化了技术进步影响产业结构的研究。如吕炜（2010）对美国1987～2007年三次产业结构变化中60个行业的面板数据进行实证检验发现，全要素生产率反映的技术进步是产业结构变化的根本原因。高越和李荣林（2011）利用Feenstra和Hanson（1995）提出的用技能密集度方法测度产业结构水平，并采用行业面板数据检验发现，劳动生产率反映的技术进步能显著提升工业结构水平。吴福象和朱蕾（2011）以北京和上海六大支柱产业为例，运用统计分析方法证实了信息技术发展通过产业融合促进了产业结构升级。但是这些文献并没有检验技术进步特别是技术创新对制造业结构的影响。赵惠芳等（2008）的研究则弥补了这一缺陷，他们在揭示技术创新影响制造业结构升级机理的基础上，依据OECD提出的技术标准将制造业划分为高技术、中高技术、中低技术和低技术产业四个层次；同时从设备、人力资本和资金三方面反映技术创新投入，运用灰色关联法实证分析了29个行业1995～2005年技术创新投入对制造业结构升级的影响。实证发现，不同技术层次行业的技术创新投入对中国制造业结构升级的作用明显不同，设备与高技术行业关联度最大，由此推断高技术产业发展主要依赖国际技术引进，自主创新能力的作用较弱；反映自主创新能力的人力资本对中高技术和中低技术产业关联度最大，进而判断自主创新能力对产业结构升级的作用最为显著和持久；人力资本和资金与低技术产业关联度较大。这一研究仅仅是依据技术创新对专利申请量和销售收入的影响来推断技术创新对制造业结构的作用，不是依据技术创新对不同类型制造业比例的影响判断技术创新对制造业结构调整（产业比例的变化）的效应，因此这一研究并不能准确反映技术创新对制造业整体结构变迁的作用。现有研究文献尚存在重要缺陷：没有检验技术进步对制造业结构合理化的影响；没有检验自主创新与外资技术溢出的相互作用对制造业结构的影响。

二是实证文献检验国际技术转移对产业结构的影响。如学者Blomström（1989）等认为跨国直接投资而非技术转让协议是国际技术转移与扩散最为显著的途径，因此，这方面的研究主要检验国际直接投资技术溢出对产业结构的影响。Caves（1974）利用1966年加拿大和澳大利亚两个国家制造行业面板数据实证发现，外资技术溢出能促进产业结构的调整。Markusen和Venables（1999）指出，国际直接投资通过关联效应能够促进发展中国家产业结构优化。但是，另一些学者的实证研究并没有发现外资技术溢出能促进东道国产业结构的调整，如 Grima（2001）运用 1991~1996 年英国制造行业面板数据、Hunya（2002）利用罗马尼亚制造业数据的实证研究均不支持外资技术溢出促进产业结构调整的观点。王洛林等（2000）利用世界 500 强在中国制造业投资数据说明外资带来了先进技术，并通过技术外溢推动了产业结构升级。这些文献最大的特点就是依据外资技术溢出对产业产值或增加值的影响来判断技术溢出对产业结构的影响，正如聂爱云和陆长平（2012）等指出，外资技术溢出对产业产值或增加值的影响并不能反映技术溢出对产业结构调整的效应，因为产业产值或增加值变化不能表明其比例的变化即产业结构的变化。近年来的一些研究则弥补了这一不足。如陈继勇和盛杨怿（2009）利用 1984~2008 年时间序列数据实证发现，外资技术溢出对中国三次产业结构的优化具有显著促进作用；聂爱云和陆长平（2012）利用 1985~2004 年省际面板数据检验发现，外资技术溢出显著提高了第三产业的比例，降低了第二产业的比例，进而认为外资技术溢出优化了中国产业结构。虽然这些研究考察了外资技术溢出对产业结构变化的影响，但仅仅局限于技术溢出对三次产业结构变化的效应。文东伟等（2009）进一步深化了外资技术溢出对产业结构影响的研究，他们利用 OECD 提出的技术标准将制造业分为四类，运用统计描绘和行业面板数据模型进行分析发现，外资不仅通过资本效应直接推动制造业结构升级，而且通过技术溢出促进了制造业结构升级。以上分析表明，国内外现有研究外资技术溢出影响产业结构变化的文献主要局限于技术溢出对产业结构高度化的效应，没有涉及外资技术溢出对制造业结构合理化的影响。

综上所述，现有研究技术进步对产业结构影响的成果主要存在以下不足：一是无论理论研究还是实证研究主要集中于技术进步影响产业结构高度化，没有分析技术进步对产业结构合理化特别是制造业结构合理化的影响，也没有文献考察自主创新、外资技术溢出及二者相互作用等不同技术进步路径对产业结构变迁影响的差异；二是实证文献一般局限于检验本国技术进步或外资技术溢出对产业结构高度化的影响，很少有实证研究将自主创新、外资技术溢出和二者连乘式纳入一个分析框架，考察不同技术进步途径对产业结构高级化影响的差异；三是实证检验技术进步对产业结构高度化的文献主要集中于技术进步对三次产业结构变化的影响，涉及技术进步对制造业高度化影响的成果不多，因此，这方面的研究有待于进一步深化，因而现阶段甚至未来相当长的时期内制造业结构优化至少和三次产业结构优化同样重要。为弥补现有研究的不足，本章不仅揭示不同技术进步路径对制造业高度化和合理化影响的差异，而且通过实证检验重点考察自主创新、外资技术溢出和二者相互作用对制造业结构变迁影响的差异，以期为制造业结构调整提出有价值的政策建议，因此本章研究具有重要的理论意义和应用价值。

第三节 中国制造业结构变迁的时间特征及空间特征

国内外学者从不同角度对制造业结构分类提出不同的方法。钱纳里依据产业在工业化进程中所起的主要作用将制造业分为初期产业、中期产业和后期产业；韩国李贤珠（2010）在 OECD 制造业分类基础上，合并高端技术产业和中高端技术产业，将制造业分为高端技术产业、中端技术产业和低端技术产业三类。借鉴上述方法，本章按技术水平将制造业也分为三类[①]，由于产值和增加值数据不全，采用销售收入数据测算制造业结构变动。

（一）制造业结构高度化变化趋势及空间差异

从表 7-1 和表 7-2 可以看出，1997~2011 年全国高端技术产业的比例最高且不断上升，从 0.4 上升到 0.45；中端技术产业的比例不断上升并超过低端技术产业，从 0.27 上升到 0.31，低端技术产业的比例不断下降，从 0.33 下降到 0.23。区域制造业结构高度化特征及变化趋势存在明显的差异。三类产业比例特点及变化趋势与全国完全一致的地区有江苏、广东等；一些地区高端技术产业比例最高且呈上升趋势，但中低端技术产业比例及变化趋势特点与全国不同，如北京、上海、重庆等；有些地区高端技术产业比例最高却呈下降趋势，中低端技术产业比例及变化趋势特点也不相同，如天津、吉林、四川等；一些地区高端技术产业比例不断上升并逐步超过

---

① 高端技术产业包括通用设备、专用设备、交通运输、电气机械及器材、通信电子、仪器仪表及文化、办公用机械、化工医药等行业；中端技术产业包括石油加工、炼焦及核燃料加工业、橡胶、塑料、非金属矿物、黑色金属冶炼、有色金属冶炼和金属制品等行业；低端技术产业包括食品加工制造、饮料、烟草、纺织、服装、皮革、木材、家具、造纸、印刷和文体用品及其他制造业。

其他两类产业，且低端技术产业比例不断下降，中端技术产业比例变化呈波动状态，如安徽、浙江；也有地区高端技术产业比例不断下降且逐步低于中端技术产业，中端技术产业比例不断上升，由比例最低变为最高，如陕西；中西部一些地区中端技术产业比例最高且呈不断上升趋势，高、低端技术产业比例不断下降，高端技术产业比例高于低端技术产业，如河北、山西、甘肃和宁夏等；有些地区中端技术产业比例最高且呈波动态势，高、低端技术产业比例特点及变化趋势却存在差异，如辽宁、贵州、内蒙古、青海和新疆等；有些地区中端技术产业比例不断上升并超过其他产业，如江西、云南、海南；湖南高端技术产业比例呈波动上升趋势，且比例逐步上升为最高，三类产业比例差异不大；福建则低端技术产业比例最高；黑龙江、河南和广西制造业结构变化特征不明显。以上分析表明，中国制造业技术密集度不断提升，结构不断趋于高度化，但是区域制造业结构高度化特征的空间差异明显，如北京、上海、江苏、山东、广东、湖北、重庆、安徽、浙江等地制造业结构呈明显高度化趋势，而福建等地制造业结构呈现低度化趋势，许多地区制造业结构并没有明显高度化。

（二）制造业结构合理化变化趋势及空间差异

国内外学者一般采用结构偏离度反映产业结构合理化水平（干春晖等，2011），我们借鉴这一公式测算制造业结构偏离度。

$$indrs = \sum_{j}^{n} |(Q_j/L_j)/(Q/L) - 1| \tag{7-1}$$

$indrs$ 表示制造业结构偏离度，Q 表示制造行业销售收入，L 表示制造行业就业人数，j 表示第 j 个行业，n 表示制造行业数。制造业结构偏离度 $indrs$ 值与制造业结构合理化水平反相关。如果市场充分竞争且供求均衡，同类生产要素没有质的差异，资本、劳动等可以充分流动，各行业劳动生产率无差异，即行业销售收入的比例与行业就业比例相等，制造业结构偏离度则为 0，生产要素在制造行业间的配置处于最优，生产达到均衡状态。由于资本的专用性和劳动技能形成的长期性，现实中资本和劳动不可能完全流动，$indrs$ 值不可能为 0；特别是发展中国家市场化程度较低，生产要素流动性更低，$indrs$ 值可能更大。因此，许多学者如 Chenery et al. (1989) 认为经济非均衡现象是常态，发展中国家经济偏离均衡更为突出。

表 7-1 高技术产业的比例

区域	高端技术产业的比例								中端技术产业的比例							
	1997	1999	2001	2003	2005	2007	2009	2011	1997	1999	2001	2003	2005	2007	2009	2011
全国	0.40	0.43	0.45	0.47	0.45	0.45	0.45	0.45	0.27	0.26	0.28	0.27	0.30	0.31	0.30	0.31
北京	0.47	0.59	0.61	0.63	0.66	0.66	0.65	0.68	0.30	0.24	0.25	0.23	0.22	0.22	0.22	0.18
天津	0.52	0.53	0.55	0.56	0.56	0.56	0.49	0.46	0.23	0.26	0.28	0.28	0.33	0.35	0.40	0.41
河北	0.32	0.31	0.29	0.27	0.21	0.22	0.23	0.25	0.36	0.37	0.42	0.48	0.57	0.58	0.57	0.56
山西	0.35	0.32	0.29	0.25	0.22	0.20	0.25	0.25	0.50	0.56	0.61	0.67	0.71	0.74	0.68	0.68
内蒙古	0.20	0.20	0.16	0.21	0.19	0.20	0.24	0.24	0.41	0.48	0.49	0.43	0.47	0.49	0.46	0.48
辽宁	0.38	0.38	0.36	0.36	0.33	0.37	0.39	0.40	0.44	0.46	0.50	0.51	0.54	0.47	0.42	0.41
吉林	0.64	0.70	0.70	0.75	0.66	0.62	0.56	0.56	0.18	0.14	0.15	0.11	0.15	0.16	0.17	0.17
黑龙江	0.30	0.36	0.32	0.36	0.34	0.34	0.34	0.28	0.33	0.33	0.43	0.37	0.39	0.39	0.33	0.33
上海	0.52	0.54	0.57	0.60	0.59	0.63	0.66	0.66	0.26	0.24	0.25	0.24	0.27	0.24	0.20	0.21
江苏	0.45	0.48	0.49	0.52	0.53	0.53	0.56	0.60	0.21	0.21	0.22	0.22	0.24	0.25	0.24	0.23
浙江	0.37	0.38	0.40	0.42	0.43	0.45	0.45	0.48	0.22	0.20	0.20	0.20	0.23	0.23	0.23	0.25
安徽	0.28	0.35	0.38	0.41	0.38	0.40	0.40	0.42	0.30	0.31	0.32	0.33	0.39	0.38	0.34	0.33
福建	0.32	0.36	0.41	0.45	0.41	0.36	0.33	0.34	0.22	0.23	0.24	0.20	0.22	0.25	0.24	0.26
江西	0.36	0.38	0.37	0.36	0.31	0.28	0.33	0.33	0.32	0.34	0.38	0.43	0.48	0.50	0.44	0.46
山东	0.37	0.39	0.38	0.40	0.37	0.38	0.41	0.42	0.24	0.24	0.26	0.25	0.28	0.28	0.26	0.28
河南	0.34	0.32	0.31	0.31	0.29	0.28	0.29	0.31	0.27	0.30	0.34	0.35	0.39	0.40	0.38	0.38
湖北	0.36	0.41	0.44	0.47	0.45	0.45	0.44	0.42	0.31	0.28	0.28	0.28	0.33	0.32	0.30	0.32
湖南	0.33	0.33	0.34	0.38	0.31	0.31	0.37	0.40	0.33	0.36	0.36	0.33	0.40	0.39	0.31	0.32
广东	0.45	0.47	0.52	0.57	0.59	0.58	0.56	0.54	0.20	0.21	0.21	0.18	0.19	0.22	0.22	0.23
广西	0.33	0.36	0.40	0.42	0.38	0.36	0.38	0.35	0.27	0.26	0.26	0.25	0.31	0.34	0.31	0.37
海南	0.44	0.43	0.41	0.55	0.47	0.32	0.25	0.28	0.10	0.15	0.15	0.12	0.13	0.44	0.50	0.54
重庆	0.60	0.64	0.65	0.68	0.65	0.65	0.65	0.64	0.20	0.20	0.20	0.19	0.21	0.22	0.19	0.22
四川	0.42	0.43	0.41	0.42	0.41	0.40	0.39	0.40	0.27	0.27	0.27	0.27	0.30	0.30	0.28	0.29
贵州	0.33	0.32	0.34	0.35	0.34	0.34	0.35	0.34	0.34	0.34	0.36	0.39	0.42	0.43	0.37	0.38
云南	0.20	0.20	0.20	0.22	0.21	0.18	0.22	0.21	0.23	0.23	0.24	0.25	0.38	0.50	0.41	0.47
陕西	0.53	0.54	0.53	0.53	0.48	0.45	0.42	0.39	0.19	0.18	0.23	0.25	0.32	0.38	0.41	0.44
甘肃	0.28	0.26	0.18	0.18	0.14	0.13	0.14	0.11	0.56	0.59	0.70	0.68	0.75	0.79	0.76	0.81
青海	0.02	0.18	0.02	0.22	0.21	0.26	0.25	0.26	0.60	0.69	0.72	0.66	0.73	0.67	0.65	0.65
宁夏	0.34	0.34	0.38	0.30	0.29	0.26	0.28	0.26	0.48	0.49	0.42	0.50	0.49	0.56	0.51	0.55

续表

区域	高端技术产业的比例								中端技术产业的比例							
	1997	1999	2001	2003	2005	2007	2009	2011	1997	1999	2001	2003	2005	2007	2009	2011
新疆	0.16	0.16	0.11	0.11	0.11	0.12	0.19	0.19	0.41	0.45	0.66	0.67	0.70	0.69	0.62	0.66

注：各地区制造业销售收入为各行业之和，全国数据为各地区数据之和，其中2001年和2002年数据缺失其他制造业数据，数据来自国研网。由于篇幅有限，表中仅列出部分年份结果。

表7-2反映了1997~2011年中国及各地制造业结构合理化水平状况和变化趋势。全国制造业结构偏离度从1997年的0.14不断上升到2007年的0.83，随后逐步缓慢下降到2011年的0.69，说明全国制造业结构总体上越来越不合理。从各地区来看，制造业结构合理化水平及变化特点存在很大差异。多数地区制造业结构合理化水平变化特点同全国基本一致，如除海南和浙江外的沿海11省市、中部6省和西部的新疆；少数地区制造业结构偏离度总体上呈下降趋势，如内蒙古、吉林、重庆、四川、云南、宁夏、贵州等地；一些地区制造业结构偏离度总体上呈上升趋势，如浙江、广西、陕西、甘肃、海南；一些地区制造业结构偏离度明显呈波动状态，如黑龙江、青海。各地制造业结构偏离度差异非常明显，湖南、重庆、四川、广西、河南、山东、湖北、内蒙古、贵州、宁夏等地制造业结构偏离度较低，制造业结构较为合理；海南和西部的云南、甘肃、青海、新疆制造业结构偏离度偏高，制造业结构不合理；除海南、山东外的沿海地区和山西、吉林、黑龙江、安徽、江西、陕西等地制造业结构偏离度较高，制造业结构较为不合理。

表7-2 低端技术产业的比例及制造业结构合理化水平

区域	低端技术产业的比例								制造业结构偏离度							
	1997	1999	2001	2003	2005	2007	2009	2011	1997	1999	2001	2003	2005	2007	2009	2011
全国	0.33	0.31	0.28	0.26	0.24	0.24	0.25	0.23	0.14	0.22	0.36	0.59	0.76	0.83	0.68	0.69
北京	0.23	0.17	0.13	0.14	0.12	0.11	0.13	0.13	0.43	0.64	1.08	1.03	0.95	0.97	0.90	0.79
天津	0.25	0.21	0.17	0.16	0.11	0.09	0.11	0.13	0.41	0.61	0.74	0.93	1.16	1.21	1.10	1.19
河北	0.32	0.32	0.29	0.21	0.19	0.19	0.19	0.19	0.08	0.20	0.42	0.73	1.05	1.05	1.00	1.04
山西	0.15	0.13	0.10	0.08	0.07	0.06	0.07	0.08	0.57	0.60	0.70	1.02	1.29	1.27	0.89	0.99
内蒙古	0.39	0.32	0.35	0.36	0.34	0.31	0.30	0.28	0.59	0.79	0.56	0.56	0.56	0.64	0.45	0.50

续表

区域	低端技术产业的比例								制造业结构偏离度							
	1997	1999	2001	2003	2005	2007	2009	2011	1997	1999	2001	2003	2005	2007	2009	2011
辽宁	0.17	0.16	0.13	0.13	0.13	0.16	0.19	0.19	0.84	0.69	0.87	0.98	1.27	1.01	0.67	0.58
吉林	0.18	0.16	0.14	0.13	0.19	0.22	0.27	0.27	1.01	0.96	0.99	1.37	0.78	0.57	0.39	0.50
黑龙江	0.36	0.31	0.25	0.27	0.27	0.27	0.33	0.39	0.57	0.69	1.46	0.97	0.98	1.14	0.71	0.77
上海	0.22	0.21	0.18	0.16	0.14	0.13	0.14	0.13	0.57	0.54	0.77	0.98	1.03	0.98	0.73	0.72
江苏	0.33	0.31	0.29	0.27	0.22	0.21	0.20	0.17	0.22	0.36	0.48	0.75	0.96	1.01	0.87	0.85
浙江	0.41	0.42	0.39	0.39	0.35	0.32	0.32	0.28	0.10	0.18	0.23	0.52	0.73	0.87	0.78	0.91
安徽	0.41	0.35	0.30	0.27	0.23	0.22	0.26	0.25	0.12	0.30	0.48	0.72	1.01	1.08	0.73	0.71
福建	0.45	0.40	0.36	0.35	0.37	0.39	0.43	0.40	0.47	0.68	0.75	1.29	1.25	1.15	0.91	0.93
江西	0.31	0.27	0.24	0.21	0.22	0.22	0.24	0.21	0.18	0.35	0.47	0.84	1.20	1.45	1.03	1.30
山东	0.38	0.37	0.36	0.35	0.35	0.33	0.32	0.30	0.25	0.32	0.34	0.62	0.73	0.83	0.73	0.78
河南	0.39	0.38	0.35	0.34	0.32	0.31	0.32	0.31	0.18	0.28	0.34	0.38	0.61	0.75	0.56	0.61
湖北	0.33	0.31	0.28	0.25	0.23	0.22	0.26	0.27	0.11	0.19	0.27	0.56	0.82	0.82	0.58	0.72
湖南	0.34	0.31	0.30	0.29	0.29	0.29	0.31	0.28	0.31	0.45	0.45	0.18	0.45	0.49	0.24	0.39
广东	0.35	0.32	0.27	0.24	0.22	0.20	0.23	0.23	0.68	0.74	0.79	0.91	0.89	0.89	0.77	0.69
广西	0.40	0.38	0.34	0.33	0.30	0.30	0.31	0.28	0.33	0.19	0.41	0.41	0.37	0.47	0.37	0.61
海南	0.46	0.42	0.43	0.34	0.40	0.25	0.25	0.19	1.03	0.77	0.41	1.19	0.88	3.09	3.16	3.44
重庆	0.20	0.16	0.15	0.13	0.14	0.13	0.15	0.15	0.65	0.44	0.62	0.55	0.22	0.28	0.35	0.21
四川	0.31	0.31	0.32	0.32	0.29	0.30	0.32	0.31	0.18	0.36	0.47	0.35	0.11	0.06	0.08	0.17
贵州	0.32	0.34	0.30	0.26	0.25	0.23	0.27	0.28	0.65	0.84	0.79	0.56	0.52	0.43	0.61	0.53
云南	0.58	0.57	0.57	0.53	0.41	0.32	0.37	0.32	1.58	1.70	1.72	1.54	0.80	0.61	0.50	0.37
陕西	0.28	0.28	0.24	0.22	0.20	0.17	0.17	0.16	0.19	0.14	0.37	0.50	1.06	1.35	1.29	1.37
甘肃	0.15	0.15	0.13	0.15	0.11	0.08	0.10	0.08	0.86	0.77	1.15	1.10	1.45	1.85	1.72	1.74
青海	0.20	0.13	0.08	0.11	0.06	0.08	0.12	0.13	1.40	1.51	1.49	1.06	1.31	1.18	1.05	1.06
宁夏	0.18	0.18	0.20	0.21	0.21	0.18	0.21	0.19	0.79	0.66	0.27	0.48	0.38	0.67	0.45	0.50
新疆	0.43	0.39	0.24	0.22	0.19	0.19	0.20	0.15	0.65	0.89	2.05	1.79	1.84	1.64	1.52	1.24

注：计算制造业结构偏离度的就业数据来自国研网。

（三）制造业结构高度化与合理化特点及变化趋势比较

比较制造业结构高度化与合理化的特点及其变化趋势可以发现，制造业结构高度化与合理化既有一致，也有相反。从全国看，1997~2003年高端技术产业比例不断上升，2004~2011年略呈下降趋势；而1997~2007年结构偏离度不断增大，2008~2011年呈小幅缩小趋势；这就是说，1997~2003年和2008~2011年制造业结构高度化趋势与合理化相反，2004~2007年则一致。比较区域的制造业结构变迁可以进一步验证这一观点。如北京、天津、上海等制造业结构高度化突出的地区，结构却不合理；湖南、湖北等地区制造业结构高度化不明显，却较为合理；福建等地区制造业结构呈现低度化趋势，且不合理。各地制造业结构高度化变化趋势与合理化变化趋势既有一致，也有相互矛盾。因此，制造业结构变迁过程中，产业不断从低端技术产业向高端技术产业演进并不意味着产业间资源配置总是有效率的，即产业结构既可能趋于合理，也可能出现不合理。

第四节 技术进步影响制造业结构变迁的阐释

（一）自主创新的作用

不可否认，技术进步是制造业结构变迁的根本动力，但是在特定阶段和不同条件下，技术进步不一定促进制造业结构优化，不同技术进步路径对制造业结构优化的作用也存在较大差异。自主创新是实现技术进步的主要途径，自主创新对制造业结构的作用受创新结构、创新类型、创新成果转化、创新溢出等因素的影响。从创新结构看，由于产业自主创新不仅促进产业增长，而且提高产业劳动生产率，不同产业自主创新对制造业结构变化的影响可能不同。低端技术产业自主创新促进产业增长可能提升低端技术产业比例，制造业结构会出现低度化趋势；高端技术产业自主创新促进产业增长可能提升高端技术产业比例，制造业结构不断趋于高度化。如果经济处于非均衡，低端技术产业自主创新提升劳动生产率，产业产值增长超过产业就业增长，制造业结构就趋于合理；高端技术产业自主创新提升劳动生产率，产业产值比例上升超过产业就业比例，制造业结构就趋于不合理。如果经济处于均衡，任何产业自主创新都会破坏产业间资源配置的均衡，生产要素会流向创新产业，直至产业间资源配置重新形成均衡，产业产值增长与就业增长相同，制造业结构仍是合理的。简要地说，无论经济是否均衡，低端技术产业自主创新可能导致制造业结构低度化但趋于合理，高端技术产业技术创新可能促进制造业结构高度化；只有在经济均衡条件下，高端技术产业技术创新才能促使制造业趋于合理，如果经济非均衡，高端技术产业创新促使制造业结构趋于不合理。

从要素使用来看，技术进步包括劳动偏向型（也称为资本节约型）技术进步和资本偏向型（也称为劳动节约型）技术进步，相应的，技术创新可以分为劳动偏向型技术创新和资本偏向型技术创新。劳动偏向型技术创新多发生在中低端技术产业，以劳动替代资本和提高劳动边际产出为重要特点。劳动偏向型技术创新促进产业发展可能不利于制造业结构高度化演进，但是无论经济是否均衡，劳动偏向型技术创新提高劳动生产率都会导致制造业结构趋于合理。资本偏向型技术创新多发生在中高端技术产业，以资本替代劳动和提高资本边际产出为重要特点。资本偏向型技术创新促进产业发展有利于制造业结构高度化演进。如果经济处于均衡状态，资本偏向型技术创新促进制造业结构趋于合理；如果经济处于非均衡状态，由于劳动生产率与制造产业技术密集度正相关，资本偏向型技术创新提高劳动生产率则会促进制造业结构趋于不合理。

产业自主创新投入或创新成果只有最终转化为生产技术并推广应用，才能实现产业技术进步，促进产业发展，促进产业结构不断变化。创新投入和成果转化投入都存在机会成本，因为任何产业的资本等要素资源都是有限的，进行创新或创新成果转化意味着减少当期生产投资，产出减少，即为创新或创新成果转化的机会成本；当然自主创新可以通过促进技术进步增加产出，但是自主创新投入或成果形成最终产品却存在诸多中间环节，充满不确定性，这就是说，只有产业自主创新增加产出超过机会成本，产业劳动生产率才显著提高，产业才能发展；否则，反之。如市场风险、市场机制不完善及风险投资缺失决定了发展中国家自主创新成果转化率和成功率低，自主创新投入或创新成果难以转化为最终产品，或者难以推广应用，自主创新投入或成果转化投资容易形成沉没成本；即使自主创新最终能应用于生产，也存在较长时滞。因此，由于存在机会成本，产业自主创新不一定能促进产业发展，甚至阻碍产业发展。具体来说，如果高端技术产业技术创新阻碍产业发展，高端技术产业比例下降，则不利于制造业结构高度化；如果低端技术产业自主创新阻碍产业发展，低端技术产业比例下降，则有利于制造业结构高度化；但是产业自主创新阻碍产业发展的结果使产业结构合理化的变化是不确定的。不同产业自主创新的市场风险、成功率是不同的,低端技术产业多是提供必需品,市场需求稳定且弹性小,高端技术产业多是提供非必需品,市场需求不稳定且弹性大,低端技术产业自主创新与高端技术产业比,市场风险低,成功率高,转化应用的时滞短,进一步说,低端技术产业自主创新对产业结构的影响比高端技术产业可能更大。

(二) 外资技术溢出的作用

如果外资技术在产业内发生溢出并促进产业技术进步,对制造业结构作用的性质与不考虑机会成本的产业技术创新是一致的。如果外资技术溢出发生在产业间,对制造业结构变化的作用与外资技术在产业内溢出的作用则不同。产业间外资技术溢出一般是技术水平高的产业对技术水平低的产业产生技术溢出,可以促进技术水平低的产业发展,不利于制造业结构高度化;如果经济处于均衡状态,产业间外资技术溢出引发生产要素在产业间重新配置,直至重新形成均衡,制造业结构仍是趋于合理,如果经济处于非均衡状态,产业间外资技术溢出提高了技术水平较低产业的劳动生产率,有利于制造业结构合理化。

外资不仅可能在产业内或产业间产生技术溢出促进产业技术进步来影响制造业结构,而且可能在产业内或产业间产生反向技术溢出影响制造业结构优化。外资企业为吸引本地技术人员,一般提供了比内资企业更高的工资,技术人员一般由本地企业向外资企业单向流动,内资企业技术知识会反向溢出。如果技术人员在产业内单向流动,外资技术反向溢出对制造业结构高度化合理化的影响是不确定的。如果技术人员由技术水平较高产业的本地企业流向技术水平较低产业的外资企业,不仅降低技术水平较高产业的创新能力,而且本地技术可能逆向溢出至外资企业,必然阻碍技术水平较高产业的发展,不利于制造业结构的高度化;外资在产业间发生负向技术溢出会阻碍技术水平较高产业的技术进步,有利于技术水平较低产业的技术进步,无论经济是否处于均衡状态,都有利于制造业结构的合理化。

(三) 自主创新和外资技术溢出的相互作用

自主创新需要科技知识累积为基础。一般来说,科技知识既可以依靠长期自我积累，也可以通过技术引进、消化、吸收积累。相应的，自主创新可以分为以自我累积为基础的自主创新和在引进技术基础上的自主创新。在自我累积基础上的自主创新，技术具有原创性，容易获得技术垄断优势，收益回报率高，但是周期长，市场风险大，成功率低，机会成本大；在引进技术基础上的自主创新，多是对现有生产技术进行改进创新，周期短，市场风险低，成功率高，但是同类技术多，竞争激烈，回报率低，机会成本小。依靠自我积累进行自主创新必须依赖科技知识的长期累积，发展中国家一般科技基础薄弱，与发达国家差距大，依靠自我积累进行自主创新难以在短时间内缩小与发达国家的差距，但是在引进技术基础上进行自主创新可以弥补科技基础薄弱的不足，获得自主创新的后发优势，因此，引进技术可以促进发展中国家的自主创新，进而加快制造业结构变迁。另外，外资带来的技术是已经应用于生产的技术，其产品已为市场接受，决定了在引进技术基础上的创新成果转化应用快，对制造业结构的作用更大。特别是，与依赖自我累积的自主创新相比，高端技术产业在引进技术基础上自主创新的成果转化率和成功率提升幅度明显高于低端技术产业，也就是说，在引进技术基础上进行自主创新有利于制造业结构高度化，但不一定有利于结构的合理化，因为本地企业不一定掌握产品生产链的核心技术，即高端技术产业劳动生产率上升幅度不一定高于低端技术产业。

外资技术溢出对制造业结构的影响取决于外资技术在产业内或产业间是否发生溢出，学术界对产业内或产业间是否存在外资技术溢出一直存在争议，Caves（1974）等利用制造行业面板数据检验支持外资技术溢出存在的观点，Aitken 和 Harrison（1999）等利用制造业面板数据检验则不支持外资技术溢出存在的观点。对相互矛盾的实证结论，一些学者深入分析了原因，认为本地企业的学习能力等是制约产业内或产业间外资技术溢出的重要因素（Kokko et al., 1996；Sjöholm, 1999；Liu et al. 2000；陈涛涛，2003）。研发不仅反映创新能力，也反映学习能力（Cohen 和 Levinthal, 1989）。自主创新能力越强，内外资企业竞争越激烈，外资企业越倾向使用先进技术；同时，本地企业学习能力越强，吸收、消化外资技术越充分，掌握外资技术的速度越快，自主创新两方面的影响都会促使外资企业技术更新升级速度加快，外资技术转移效应越大。反之，外资技术难以溢出。如果外资发生技术溢出就可能影响制造业结构的变化，否则，就不会影响制造业结构的变化。

不过，中高端技术产业外资企业为保持竞争优势，一般选择在母公司使用关键技术或核心技术以控制技术转移，在发展中国家的子公司多是承担劳动密集型或加工组装的生产环节，本地企业不仅无法通过学习获得关键技术或核心技术，而且由于缺乏技术基础，自主创新无法在关键技术或核心技术上突破，本地企业必须进口包含关键技术或核心技术的中间产品生产这类产品，创造的新价值少，投入增加，投入产出率不高，中高端技术产业劳动生产率提升幅度可能低于低端技术产业，结构偏离度和泰尔指数缩小，有利于制造业结构的合理化。

第五节 实证检验及结果

（一）计量模型

除了技术进步影响制造业结构外，钱纳里认为经济发展阶段是影响制造业结构变化的重要因素；文东伟等（2009）在实证检验外资技术溢出影响产业结构的模型中将经济发展水平作为控制变量。对外开放是影响中国制造业结构的重要因素，中国长期实行出口导向型产业政策，必然对制造业结构变动产生影响，陈继勇和盛杨怿（2009）检验外资技术溢出影响产业结构的模型将出口水平作为控制变量；实际上，进口包含核心技术的中间投入品如芯片、发动机可以支持中国一些高技术行业的发展，这就是说，进口可能对制造业结构变动具有重要作用。市场化则是提高和改善资源在产业间配置效率的必要条件。因此，本章构建实证检验技术进步影响制造业结构变化的模型考虑将经济发展水平、对外开放和市场化作为控制变量，计量模型如下：

$$indrs_{it} = c_i + \nu_t + \varphi_1 \cdot invp_{it} + \varphi_2 \cdot fdi_{it} + \varphi_3 \cdot open_{it} + \varphi_4 \cdot mark_{it} + \varphi_5 \cdot \ln pgdp_{it} + \mu_{it}$$

$$(7-2)$$

$$indrt_{it} = c_i + \nu_t + \varphi_1 \cdot invp_{it} + \varphi_2 \cdot fdi_{it} + \varphi_3 \cdot open_{it} + \varphi_4 \cdot mark_{it} + \varphi_5 \cdot \ln pgdp_{it} + \mu_{it}$$

$$(7-3)$$

$$indh_{it} = c_i + \nu_t + \varphi_1 \cdot invp_{it} + \varphi_2 \cdot fdi_{it} + \varphi_3 \cdot open_{it} + \varphi_4 \cdot mark_{it} + \varphi_5 \cdot \ln pgdp_{it} + \mu_{it}$$

$$(7-4)$$

i 表示第 i（$i=1$，…，30）个地区，因为西藏数据不全而未考虑；t 表示第 t（$t=1999$，…，2011）年；φ 为待估参数，c 为个体效应，ν 为时间效应，μ 为误差项。$indrs$、$indrt$ 和 $indh$ 分别表示制造业结构偏离度、泰尔指数和高度化。结构偏离度、泰尔指数均是反映制造业结构合理化的指标。干春晖等（2011）认为，结构偏离度测度产业结构合理化忽略了不同产业的重要程度，而且结构偏离度会引起研究不便，泰尔指数能更好地反映产业结构水平。我们不仅用结构偏离度测度产业结构合理化，而且采用泰尔指数测度产业结构合理化：

$$indrt = \sum_{j}^{n}(Q_j/Q)\ln(Q_j/L_j)/(Q/L) \qquad (7-5)$$

泰尔指数与结构偏离度性质一样，泰尔指数值与结构合理化负相关。采用两种方法测度制造业结构合理化，可以考察解释变量对不同方法测度的产业结构合理化的影响是否一致，以判断模型的稳健性。由于中国绝大多数地区中高端技术产业比例最高，调整制造业结构的重要目标是提升高端技术产业比例，借鉴干春晖等采用两类产业产值之比测度产业高度化的方法，$indh$ 采用高端技术产业销售收入与中端技术产业销售收入之比度量，以反映制造业技术密集度不断提升的趋势。

$invp$ 和 fdi 为核心解释变量。$invp$ 表示自主创新水平，一般而言，只有发明专利更能反映高层次技术能力，因此用授权发明专利测度自主创新，为避免异方差，采用千人拥有的授权发明专利数反映自主创新水平，专利和人口数据来自 2000～2012 年《中国统计年鉴》。fdi 表示外资参与度，用以测度外资技术溢出效应，利用外资水平可以从存量和增量两个角度理解，借鉴已有研究分别利用外商直接投资存量占 GDP 的比例（张天顶，2004）和当年利用外商直接投资占全社会固定投资的比例（赵奇伟和张诚，2007）反映，两种方法测度外资参与度分别表示为 $fdis$ 和 $fdif$；也有学者用外资企业就业比例测度外资参与度（Keller 和 Yeaple，2009），我们用三资企业就业占城镇就业比例衡量，表示为 $fdie$。用不同的方法测度外资参与度，可以依据外资技术溢出效应对制造业结构的影响是否一致进一步验证模型的稳健性。外资参与度分别表示为 $fdis$、$fdif$ 和 $fdie$，模型（7-2）相应地分为模型（7-2a）、（7-2b）和（7-2c）三种情况，与此相同，模型（7-3）和模型（7-4）相应地也分为三种情况。外资均按年均汇率折算为人民币,外资存量按张天顶(2004)提出的10%折旧率计算,截至 2008 年外资数据来自《新中国 60 年统计资料汇编》,2009~2010 年外资数据来自《中国商务年鉴》,2011 年数据来自资讯行网。全社会固定投资和 GDP 均来自 2000~2012 年《中国统计年鉴》。open、mark 和 pgdp 分别表示对外开放水平、市场化和经济发展水平,open 采用进出口占 GDP 比例测度,mark 采用非国有单位就业占全部就业比例测度,pgdp 采用人均 GDP 衡量,并取对数为 lnpgdp,以避免异方差;其中 2012 年各地区就业数据来自各地区统计年鉴,其余数据均来自《中国统计年鉴》。个别缺失数据采用插值法处理。

为进一步检验自主创新和引进技术可能通过相互作用对制造业结构变迁的影响,构建自主创新和外资参与度的连乘式 invp * fdi,因此模型(7 - 2)至模型(7 - 4)分别改进如下:

$$indrs_{it} = c_i + v_t + \beta_1 \cdot invp_{it} \cdot fdi_{it} + \beta_2 \cdot open_{it} + \beta_3 \cdot mark_{it} + \beta_4 \cdot \ln pgdp_{it} + \mu_{it}$$
(7 - 6)

$$indrt_{it} = c_i + v_t + \beta_1 \cdot invp_{it} \cdot fdi_{it} + \beta_2 \cdot open_{it} + \beta_3 \cdot mark_{it} + \beta_4 \cdot \ln pgdp_{it} + \mu_{it}$$
(7 - 7)

$$indh_{it} = c_i + v_t + \beta_1 \cdot invp_{it} \cdot fdi_{it} + \beta_2 \cdot open_{it} + \beta_3 \cdot mark_{it} + \beta_4 \cdot \ln pgdp_{it} + \mu_{it}$$
(7 - 8)

由于外资参与度采用三种方法测度,外资参与度与自主创新的连乘式分别表示为 $invp \times fdis$、$invp \times fdif$ 和 $invp \times fdie$,模型(7 - 6)分为模型(7 - 6a)、(7 - 6b)和(7 - 6c)三种情况,与此相同,模型(7 - 7)和模型(7 - 8)也分为三种情况。为避免外资参与度变量与自主创新变量相乘后数值过小,模型(7 - 6)至模型(7 - 8)中的外资参与度均用百分制表示。模型(7 - 6)和模型(7 - 7)主要是检验自主创新与外资技术溢出的相互作用对制造业结构合理化的影响,考察连乘式与自主创新或外资技术溢出对结构合理化的影响是否存在差异;模型(7 - 8)主要是检验自主创新与外资技术溢出的相互作用对制造业结构高度化的影响,考察连乘项与自主创新或外资技术溢出对结构高度化的影响是否存在差异。

表 7-3 Hausman 检验

模型	模型 (7-2a)	模型 (7-2b)	模型 (7-2c)	模型 (7-3a)	模型 (7-3b)	模型 (7-3c)	模型 (7-4a)	模型 (7-4b)	模型 (7-4c)
χ^2 统计量	18.651 (0.002)	7.945 (0.159)	19.938 (0.001)	10.300 (0.067)	3.339 (0.648)	7.608 (0.179)	2.773 (0.735)	3.633 (0.603)	3.821 (0.576)
模型	模型 (7-6a)	模型 (7-6b)	模型 (7-6c)	模型 (7-7a)	模型 (7-7b)	模型 (7-7c)	模型 (7-8a)	模型 (7-8b)	模型 (7-8c)
χ^2 统计量	8.366 (0.079)	5.354 (0.253)	25.284 (0.000)	3.671 (0.452)	3.523 (0.474)	5.830 (0.212)	4.412 (0.353)	3.721 (0.445)	3.777 (0.437)

注：括号内数值为 P 值。

（二）模型设定检验

面板数据模型可以分为多种类型，选择合适的模型类型进行估计才能得到无偏的、一致的、有效的估计结果。模型（7-2）至模型（7-4）、模型（7-6）至模型（7-8）是静态面板模型的最一般形式，均包含个体效应和时间效应，但模型是否存在个体或时间效应需要进行严格的检验。检验模型个体效应或时间效应时，必须确定不可观测效应是否与解释变量相关，即需要先进行固定效应和随机效应检验。

表 7-4 个体时间效应和序列相关检验

	模型 (7-2a)	模型 (7-2b)	模型 (7-2c)	模型 (7-3a)	模型 (7-3b)	模型 (7-3c)	模型 (7-4a)	模型 (7-4b)	模型 (7-4c)
$invp$	-0.376 (0.008)	-0.392 (0.015)	-0.386 (0.004)	-0.042 (0.010)	-0.039 (0.010)	-0.053 (0.001)	-0.586 (0.598)	0.324 (0.679)	0.260 (0.636)
$fdis$	-0.049 (0.659)	*	*	0.003 (0.793)	*	*	-1.208 (0.275)	*	*
$fdif$	*	-0.133 (0.666)	*	*	0.018 (0.436)	*	*	0.079 (0.952)	*
$fdie$	*	*	-0.299 (0.318)	*	*	-0.063 (0.039)	*	*	-1.171 (0.409)
$open$	0.100 (0.032)	0.107 (0.062)	0.120 (0.009)	0.008 (0.172)	0.007 (0.304)	0.016 (0.022)	-0.461 (0.018)	-0.528 (0.003)	-0.288 (0.092)
$mark$	-0.125 (0.180)	-0.131 (0.162)	-0.117 (0.191)	-0.010 (0.273)	-0.010 (0.293)	-0.008 (0.367)	-0.382 (0.014)	-0.342 (0.024)	-0.246 (0.038)
$lnpgdp$	-0.019 (0.319)	-0.019 (0.327)	-0.012 (0.598)	-0.003 (0.100)	-0.003 (0.136)	-0.002 (0.311)	0.116 (0.170)	0.061 (0.364)	-0.063 (0.334)

续表

	模型(7-2a)	模型(7-2b)	模型(7-2c)	模型(7-3a)	模型(7-3b)	模型(7-3c)	模型(7-4a)	模型(7-4b)	模型(7-4c)
$indrs_{t-1}$	0.913 (0.000)	0.894 (0.000)	0.903 (0.000)	*	*	*	*	*	*
$indrt_{t-1}$	*	*	*	1.093 (0.000)	1.098 (0.000)	1.080 (0.000)	*	*	*
$indh_{t-1}$	*	*	*	*	*	*	1.586 (0.000)	1.388 (0.000)	1.314 (0.000)
c	0.366 (0.048)	0.381 (0.048)	0.295 (0.141)	0.036 (0.103)	0.034 (0.149)	0.023 (0.310)	-1.285 (0.163)	-0.682 (0.352)	0.703 (0.321)
一阶自相关	-1.080 (0.279)	-1.100 (0.273)	-1.080 (0.278)	-0.940 (0.349)	-0.940 (0.350)	-0.940 (0.349)	-2.670 (0.008)	-2.540 (0.011)	-2.620 (0.009)
二阶自相关	0.910 (0.364)	0.920 (0.355)	0.910 (0.363)	0.810 (0.416)	0.810 (0.416)	0.810 (0.415)	-0.510 (0.609)	-0.560 (0.574)	-0.580 (0.501)
Sargan 检验	0.730 (0.391)	0.780 (0.378)	0.680 (0.411)	0.180 (0.668)	0.190 (0.662)	0.170 (0.681)	1.000 (0.318)	2.970 (0.085)	0.376 (0.153)
Hansen 检验	1.820 (0.177)	1.730 (0.188)	1.830 (0.176)	0.620 (0.431)	0.620 (0.430)	0.580 (0.445)	0.710 (0.398)	1.440 (0.230)	1.010 (0.604)

注：括号内数值为 P 值。

由 Hausman 检验结果表 7-3 可知，模型（7-2a）、模型（7-2c）和（7-6c）的 P 值均很小，拒绝原假设，即三个模型适用固定效应面板模型进行个体时间效应检验；模型（7-3a）的 P 值为 0.067，模型（7-6a）的 P 值为 0.079，其余模型的 P 值均大于 0.1，在 10% 及以上显著水平下接受原假设，即这些模型适用随机效应模型进行个体时间效应检验。从表 7-4 可知，模型（7-2）至模型（7-4）、模型（7-6）至模型（7-8）个体效应检验的 P 值均非常小，拒绝不存在个体效应的原假设；模型（7-2a）、模型（7-2c）、模型（7-4a）、模型（7-6）三种情况时间效应检验的 P 值大于 0.05 但小于 0.1，意味着在 10% 显著水平下接受不存在时间效应的原假设，其余模型时间效应检验的 P 值均大于 0.1，均接受不存在时间效应的原假设。

如果模型解释变量与残差存在相关，或者残差存在自相关，运用静态面板估计是无效的，运用动态面板则可以解决模型内生性和自相关性。采用 Breusch-Godfrey（简称 BG）检验法分别对包含个体效应的固定效应模型

（7-2a）、模型（7-2c）、模型（7-6c）和其他包含个体效应的随机效应模型进行检验表明，所有模型序列相关检验的统计量很大，P值很小，拒绝不存在序列相关的原假设。残差存在序列相关虽然可以得到无偏、一致的估计结果，但异方差导致估计结果不是有效的。这就是说，所有模型不适合静态面板估计，因此这些模型均适用动态面板进行估计。

表7-5 面板残差单位根检验

检验方法	模型(7-2a)	模型(7-2b)	模型(7-2c)	模型(7-3a)	模型(7-3b)	模型(7-3c)	模型(7-4a)	模型(7-4b)	模型(7-4c)
LLC	-13.033	-13.306	-13.132	-14.065	-14.078	-13.764	-10.222	-12.580	-11.322
Breitung	-6.301	-6.380	-6.236	-6.971	-5.793	-5.459	-2.568	-5.811	-5.250
IPS	-6.538	-6.493	-6.446	-6.949	-7.141	-6.828	-4.653	-6.464	-6.061
ADF	139.940	139.297	138.701	145.114	147.974	143.865	118.561	137.979	134.048
PP	172.529	169.868	168.986	164.710	167.250	164.154	181.889	206.622	212.315
Hadri	42.637	42.362	42.283	47.720	47.932	47.543	7.029	6.713	6.602
检验方法	模型(7-6a)	模型(7-6b)	模型(7-6c)	模型(7-7a)	模型(7-7b)	模型(7-7c)	模型(7-8a)	模型(7-8b)	模型(7-8c)
LLC	-13.395	-13.034	-13.050	-13.981	-14.088	-13.935	-13.080	-12.953	-12.815
Breitung	-6.663	-6.531	-5.755	-7.099	-7.368	-6.793	-7.646	-7.695	-7.351
IPS	-6.614	-6.587	-6.559	-6.922	-6.988	-6.843	-6.906	-6.803	-7.121
ADF	141.221	141.084	140.822	144.933	145.874	144.110	146.166	144.594	149.509
PP	172.202	168.254	167.553	167.101	168.739	163.623	230.409	222.239	231.259
Hadri	41.795	41.716	42.099	47.843	47.908	47.557	7.907	7.866	8.188

注：单位根检验类型均为含截距项和趋势项；表中数据为检验统计量，未列出P（均为0.000）值。

（三）估计结果

由于样本时间为1999~2011年，时间较短，故采用两步系统法对模型进行GMM估计，模型（7-2）至模型（7-4）估计结果列入表7-6，模型（7-6）至模型（7-8）估计结果列入表7-7。从表7-6和表7-7可以看出，这些模型二阶自相关检验的伴随概率均大于0.3，没有拒绝不存在二阶自相关的原假设；过度识别约束检验表明，仅模型（7-4b）Sargan检验伴随概率为0.085，小于0.1，在10%显著水平下不能拒绝原假设，其余模型Sargan检验和Hansen检验的伴随概率均大于0.1，不能拒绝原假设，这就是说，这些模型进行 GMM 估计的工具变量是有效的。运用 LLC、Breitung、IPS、ADF、PP、Hadri 等六种方法，分别对模型（7-2）至模型（7-4）、模型（7-6）至模型（7-8）GMM 估计得到的面板残差进行单位根检验。从表 7-5 可以看出，每个模型每类方法检验统计量的概率均小于 0.01，拒绝存在单位根的原假设，也就是说，这些模型 GMM 估计的残差是平稳的，这些模型的回归不是伪回归。因此，模型（7-2）至模型（7-4）、模型（7-6）至模型（7-8）设定为动态面板模型均是合理的。

从 GMM 估计结果来看，自主创新对制造业结构合理化具有促进作用，对制造业结构高度化没有显著影响；外资参与度对制造业结构合理化和高度化没有显著影响；自主创新和外资参与度的相互作用对制造业结构合理化和高度化均具有促进作用。具体来说，$invp$ 在模型（7-2）三种情况下为负值，显著水平为 1% 或 5%，意味着千人拥有的发明专利增加 1 项，制造业结构偏离度下降约 0.4；$invp$ 在模型（7-3）三种情况下均为负值，且显著水平为 1%，意味着千人拥有的发明专利增加 1 项，泰尔指数下降 0.04 左右；$invp$ 在模型（7-4）三种情况下均不显著，即自主创新对制造业结构高度化没有显著影响。采用三种方法测度的外资参与度在模型（7-2）至模型（7-4）中基本不显著，外资技术溢出对制造业结构合理化和高度化均没有显著影响。

表 7-6 模型（7-2）至模型（7-4）的 GMM 估计

	模型 (7-2a)	模型 (7-2b)	模型 (7-2c)	模型 (7-3a)	模型 (7-3b)	模型 (7-3c)	模型 (7-4a)	模型 (7-4b)	模型 (7-4c)
$invp$	-0.376 (0.008)	-0.392 (0.015)	-0.386 (0.004)	-0.042 (0.010)	-0.039 (0.010)	-0.053 (0.001)	-0.586 (0.598)	0.324 (0.679)	0.260 (0.636)
$fdis$	-0.049 (0.659)	*	*	0.003 (0.793)	*	*	-1.208 (0.275)	*	*
$fdif$	*	-0.133 (0.666)	*	*	0.018 (0.436)	*	*	0.079 (0.952)	*
$fdie$	*	*	-0.299 (0.318)	*	*	-0.063 (0.039)	*	*	-1.171 (0.409)
$open$	0.100 (0.032)	0.107 (0.062)	0.120 (0.009)	0.008 (0.172)	0.007 (0.304)	0.016 (0.022)	-0.461 (0.018)	-0.528 (0.003)	-0.288 (0.092)

续表

	模型(7-2a)	模型(7-2b)	模型(7-2c)	模型(7-3a)	模型(7-3b)	模型(7-3c)	模型(7-4a)	模型(7-4b)	模型(7-4c)
$mark$	-0.125 (0.180)	-0.131 (0.162)	-0.117 (0.191)	-0.010 (0.273)	-0.010 (0.293)	-0.008 (0.367)	-0.382 (0.014)	-0.342 (0.024)	-0.246 (0.038)
$\ln pgdp$	-0.019 (0.319)	-0.019 (0.327)	-0.012 (0.598)	-0.003 (0.100)	-0.003 (0.136)	-0.002 (0.311)	0.116 (0.170)	0.061 (0.364)	-0.063 (0.334)
$indrs_{t-1}$	0.913 (0.000)	0.894 (0.000)	0.903 (0.000)	*	*	*	*	*	*
$indrt_{t-1}$	*	*	*	1.093 (0.000)	1.098 (0.000)	1.080 (0.000)	*	*	*
$indh_{t-1}$	*	*	*	*	*	*	1.586 (0.000)	1.388 (0.000)	1.314 (0.000)
c	0.366 (0.048)	0.381 (0.048)	0.295 (0.141)	0.036 (0.103)	0.034 (0.149)	0.023 (0.310)	-1.285 (0.163)	-0.682 (0.352)	0.703 (0.321)
一阶自相关	-1.080 (0.279)	-1.100 (0.273)	-1.080 (0.278)	-0.940 (0.349)	-0.940 (0.350)	-0.940 (0.349)	-2.670 (0.008)	-2.540 (0.011)	-2.620 (0.009)
二阶自相关	0.910 (0.364)	0.920 (0.355)	0.910 (0.363)	0.810 (0.416)	0.810 (0.416)	0.810 (0.415)	-0.510 (0.609)	-0.560 (0.574)	-0.580 (0.501)
Sargan 检验	0.730 (0.391)	0.780 (0.378)	0.680 (0.411)	0.180 (0.668)	0.190 (0.662)	0.170 (0.681)	1.000 (0.318)	2.970 (0.085)	0.376 (0.153)
Hansen 检验	1.820 (0.177)	1.730 (0.188)	1.830 (0.176)	0.620 (0.431)	0.620 (0.430)	0.580 (0.445)	0.710 (0.398)	1.440 (0.230)	1.010 (0.604)

模型（7-6）和模型（7-7）中外资参与度与自主创新连乘式的系数均为负值，显著水平均为1%。模型（7-6）中 $fdis \times invp$、$fdif \times invp$ 和 $fdie \times invp$ 的系数分别为 -0.019、-0.037 和 -0.024，这就是说 $fdis \times invp$、$fdif \times invp$ 和 $fdie \times invp$ 分别增加1个单位，制造业结构偏离度分别下降0.019、0.037 和 0.024。模型（7-7）中 $fdis \times invp$、$fdif \times invp$ 和 $fdie \times invp$ 的系数分别为 -0.003、-0.005 和 -0.003，$fdis \times invp$、$fdif \times invp$ 和 $fdie \times invp$ 分别增加1个单位，说明泰尔指数分别下降0.003、0.005 和 0.003。进一步说，自主创新和外资技术溢出的相互作用促进了制造业结构的合理化。模型（7-8）中连乘式的系数均为正，显著水平达到5%，$fdis \times invp$、$fdif \times invp$ 和 $fdie \times invp$ 的系数分别为 0.035、0.059 和 0.048，表明 $fdis \times invp$、$fdif \times invp$ 和 $fdie \times invp$ 分别增加1个单位，制造业结构高度化分别上升0.035、0.059

和 0.048，因此自主创新与外资技术溢出的相互作用促进了制造业结构的高度化。

表 7-7 模型 (7-6) 至模型 (7-8) 的 GMM 估计

inds	模型(7-6a)	模型(7-6b)	模型(7-6c)	模型(7-7a)	模型(7-7b)	模型(7-7c)	模型(7-8a)	模型(7-8b)	模型(7-8c)
$fdis \times invp$	-0.019 (0.001)	*	*	-0.003 (0.002)	*	*	0.035 (0.034)	*	*
$fdif \times invp$	*	-0.037 (0.001)	*	*	-0.005 (0.001)	*	*	0.059 (0.024)	*
$fdie \times invp$	*	*	-0.024 (0.000)	*	*	-0.003 (0.000)	*	*	0.048 (0.016)
open	0.099 (0.009)	0.101 (0.011)	0.093 (0.004)	0.011 (0.049)	0.011 (0.050)	0.010 (0.042)	-0.048 (0.843)	-0.036 (0.874)	-0.094 (0.720)
mark	-0.131 (0.161)	-0.131 (0.161)	-0.124 (0.181)	-0.010 (0.250)	-0.011 (0.248)	-0.010 (0.284)	-0.051 (0.378)	-0.048 (0.419)	-0.057 (0.340)
$lnpgdp$	-0.016 (0.415)	-0.019 (0.324)	-0.020 (0.290)	-0.003 (0.134)	-0.004 (0.089)	-0.004 (0.099)	-0.013 (0.747)	-0.006 (0.877)	-0.003 (0.951)
$indrs_{t-1}$	0.890 (0.000)	0.890 (0.000)	0.903 (0.000)	*	*	*	*	*	*
$indrt_{t-1}$	*	*	*	1.083 (0.000)	1.084 (0.000)	1.090 (0.000)	*	*	*
$indh_{t-1}$	*	*	*	*	*	*	1.000 (0.000)	0.995 (0.000)	1.039 (0.000)
c	0.345 (0.055)	0.375 (0.037)	0.370 (0.042)	0.033 (0.132)	0.037 (0.080)	0.036 (0.090)	0.141 (0.795)	0.079 (0.879)	0.008 (0.989)
一阶自相关	-1.090 (0.276)	-1.090 (0.276)	-1.090 (0.277)	-0.940 (0.349)	-0.940 (0.349)	-0.940 (0.349)	-2.570 (0.010)	-2.630 (0.008)	-2.510 (0.012)
二阶自相关	0.920 (0.359)	0.920 (0.360)	0.910 (0.362)	0.810 (0.416)	0.810 (0.416)	0.810 (0.416)	-0.710 (0.475)	-0.690 (0.488)	-0.740 (0.457)
Sargan 检验	0.670 (0.413)	0.660 (0.415)	0.700 (0.402)	0.170 (0.676)	0.170 (0.678)	0.180 (0.672)	0.090 (0.759)	0.100 (0.754)	0.340 (0.557)
Hansen 检验	1.730 (0.188)	1.750 (0.186)	1.860 (0.173)	0.600 (0.439)	0.600 (0.439)	0.620 (0.430)	0.070 (0.797)	0.007 (0.792)	0.260 (0.610)

制造业结构合理化无论采用结构偏离度还是泰尔指数测度，自主创新对产业结构合理化具有显著的正面作用且完全一致；采用三种方法测度的

外资参与度对两种方法测度的制造业结构合理化的作用不显著且基本一致，对制造业高度化的作用均不显著且完全一致；采用三种方法测度的外资参与度分别与自主创新的连乘式对两种方法测度的制造业结构合理化具有显著正面作用且完全一致，对制造业高度化具有正面作用且完全一致。因此，模型（7-2）至模型（7-4）、模型（7-6）至模型（7-8）估计结果非常稳健。

（四）主要结论及解释

由实证结果可以得到以下几个主要结论：自主创新促进了制造业结构的合理化，但没有显著影响制造业结构的高度化；外资进入并没有通过技术溢出促进制造业结构变迁；外资技术溢出与自主创新的相互作用既促进了制造业结构的合理化，也促进了制造业结构的高度化。这些结论与已有理论研究的观点既有一致，也有不一致，其内在逻辑的合理性有待于揭示。我们认为可能的原因如下。

第一，自主创新对产业结构合理化和高度化的作用不同，可能与不同产业技术创新的作用差异有关。由于低端技术产业多是传统产业，市场需求较为稳定，技术创新成果转化的市场风险较低，成功率较高，技术创新更容易提高投入产出率，即单位投入创造的新价值（增加值）更大，劳动生产率提高幅度较大。中高端技术产业多是为满足较高层次的需求提供产品的产业，市场需求波动较大，技术创新成果转化的市场风险较高，成功率较低，技术创新提高投入产出率的幅度较小，即单位投入创造的新价值较小；尤其是，发展中国家技术基础薄弱，常常通过引进技术推动技术进步，但是仅仅获得一个产品生产链部分环节的生产技术，难以获取核心技术，无法掌握全部生产链的技术，许多技术含量高的中间投入品依赖进口，如李树培（2009）研究发现航空设备、精密仪器、医疗设备、工程机械等产业关键技术投入品的80%依赖进口，这必然导致投入增加，投入产出率不一定提高。这两方面的原因决定中高端技术产业技术创新提高劳动生产率的幅度可能较小。因此，自主创新提高低端技术产业劳动生产率的幅度可能超过中高端技术产业，结构偏离度和泰尔指数缩小，产业结构不断趋于合理。

表7-8显示，1999~2007年低端技术产业增加值率明显高于中高端技

术产业，即低端技术产业技术创新提高投入产出率的幅度大于中高端技术产业，低端技术产业劳动生产率提高幅度大于中高端技术产业，如2007年低端技术产业劳动生产率分别是1998年、1999年的3.2倍、2.76倍，高端技术产业劳动生产率分别是1998年、1999年的3.1倍、2.57倍①，这就是说，低端技术产业劳动生产率虽然低于高端技术产业，但是提高速度快于高端技术产业。如果从拥有发明专利数判断产业技术创新绝对水平，高端技术产业专利数远远超过制造业的一半，高端技术产业技术创新水平最高；从千人拥有发明专利数判断产业技术创新相对水平，表7-8中1999~2007年低端技术产业技术创新水平明显高于中高端技术产业，而技术创新相对水平对投入产出率和劳动生产率的作用更为显著。因此，技术创新提高低端技术产业劳动生产率的作用可能大于高端技术产业，促使制造业结构不断趋于合理。

技术创新提升低端技术产业投入产出率的作用大于中高端技术产业也意味着，低端技术产业新创造的价值可能增长更快，低端技术产业增加新创造的价值是否超过中端或高端技术产业，则取决于产业技术创新绝对水平、产业投资规模和投入产出率的共同作用，如果低端技术产业增加新创造的价值超过其他产业，技术创新可能导致低端技术产业比例上升，不利于制造业结构高度化。另一方面，由于产业结构高度化由产值比例变化决定，而产值等于中间投入加上增加值，技术创新推动技术进步直接影响增加值的变化，但是生产增加值必须以投入为基础，技术创新提高投入产出率也意味着单位产出的投入减少；进一步说，低端技术产业单位产出的投入减少大于中高端技术产业，技术创新增加低端技术产业的增加值超过中端或高端技术产业，并不意味着产值一定超过中端或高端技术产业，如果低端技术产业中间投入增加少于中端或高端技术产业，低端技术产业总产值增加可能低于中端或高端技术产业，则有利于制造业结构高度化。因此，技术创新对制造业结构高度化的影响是不确定的，在计量检验中可能表现为技术创新对制造业结构高度化的影响不显著。

自主创新对制造业结构高度化的作用不显著，可能还与中高端技术产业创新成果转化率有关。技术水平越高的技术创新成果收益越大，但是市

---

① 依据国研网规模以上工业企业数据计算。

场风险高、成功率低导致中高端技术产业自主创新成果应用转化率低。即使中端或高端技术产业自主创新成果多，投资规模大，应用转化率低决定中端或高端技术产业运用新技术创造的增加值不一定超过低端技术产业，自主创新对产业结构高度化的作用可能不显著。

表 7-8 不同产业增加值率和专利水平的比较

年份		1999	2000	2001	2002	2003	2004	2005	2006	2007	2008	2009	2010
增加值率	低端技术	0.285	0.286	0.291	0.294	0.294	*	0.301	0.304	0.304	*	*	*
	中端技术	0.254	0.247	0.254	0.260	0.263	*	0.249	0.251	0.255	*	*	*
	高端技术	0.255	0.256	0.254	0.256	0.255	*	0.251	0.251	0.253	*	*	*
千人专利数	低端技术	0.144	0.098	*	1.793	2.177	2.322	2.562	2.279	3.054	2.603	1.766	2.128
	中端技术	0.108	0.099	*	2.976	3.569	2.047	1.844	2.446	1.626	1.579	2.427	2.058
	高端技术	0.099	0.073	*	1.376	1.816	1.832	1.757	2.199	1.726	3.031	2.785	3.268

注：增加值率为规模以上企业统计口径，增加值和产值数据来自国研网；千人拥有发明专利数采用拥有发明专利除以就业人数获得，统计口径为大中型企业，专利和就业数据来自2001~2011年《中国科技统计年鉴》。

第二，自主创新和外资技术溢出相互作用促进制造业结构变化第一层含义是，只有在本地企业学习能力的作用下，外资在产业内或产业间才产生技术溢出并促进制造业结构合理化和高度化。这与国内外许多实证研究得出外资技术溢出效应受制于本地企业学习能力的结论是一致的，如 Kokko (1994) 认为外资技术溢出与本地企业学习能力有关，吕世生和张诚 (2004)、张海洋 (2005b)、赵增耀和王喜 (2007) 等实证发现本地企业技术创新反映的学习能力是影响外资技术溢出的重要因素。不过，这些研究并没有将外资技术溢出与制造业整体结构变化联系起来，而外资技术溢出影响产业结构变化的机理与外资在产业内或产业间的技术溢出机理并不完全相同。

一般来说，低端技术产业内外资企业技术差距小，竞争充分，而且表7-8数据表明低端技术产业增加值率和自主创新相对水平最高，这说明低端技术产业相对学习能力更强，更容易通过学习获得外资技术，投入产出率提高幅度较大；同时中高端技术产业可以通过学习和模仿获得外资技术，但是外资企业为控制技术外溢以保持技术垄断，一般不会在东道国使用核心技术进行生产，本地企业获得的技术多是劳动密集型环节或加工组装环节的生产技术，本地企业使用已掌握的外资技术进行生产，则常常进口包含核心技术的中间投入品，导致投入产出率下降，傅元海等（2010）实证研究验证了这一点。本地企业通过学习模仿获得外资技术的结果是低端技术产业劳动生产率提高幅度超过中高端技术产业，结构偏离度和泰尔指数缩小，制造业结构不断趋于合理。高端技术产业由于自主创新绝对水平高、投资规模大，可以弥补投入产出率偏低的不足，运用获得的外资技术生产增加值总量可能超过低端技术产业，高端技术产业产值比例上升，制造业结构不断高度化。因此，在本地企业学习能力作用下，外资产生技术溢出不仅可以促进制造业结构合理化，也可以促进结构高度化。

第三，自主创新和外资技术溢出相互作用促进制造业结构变化还有一层含义，在外资技术溢出的作用下，本地企业可以提高自主创新能力，促进制造业结构的合理化和高度化。外资进入产生的竞争效应，促使本地企业加快了自主创新；外资进入带来了技术，为本地企业自主创新提供更高的技术平台，有利于自主创新能力提升，技术更新改造加快，而且在外资竞争压力下或者在引进技术基础上的自主创新应用转化率高，有利于促进产业结构的变动。简单说，在外资技术溢出作用下，自主创新推动生产技术进步的作用扩大，与不考虑外资溢出效应条件下自主创新促进制造业结构合理化的机理基本相同，但是作用可能更大。因为技术创新成果及时应用于生产，中端或高端技术产业新技术应用创造的增加值可能超过低端技术产业，中端或高端技术产业产值比例就会上升，制造业结构不断趋于高度化。因此，在外资技术溢出的作用下，自主创新不仅可以促进产业结构合理化，也可以促进产业结构高度化。

第六节　简要总结及建议

理论上，技术进步是优化制造业结构的根本途径，但是技术进步对制造业结构合理化和高度化的作用可能并不一致，不同技术进步路径对制造业结构变动的影响也可能不一致。运用统计数据分析表明，无论是时间变化趋势还是区域比较，制造业结构变迁中结构合理化和高度化并不总是一致的。利用1999~2011年区域面板数据进行GMM估计发现，制造业结构合理化无论采用结构偏离度反映，还是采用泰尔指数反映，自主创新对制造业结构合理化均具有显著促进作用,但对制造业结构高度化的作用不显著;采用三种方法测度的外资参与度对结构偏离度、泰尔指数和结构高度化的作用均不显著;自主创新与外资参与度的交互作用既显著促进了制造业结构合理化,也显著促进了制造业结构高度化。采用不同方法测度被解释变量和解释变量得到一致结论,意味着模型估计结果非常稳健。

如何通过调整产业结构促进经济增长方式转变是中国当期面临的重要问题,实证研究表明,只有自主创新与外资技术溢出的相互作用推动技术进步,才是中国制造业结构优化的最优技术进步路径选择。因此,这一研究具有重要的政策意义。一方面,通过利用外资引进技术以促进制造业结构优化,是中国对外开放战略的重点,利用外资技术的同时必须加大自主创新的力度。因为自主创新反映的学习能力制约了外资技术溢出,当本地企业学习能力充分,可以通过消化、吸收、模仿获得外资技术,促进制造业结构优化;当本地企业学习能力缺失,即使外资带来先进技术,本地企业也无法消化、吸收外资技术,外资进入不能产生技术溢出以促进制造业结构优化。不仅低端技术产业要提高自主创新能力,而且中高端技术产业也要提高自主创新能力,特别是中高端技术产业中涉及核心技术的技术创新能力亟待提高,这种核心技术的学习能力的提高关乎外资技术溢出对制造业结构优化的积极作用。另一方面,利用自主创新促进制造业结构优化,也需要加大通过利用外资引进技术的力度。利用外资引进技术不仅可以为自主创新提供坚实的技术基础,弥补自主创新技术基础薄弱的不足,加快自主创新的速度,而且在消化、吸收、模仿外资技术基础上进行自主创新,可以降低创新成果应用转化的市场风险,提高成功率,既能发挥自主创新对制造业结构合理化的积极作用,也能发挥自主创新对制造业结构高度化的积极作用。在缺失外资技术条件下,自主创新可能促进产业结构合理化,不一定促进产业结构高度化。利用外资应着力提高外资技术含量,鼓励外资转移先进技术,如规定外资企业生产本地化程度,防范生产飞地化,促使外资企业将更多生产环节放在中国,因为中国外资企业生产本地化程度并不高,1995~2007年高技术产业外资企业生产本地化程度从 0.28 不断下降到 0.2[①],提高生产本地化程度可以扩大外资技术溢出效应,进而优化产业结构。

---

① 参见傅元海《中国外商直接投资质量问题研究》,经济科学出版社,2009,第 80 页表 4-9。

第八章

不同技术引进方式对中国经济增长效率的影响

本章提要 经济增长效率提高的根本途径在于技术进步,表现为投入产出率以及经济增长集约化水平的提高。技术引进是技术进步的重要路径,不同技术进步路径对经济增长效率的作用存在较大差异。本章基于中国 2000~2013 年 30 个省级地区的面板数据,采用系统广义矩估计(GMM)法实证检验进口、FDI 和购买国外技术等三种技术引进方式对中国经济增长效率的影响。结果表明:不同技术引进方式对经济增长效率的作用不同,其中进口技术溢出和 FDI 技术溢出显著阻碍了经济增长效率,购买国外技术则显著促进了经济增长效率。

第一节 引言

长期依靠投入驱动的粗放型发展方式导致一系列深层矛盾凸显。转换经济发展动力,提高经济增长质量和效益是中国当期及以后较长时期内经济发展的主轴,技术进步是转变经济发展方式、提高经济增长效率的根本途径。引进技术是技术进步的重要路径。不过,引进技术只有通过产业化才能提高投入产出率,才能提高经济增长效率。在一定条件下,由于本地学习能力、市场风险及引进技术与本地技术匹配程度等多种原因,引进技术并不一定能提高经济增长效率。技术引进支出水平高不一定投入产出率高，譬如 2005~2007 年通信电子设备制造业、交通运输设备制造业购买技术支出分别占该行业增加值的比例超过 1.5%，但增加值率分别低于 21%、27.6%；而医药制造业和饮料制造业购买技术支出分别占该行业增加值的比例低于 0.5%、0.95%，增加值率却分别超过 38%、36%。因此，引进技术力度大，并不一定意味着投入产出率高。理论界就引进技术对经济增长方式转变的作用并没有达成共识。

引进技术的方式主要有利用外资、进口和购买国外专利三种方式。现有研究成果主要讨论了技术引进对经济增长、全要素生产率等的影响，也有一些成果研究技术引进对经济增长效率的影响，但很少有学者将三种技术引进方式纳入同一个框架来比较不同技术引进方式对中国经济增长效率的影响。与现有文献相比，本章的创新点主要有以下两个方面：（1）理论上揭示进口、FDI 和购买国外技术等三种技术引进方式影响经济增长效率机理的差异，并剖析三种技术引进方式对经济增长效率作用的差异；（2）将三种技术引进方式纳入同一个实证分析框架，利用中国 2000~2013 年 30 个省级地区面板数据，运用系统 GMM 估计法实证考察不同技术引进方式对经济增长效率的影响差异。

第二节 文献综述

古典增长理论重视要素投入对经济增长的作用，实质上是数量增长理论；新古典增长理论和内生增长理论则重视技术进步对经济增长的作用，本质上是集约经济增长理论的形成和发展。从数量型增长向质量型和效益型增长转变，一个重要内容是降低投入、提高产出，直接表现为投入要素利用效率提高，即经济增长效率的提高。一些研究认为全要素生产率能反映要素的总体效率，即反映经济增长效率（王小鲁等，2009；蔡昉，2013）；但是全要素生产率的变化不能准确反映经济增长方式由粗放经营向集约型的变化，因为经济增长集约化由全要素生产率的增长率占 GDP 增长率的比例来测度，或者由全要素生产率的增长率与资本和劳动对 GDP 增长率的贡献之比测度（林毅夫和苏剑，2007；赵文军和于津平，2012；唐未兵等，2014）。这意味着全要素生产率增长并不意味着经济增长集约化水平提升，如全要素生产率增长率低于 GDP 增长率时，经济增长集约化水平下降。一般而言，经济增长集约化及中间投入产出率能更好地反映经济增长效率（沈坤荣等，2010；傅元海和王展祥，2013）。技术进步是提高经济增长效率的根本路径，技术引进是促进技术进步进而提高经济增长效率的重要途径。国内外不少研究成果讨论了技术引进对经济增长效率的影响，以下就单一技术引进方式和多种技术引进方式对经济增长效率的影响，对相关文献进行归纳和评价。

一 单一技术引进方式影响经济增长效率研究

研究国际技术扩散的文献虽然很多，但是多数局限于讨论国际技术单一扩散方式。这里从进口技术溢出、FDI技术溢出和购买技术三方面综述国际技术转移影响经济增长效率的相关研究。

一是进口技术溢出对经济增长效率的影响。这方面的研究主要探讨进口技术溢出对全要素生产率的影响。例如，Coe和Helpman（1995）、Xu和Wang（1999）、Keller（2002）利用OECD国家的面板数据，Schiff et al.（2002）利用发展中国家产业层面数据实证检验进口技术溢出对全要素生产率的影响；国内学者李小平和朱钟棣（2006）、王燕梅和简泽（2013）、景维民和张璐（2014）、陈启斐和刘志彪（2015）等利用中国的样本研究了进口技术溢出对全要素生产率的影响。因为全要素生产率并不能准确反映经济增长效率，因此不能依据进口技术溢出对全要素生产率的作用判断进口技术溢出对经济增长效率的作用。近年来有学者推进了这方面的研究，如戴翔和金碚（2013）利用中国行业面板数据，实证检验了进口技术溢出对经济增长集约化水平的影响。

二是FDI技术溢出对经济增长效率的影响。一些学者如Blomström（1989）认为国际直接投资是转移与扩散国际先进技术最显著的途径。研究FDI技术溢出的文献非常多，其中，研究FDI技术溢出影响经济增长效率的文献，主要讨论FDI技术溢出对全要素生产率的影响（Keller et al.，2008；Woo，2009；Salim，2013；黄志基等，2013；杨红丽和陈钊，2015）；近年来一些文献拓展了FDI技术溢出影响经济增长效率的研究，如讨论FDI技术溢出对投入产出率的影响（傅元海等，2010；沈坤荣和傅元海，2010），唐未兵等（2014）从理论上全面阐述了FDI技术溢出对经济增长效率的影响并进行了实证检验。

三是购买国外技术对经济增长效率的影响。相对于进口技术溢出和 FDI 技术溢出研究，有关国外技术引进影响经济增长效率的研究不多，这方面的研究主要局限于讨论购买国外技术对全要素生产率的影响（Eaton and Kortum，1996；Hu et al.，2005；吴延兵，2008；程惠芳和陆嘉俊，2014），很少有文献将购买国外技术与投入产出率或经济增长集约化联系起来。特别是，考察单一技术引进方式影响经济增长效率的文献，无法比较不同技术引进方式影响经济增长效率的差异。

二　两种技术引进方式对经济增长效率的影响

在研究技术引进影响经济增长效率的文献中，也有一些学者讨论了两种技术引进方式对经济增长效率的影响。这方面的研究主要讨论进口技术溢出和 FDI 技术溢出对全要素生产率的影响，但是国内外研究均没有得出一致性结论。国外学者 Pottelsberghe 和 Lichtenberg（2001）基于改进的 Coe 和 Helpman 模型，实证考察了欧盟 11 国、美、日，发现进口技术溢出对全要素生产率具有显著促进作用，而 FDI 技术溢出对全要素生产率的作用不显著；Gwanghoon（2006）利用 OECD 16 个国家的面板数据进行研究的结论则相反，FDI 技术溢出显著促进了全要素生产率，而进口技术溢出对全要素生产率的影响不显著。国内研究结论也不一致，黄先海和张云帆（2005）、李杏和 Chan（2009）将进口和外资纳入同一个实证模型后研究发现，进口技术溢出和 FDI 技术溢出均促进了中国全要素生产率的提高；黄凌云等（2007）对中国的实证研究验证了 Pottelsberghe 和 Lichtenberg 的结论；王英和刘思峰（2008）对中国进行实证研究的结论与 Gwanghoon 的一致；谢建国和周露昭（2006）考察了两种技术引进方式对中国技术效率的作用，认为存在区域差异；朱平芳和李磊（2006）则发现两种技术引进方式对中国全要素生产率的作用因企业类型不同而有所差异；王燕梅和简泽（2013）研究发现进口技术溢出和 FDI 技术溢出对全要素生产率的作用因行业而异。上述研究没有涉及两种技术引进方式对经济增长集约化或投入产出率的影响，近年来赵文军和于津平（2012）的研究则拓展了技术引进影响经济增长效率的研究，利用中国 2000～2010 年 30 个工业行业面板数据，检验了两种技术引进方式对经济增长集约化水平的作用，发现进口技术溢出和 FDI 技术溢出对经济增长集约化水平有正向影响。这些研究没有考察购买国外技术与其他技术引进方式影响经济增长效率的差异。

综上所述，研究技术引进影响经济增长效率的文献，主要集中讨论单一技术引进方式对全要素生产率的影响，少数文献讨论进口技术溢出和FDI技术溢出对全要素生产率的影响，直接讨论技术引进影响经济增长集约化或投入产出率的文献并不多，特别是考察进口技术溢出、FDI技术溢出和购买国外技术对经济增长集约化或投入产出率之影响的文献罕见。为弥补现有研究的不足，本章将进口、FDI和购买国外技术纳入统一分析框架，考察三种技术引进方式影响中国经济增长效率的差异，以期深化技术引进影响经济增长效率的研究。

第三节　机理分析

随着国际分工的不断深化和经济全球化水平的迅速提高，国际技术转移和扩散愈来愈成为世界技术进步的重要源泉。研究表明，100多年来，OECD国家全要素生产率增长的90%以上来自技术引进（Madsen，2007）。国际贸易、技术转让协议和国际直接投资是国际技术转移与扩散的三种主要方式。受技术转让性质、信息不对称等因素影响，不同技术引进方式影响东道国经济增长效率的机理不同。

一　进口技术溢出影响经济增长效率的机理

国际贸易中的中间产品和资本品等是物化型技术转移的主要载体。中间产品和资本品常常包含先进技术，因为中间产品和资本品一般是进口国现有技术水平不能生产的。进口主要通过示范和竞争两种途径影响进口国的技术水平，进而影响经济增长效率。进口中间产品和资本品通过示范途径可能为进口国企业带来模仿先进技术的机会；如果进口国与出口国技术差距小，特别是进口国有学习能力，那么通过"逆向工程"破解蕴含在进口品中的先进技术，便能掌握先进技术。进口中间产品和资本品通过竞争途径可能促进进口国技术进步，因为进口中间产品和资本品给进口国生产类似产品的企业带来竞争压力，进口国企业为增加市场份额或者模仿进口品的技术，或者加大直接购买技术的力度，或者加大研发投入力度，以提升企业技术水平。无论进口通过示范效应还是通过竞争效应推动进口国技术进步，进口国都可以利用获得的技术生产新的中间产品、增加中间产品数量，进而延长价值链，或者提高资本品和中间产品的质量，提升产品价值，提升投入产出率，提高经济增长效率。

进口也可能抑制经济增长效率，因为中间产品或资本品技术含量高且价值高，若进口则意味着投入增加，投入产出率下降，从而抑制经济增长效率。特别是，进口虽然蕴含最新技术，但是进口国因为多种因素制约难以破解技术，无法促进经济增长效率的提高。首先，从产品生命周期理论看，创新国或者技术水平高的国家出口高技术含量的中间产品或资本品，进口国的技术水平一般明显低于出口国，也就是说进口国因为技术差距缺乏学习能力，难以获得进口品的技术，不能产生技术溢出，从而无助于经济增长效率的提高。其次，进口可能产生路径依赖，因为技术含量高的进口品应与其上下游投入品相匹配，以保证产品性能和质量，可能引发产品价值链中更多中间产品的进口，企业生产可能形成进口路径依赖，不仅难以产生技术溢出，而且投入增加导致投入产出率下降，这两方面都不利于经济增长效率的提高。最后，信息不完全和大量缄默知识的存在，导致难以通过"逆向工程"成功破解进口品的技术信息，反而因为破解技术投入资金和人力而减少产出，表现为进口可能阻碍经济增长效率提高。另外，进口中间产品可能是为降低成本而进行全球化生产的结果，中间产品的技术含量低，不能产生技术溢出进而提高经济增长效率。

二 外资技术溢出影响经济增长效率的机理

随着生产日益全球化，服务于生产的研发也不断全球化，作为一揽子资源载体的国际直接投资蕴含的先进技术和知识也越来越多。除了示范和竞争外，外资还通过关联和人力资本流动等途径产生技术溢出，进而影响经济增长效率。外资企业不仅通过生产的产品产生示范效应，更主要的是通过在生产过程中使用技术产生示范效应。东道国本地企业通过参观、访问等近距离观察，可以获得部分相关技术信息。最重要的是外资企业雇用的本地技术人员在生产过程中"干中学"，极大程度上降低了信息不对称，不仅可以获得显性技术知识，而且可以获得大量的缄默知识。外资企业的本地雇员与本地企业雇员进行交流，或者直接流向本地企业，可使本地企业获得外资企业携带的技术。本地企业从外资企业的示范效应和人力资本流动效应中获得技术，本质上是模仿外资企业技术。本地企业模仿外资企业技术能否提高经济增长效率，与外资企业技术性质以及本地技术能力等密切相关。如果外资企业带来先进技术，而且本地企业有足够的学习能力，则可以促进东道国技术显著进步，提高经济增长效率；本地企业若没有足够的学习能力，反而可能导致东道国技术人员流失，降低东道国技术创新能力，抑制东道国技术进步进而妨碍经济增长效率提升。如果外资企业为保持技术垄断，将高附加值生产环节留在母公司，仅将低附加值生产环节或劳动密集型生产环节安排在海外，那么东道国虽然获得外资技术，但是难以获得核心技术或关键技术。东道国运用获得的外资技术进行生产，包含核心技术或者关键技术的中间产品则可能依赖进口，导致投入增加，投入产出率下降，经济增长效率下降。

外资进入产生的竞争效应，对东道国经济增长效率的作用也是不确定的。外资进入对东道国本地同类企业产生竞争压力，本地企业迫于竞争压力模仿学习外资技术，或者加大技术创新力度，或者加大技术引进力度。无论本地企业选择哪种技术进步路径，只要能显著提高关键技术或核心技术水平，经济增长效率就会提高。如果本地企业的技术创新短期内难以突破核心技术或关键技术，仅能掌握低附加值生产环节的技术，那么包含核心技术或关键技术的中间产品则需要依赖进口，导致投入产出率下降，经济增长效率下降。为保持技术垄断，技术领先国家常常严格控制技术转移与扩散，引进技术的国家难以引进核心技术或关键技术，而运用引进技术进行生产需要进口高质量的原材料和中间产品，致使投入增加，投入产出率下降。外资企业通过后向关联可提高东道国经济增长效率，因为外资企业对产品质量要求高，对本地企业提供技术支持，以保证本地企业所生产上游投入品符合其质量要求。产品质量提高则附加值提高，投入产出率提高，经济增长效率提高。因此，外资进入通过示范效应、竞争效应、关联效应和人力资本流动效应产生技术溢出，并不一定能促进东道国经济增长效率提升。

三 购买国外技术影响经济增长效率的机理

技术许可和转让是国际技术扩散最直接的方式。企业一般仅购买产品价值链某一环节或少数环节的技术。如果企业购买的技术与产品价值链其他环节技术相匹配，则产品质量可得到显著提高，产品价值提升，投入产出率上升，经济增长效率提高。因为技术复杂度日趋提高，产品生命周期受电子信息技术革命和全球市场激烈竞争的影响而日趋短暂，所以购买国外技术对经济增长效率的作用是不确定的。购买技术获得的主要是显性技术，大量的缄默知识无法获得；特别是，随着技术日益复杂化，企业对购买的技术难以消化吸收，难以将其本地化。企业所拥有的产品价值链其他环节技术与购买技术不匹配，可直接导致产品合格率下降，投入产出率下降。当然企业为提高产品合格率，可能进口与购买技术相匹配的上下游投入品，从而导致投入增加，投入产出率下降。电子信息技术革命和全球市场竞争日趋激烈，对购买技术者可能产生不利的影响，因为当技术购买方掌握该技术时，技术转让方则会采用更先进的技术，技术购买方发现引进的技术已经落后并缺乏竞争力，则会引进更先进的技术。如此循环反复，技术更新速度加快，产品生命周期缩短。技术购买方为获得竞争力，不断放弃已经掌握的引进技术而购买新技术，会形成巨大的沉没成本，致使投入增加，投入产出率下降，经济增长效率下降。

第四节　研究框架

一　计量模型构建

除技术引进影响经济增长效率之外，影响经济增长效率的因素还有很多。例如，樊纲等（2011）认为市场化程度、受教育程度和城镇化程度等也是影响经济增长效率的重要因素。理论分析表明，这些因素通过影响全要素生产率影响经济增长效率。假定这些因素和全要素生产率均为时间的线性函数，则全要素生产率与这些因素的关系可表示为：

$$tfp(t) = e^{imp(t)+fdi(t)+tech(t)+mark(t)+edu(t)+urban(t)} \qquad (8-1)$$

tfp 表示全要素生产率，imp 为进口技术溢出，fdi 为外商直接投资技术溢出，$tech$ 为购买国外技术，$mark$ 为市场化，edu 为人力资本，$urban$ 为城镇化水平。对式（8-1）取对数并对时间求导得：

$$gtfp = d(tfp)/tfp = imp + fdi + tech + mark + edu + urban \qquad (8-2)$$

$gtfp$ 表示全要素生产率的增长率。根据唐未兵等（2014）测算经济增长集约化方法，本章选取全要素增长率对经济增长贡献率与要素增长对经济增长贡献率之比作为衡量经济增长效率的指标：

$$gq = (gtfp/g)/[(\alpha l + \beta k)/g] = gtfp/(\alpha l + \beta k) \quad (8-3)$$

gq 表示经济增长集约化水平，g 表示 GDP 增长率，l 和 k 分别表示劳动和资本增长率，α 和 β 分别表示就业和资本的产出弹性。由此可见，影响 $gtfp$ 的因素必然会影响 gq，因此可得不同技术引进方式影响经济增长集约化的模型。根据式（8-2）和式（8-3）可得式（8-4）：

$$gq_{it} = \lambda_1 imp_{it} + \lambda_2 fdi_{it} + \lambda_3 tech_{it} + \lambda_4 mark_{it} + \lambda_5 edu_{it} + \lambda_6 urban_{it} + c + u_{it} \quad (8-4)$$

i 表示第 i 个地区（i = 1，2，…，30，西藏因数据不全而未考虑），t 表示第 t 年（t = 2000，…，2013），c 为截距，u 为残差。

二 变量测度

经济增长集约化水平（gq）采用唐未兵等（2014）的方法测度。imp 表示进口依存度，测度进口技术溢出，采用地区进口总额占地区生产总值的比值测度；fdi 表示外资参与度，测度外资技术溢出效应，采用地区外商直接投资总额占全社会固定投资总额的比值测度；$tech$ 表示购买国外技术力度，采用工业企业技术引进支出占工业企业总产值比例度量，为避免数值太小，乘以 100%；$mark$ 表示市场化，采用地区国有企业就业人数占地区城镇就业人数的比值测度；edu 是人力资本，用地区百人拥有大学生人数测度；$urban$ 是地区城镇化水平，用分地区年末城镇人口比重来测度。

三 数据说明

进口数据为经营单位所在地进口总额，并按年均汇率换算为人民币，进口、就业城镇人口比例、人口、地区生产总值、汇率等数据来自《中国统计年鉴》；测算经济增长集约化水平需要的 1999~2011 年资本存量数据由唐未兵等（2014）提供；近几年固定资本形成额、固定资产价格指数等数据来自《中国统计年鉴》；资本存量按上述文献的方法测算。外商直接投资数据来源于商务部网站，按年均汇率换算为人民币。技术引进费用来源于

《中国科技统计年鉴》，2000~2003年和2003~2007年统计口径为各地区大中型工业企业的技术引进费用，2004年和2008~2013年统计口径为各地区规模以上工业企业的技术引进费用。高等教育人数来自《中国教育统计年鉴》。

规模以上工业企业工业增加值和规模以上工业企业工业总产值数据均来源于各省统计年鉴。因为年鉴缺失山西省2012年和2013年、河南省2012年和2013年以及湖南省2013年规模以上工业企业工业总产值数据，为保持统计口径一致，以上数据根据产销率＝工业销售产值/工业总产值×100%测算，产销率和工业销售产值数据均来源于各省统计年鉴；因为年鉴缺失天津2009~2013年、重庆2011~2013年规模以上工业企业工业增加值数据，为保持统计口径一致，以上数据根据中宏数据库规模以上工业企业增加值增长率推算，具体过程如下：当年工业增加值＝上一年工业增加值×当年规模以上工业企业增加值增长率。综上所述，统计口径变化、数据缺失对投入产出率的测算影响不大。

第五节　实证结果分析

一　实证结果

经济增长效率常常具有连续性，即某期经济增长效率对以后若干期经济增长效率产生影响，表现为被解释变量存在自回归，也就是说，模型（8-4）应该增加滞后的被解释变量。虽然解释变量矩阵Kappa值为18.78，且在所有解释变量中，最大的方差膨胀因子为4.01，可以认为模型（8-4）不存在严重共线性①，即估计结果不会因为共线性产生严重偏误，但是也不能满足解释变量相互独立的条件，不能排除解释变量与残差的关联性，也就是不能排除解释变量的内生性。因此，为解决内生性问题，本章采用系统GMM估计法对模型（8-4）进行估计，实证结果见表8-1。从表8-1

---

① Kappa值常用来判断所有解释变量之间是否存在多重共线性，一般低于100被认为不存在多重共线性；方差膨胀因子则用来判断单个解释变量与其他解释变量之间的共线性，低于15被认为不存在共线性。

可知，二阶自相关检验的 χ^2 统计量为 -1.1，远远大于10%显著水平下的临界值，接受不存在二阶自相关的原假设；Hansen 检验统计量为25.76，明显大于10%显著水平下的临界值，接受不存在过度识别约束的原假设，即模型设定为动态面板是合理的。

表 8-1 模型 (8-4) 的系统 GMM 估计

解释变量	系数	标准误	Z 统计量	P 值
imp	-0.4952	0.2211	-2.2400	0.0250
fdi	-3.0803	0.4679	-6.5800	0.0000
$tech$	0.5867	0.1369	4.2900	0.0000
$mark$	2.9411	0.2011	14.6200	0.0000
edu	-35.5124	3.2014	-11.0900	0.0000
$urban$	1.0818	0.1654	6.5400	0.0000
gq_{t-1}	-0.0028	0.0002	-13.6000	0.0000
一阶自相关检验			-1.0700	0.2870
二阶自相关检验			-1.1000	0.2820
Hansen 检验			25.76	0.2620

所有解释变量回归系数都是显著的，imp 的系数为 -0.4952，显著水平为5%，在其他因素不变的条件下，进口总额占地区生产总值的比例提高 0.1 个百分点，经济增长集约化水平下降 0.0495，即进口产生负技术溢出效应，抑制了经济增长集约化水平的提升；fdi 的系数为 -3.0803，显著水平达到1%，在其他因素不变时，外资参与度提高 0.1 个百分点，经济增长集约化水平下降 0.308，也就是说，外资产生负技术溢出效应，抑制了经济增长集约化水平的提升；$tech$ 的系数为 0.5867，显著水平为1%，其他因素不变时，技术引进费用占总产值比例提高 1 个百分点，经济增长集约化水平提升 0.0587，可以说购买国外技术能促进经济增长集约化水平提升。因此，三种技术引进方式中，进口和利用外资产生负技术溢出效应，阻碍中国经济增长集约化水平提高；购买国外技术则可促进经济增长集约化水平提高。

二 稳健性分析

为考察估计结果的稳健性，借鉴傅元海等（2010）的方法，采用投入产出率测度经济增长效率。中间投入产出率＝增加值／（总产值－增加值＋增值税）。由于增值税相对于总产值和增加值很小，所以直接采用增加值率（表示为 rvad）测度中间投入产出率。因此，将模型（8－4）的被解释变量采用工业增加值率测度，并将模型设定为动态面板模型：

$$rvad_{it} = \gamma_0 \times rvad_{it-1} + \gamma_1 \times imp_{it} + \gamma_2 \times fdi_{it} + \gamma_3 \times tech_{it} + \gamma_4 \times mark_{it} + \gamma_5 \times edu_{it} + \gamma_6 urban_{it} + c + u_{it} \tag{8-5}$$

采用方差膨胀因子法检验发现，模型（8－5）的解释变量也不存在严重共线性。采用系统 GMM 估计法对模型（8－5）进行估计的结果见表 8－2。二阶自相关检验的 χ^2 统计量为 1.08，大于 10% 显著水平下的临界值，接受不存在二阶自相关的原假设；Hansen 检验统计量为 27.22，大于 10% 显著水平下的临界值，接受不存在过度识别约束的原假设，因此模型设定为动态面板是合理的。

表 8－2　模型（8－5）的系统 GMM 估计

解释变量	系数	标准误	Z 统计量	P 值
imp	－0.0308	0.0102	－3.0200	0.0030
fdi	－0.0463	0.0157	－2.9600	0.0030
$tech$	0.0180	0.0032	5.6800	0.0000
$mark$	0.0877	0.0060	14.6500	0.0000
edu	－1.7208	0.2263	－7.6100	0.0000
$urban$	－0.0592	0.0086	－6.8700	0.0000
gq_{t-1}	0.0813	0.0043	18.7300	0.0000
一阶自相关检验		－1.0800		0.2820
二阶自相关检验		1.0800		0.2780
Hansen 检验		27.22		0.2030

所有解释变量回归系数的显著水平均达到 1%，三种技术引进方式的符号与模型（8－4）一致。imp 的系数为 －0.0308，在其他因素不变的条件下，进口依存度提高 0.1 个百分点，工业增加值率下降 0.0662，即通过进口引进技术抑制了工业投入产出率的提升；fdi 的系数为 －0.0463，在其他因素不变时，外资参与度提高 0.1 个百分点，工业增加值率下降 0.0046，利用外资引进技术也抑制了工业投入产出率的提升；$tech$ 的系数为 0.0180，其他因素不变时，

技术引进费用占总产值比例提高1个百分点，工业增加值率提升0.02，购买国外技术能促进工业投入产出率的提升。因此，三种技术引进方式对工业投入产出率的影响与模型（8-4）完全一致，进口和利用外资引进技术均阻碍经济增长效率的提高，而购买国外技术可促进中国经济增长效率提高。以上说明，模型（8-4）估算的三种技术引进方式对经济增长集约化水平的作用是可信的。

三 实证结果的解释

通过进口和外资引进技术阻碍了中国经济增长效率的提高，只有购买国外技术才能促进中国经济增长效率提升，有其内在的合理性。

进口对中国经济增长效率具有抑制作用的原因可能有以下几方面。一是进口中间产品和机器设备，会增加投入，导致投入产出率降低，进而抑制经济增长效率的提升。二是所进口中间产品和机器设备的质量较高，本地生产产品价值链其他环节的中间品质量与进口品不匹配，导致产品质量下降或者产品合格率下降，进而导致经济增长效率下降。三是进口的中间产品和机器设备是中国本地企业现有技术能力无法生产的，本地企业和国外企业技术差距过大。本地企业无法获得进口产品的技术，反而投入大量的人力和经费，导致直接用于生产的资源减少，在要素边际产出大于0的条件下，产出下降。用于学习中间产品和机器设备技术的劳动和投资，因为没有带来相应的产出而成为沉没成本，造成经济增长效率下降。四是由于信息不对称和大量缄默知识的存在，中国企业通过"逆向工程"难以破解进口品的技术，"逆向工程"耗费的劳动和投资没有产生相应的产出，甚至成为沉没成本，致使经济增长效率下降。

外资抑制中国经济增长效率的原因可能有以下几方面。一是外资企业为保持技术垄断，严格控制先进技术扩散。中国的子公司一般使用成熟技术进行生产，或者仅承担加工组装环节或低附加值环节的生产。中国本地企业通过"干中学"仅能获得劳动密集型产品或劳动密集型生产环节的技术，或者获得高技术含量产品低附加值环节的技术。本地企业运用掌握的外资技术进行生产，包含关键技术或核心技术的中间产品则依赖进口，或者必须进口更先进的机器设备，增加投入，从而导致投入产出率降低，经济增长效率下降。二是外资进入产生的竞争压力，迫使本地企业提高产品质量，进而加大机器设备和高质量投入品的进口力度，致使投入增加，投入产出率下降，经济增长效率下降。另外，外资企业进入挤占了本地企业的市场份额，减少了本地企业的利润，降低了本地企业研发能力，阻碍了本地企业技术进步，抑制了中国经济增长效率的提升。三是外资进入后以高薪雇用中国本地技术人员，可能导致中国技术知识反向溢出至外资企业，提高外资企业的竞争能力，削弱本地企业赢利能力。技术人员流失和赢利能力下降，将同时降低本地企业技术创新能力，阻碍中国技术进步，抑制中国经济增长效率的提高。四是外资企业利用技术优势控制中国本地企业的技术进步，可能阻碍中国经济增长效率的提高。具体来说，外资企业进入中国后，使用领先本地企业的技术，以保持竞争优势；本地企业投入劳动和资本学习并掌握外资技术后，外资企业更新技术，继续领先本地企业，以维持竞争优势；本地企业来不及使用刚刚掌握的外资技术，重新投入劳动和资本学习外资新使用的技术，如果外资企业发现本地企业又掌握其使用的技术，则继续更新技术。如此往复，本地企业投入大量资源学习外资技术但没有运用并增加产出，形成巨大的沉没成本，造成经济增长效率下降。

购买国外技术可促进中国经济增长效率提升的主要原因可能有以下几点。一是企业购买国外技术往往是为突破技术或产品质量瓶颈，也就是说，本地企业所购买技术是其最需要的技术，而且与产品价值链其他环节的技术相吻合，有利于提高产品的价值，促进经济增长效率提高。二是本地企业购买的技术与其自有技术差距不大。本地企业购买国外技术后，如果发现自有技术生产的投入品质量与购买技术生产的投入品质量不一致，便会改进自有技术，提高产品价值链各个环节的技术水平，保持所有投入品质量一致，从而提高产品质量，提升产品价值，促进经济增长效率提高。三是如果所购买技术容易被本地企业消化吸收，不仅可提升本地企业技术进步效应，而且可为本地企业技术创新提供基础。因为本地企业在学习引进技术基础上进行技术创新，具有后发优势，能降低创新成本，降低风险，缩短创新时间，提高技术创新水平，进而提高经济增长效率。

第六节　结论与政策建议

技术进步是提高经济增长效率的根本途径，技术引进是技术进步的重要途径之一。理论分析表明，不同技术引进方式既可能促进经济增长效率的提高，也可能抑制经济增长效率的提高。本章利用 2000~2013 年中国 30 个省级地区的面板数据，采用系统 GMM 估计方法进行实证检验发现，进口和外资两种技术引进方式阻碍了中国经济增长集约化水平的提升，购买国外技术显著促进了中国经济增长集约化水平的提升。进一步采用工业投入产出率度量经济增长效率发现，三种技术引进方式对投入产出率的作用与对经济增长集约化水平的作用是一致的，表明实证结果是稳健的。

引进技术是中国技术进步和经济增长效率提高的重要路径，但是引进技术对经济增长效率的作用由于受多种因素的制约而面临诸多不确定性。应该大力鼓励企业购买国外技术，因为企业常常知道产品生产的技术瓶颈和产品质量的瓶颈，购买技术时不会盲目引进明显高于自身技术水平的技术，也不会引进落后于自身技术水平的技术，而是常常选择适宜自身的技术，进而有效地突破生产技术瓶颈和产品质量瓶颈，提升产品质量，提高产品价值，促进经济增长效率提升。通过进口和利用外资引进技术促进经济增长效率提高，应着力提高本地企业技术能力和人力资本水平，特别是提高核心技术能力和关键技术能力。只有这样，本地企业才能破解进口品包含的技术，才能与外资企业进行有效竞争，进而加快技术转移与扩散，提高产品的附加值，促进经济增长效率提升。另外，应加大力度改变在中国的外资企业处于全球价值链低端的状况，规定外资企业在中国创造附加值的比例，提高外资企业生产的本地化程度，使本地雇员在外资企业生产过程中通过"干中学"接触更多的技术信息，特别是接触外资企业产品价值链中高附加值环节的技术。本地企业学习并掌握外资技术，可以大幅提高产品的附加值，即提高经济增长效率。

第四篇

外商直接投资与技术创新

第九章

知识产权、人力资本与外资企业研发水平

——基于知识产权保护和就业流动约束的检验

本章提要 本章利用 2003~2008 年区域面板数据，采用分组检验和构造连乘变量的方法，研究了知识产权保护和就业流动约束下的研发人力资本对外资企业研发水平的影响。结果表明，知识产权保护水平越高，外资企业的研发投资水平越高；只有高知识产权保护水平，才能促使研发人力资本对外资企业研发投资产生正面作用；知识产权保护水平越低，就业流动对研发人力资本吸引外资企业研发投资的阻碍作用越大；知识产权保护水平越高，就业流动对外资企业研发投资的正面作用越大；就业流动水平较高时，研发人力资本对外资企业研发投资具有负面作用；提高知识产权保护水平，则能促使研发人力资本和就业流动对外资企业研发投资产生显著的正向作用。

第一节 引言

由于研究与开发（R&D）具有很大的正外部性，东道国特别是发展中国家期望利用跨国公司的 R&D 投资来推动技术创新。中国利用外资最突出的问题是外资企业 R&D 水平低。现阶段，中国利用外资的模式正由数量型向质量型转变。2010 年 4 月，国务院部署进一步做好利用外资的工作时特

别强调，要不断提高利用外资质量，更好地发挥利用外资在推动科技创新等方面的积极作用。利用外资推动科技创新的重要前提，就是要大力鼓励跨国公司的R&D活动。如何吸引外资企业在中国进行研发投资，是需要研究的重要课题。跨国公司R&D国际化的一个主要动机就是利用全球的R&D资源，发展中国家廉价的研发人力资本是吸引跨国公司R&D活动的重要因素；但发展中国家的知识产权保护水平和人力资本的流动可能对跨国公司的R&D活动产生不利的影响，特别是可能影响区位优势对跨国公司R&D投资的吸引力。与现有研究单一因素影响跨国公司R&D投资成果不同的是，本章主要讨论东道国知识产权保护和就业流动约束下的研发人力资本对外资企业研发水平的影响。

直到20世纪90年代中期，研究R&D国际化的成果都是以跨国公司在发达国家的R&D投资为研究对象，这与跨国公司R&D活动高度集中在少数几个发达国家的现象一致。Zejan（1990）、Hakanson和Rober（1993）对瑞典海外跨国企业的研究发现，东道国包括人力资本在内的R&D资源可获得性吸引了跨国公司的研发投资。随着跨国公司R&D活动在20世纪90年代后期明显向发展中国家转移，一些研究开始关注知识产权和人力资本对跨国公司在发展中国家R&D投资的影响。Kumar（1996，2001）的研究是有关当前跨国公司在发展中国家进行研发活动影响因素的重要成果。Kumar对跨国公司在近40个发展中国家的研发活动规律进行考察发现，跨国公司进行海外研发活动的一个重要动机是利用国外包括人力资本在内的廉价R&D资源。具体来说，Kumar 1996年对美国跨国公司海外研发投资决定因素进行的实证检验、2001年对美日跨国公司海外研发投资区位决定因素进行的实证检验均发现，丰富廉价的研发人力资本支持跨国公司研发投资活动，东道国专利制度影响的是美国对外研发投资的方向而不是研发投资规模。这些实证研究成果虽然提供了东道国研发人力资本和知识产权制度影响跨国公司研发投资的证据，但研究对象仅仅局限于知识产权保护水平较高的国家，结论不一定适用于发展中国家尤其是转型中的国家；特别是这些成果仅仅检验了单一因素对跨国公司研发投资的影响，没有检验约束研发人力资本对跨国公司研发投资影响的因素，因此其结论的适用性需要进一步检验。

这些研究成果的局限性可能与研究对象是知识产权保护水平较高的国

家有关。Yang 和 Jiang（2007）将研究视角转向在新兴市场国家的跨国企业的 R&D 活动，并进一步推进了跨国企业 R&D 活动影响因素的研究，不仅讨论了发展中国家的知识产权保护对跨国企业 R&D 投资的直接影响，而且讨论了知识产权保护制约其他因素对跨国企业 R&D 投资的影响。他们从理论上指出，跨国公司为寻求国外 R&D 资源而进行海外研发投资，以提高自身的创新能力，但在新兴市场国家如中国、印度等的研发投资正面临弱知识产权保护体制下 R&D 人员高流动性的挑战。他们的调查发现，在这些新兴市场国家，因为弱知识产权保护体制下 R&D 人员具有高流动性，这些国家拥有 R&D 资源的区位优势与跨国公司在这些国家的研发投资负相关。他们的结论主要是理论上的推断，虽然调查数据支持理论观点，但调查数据是小样本，因此结论不一定具有普遍的适用性。也就是说，弱知识产权保护体制下 R&D 人员的高流动性改变了新兴市场国家区位优势对跨国公司 R&D 活动之影响的结论需要进一步检验。

在现有研究的基础上，本章利用 2003～2008 年中国 27 个地区（除海南、西藏、青海和新疆，以及香港、澳门、台湾之外）的面板数据，检验知识产权和研发人力资本对跨国公司在转型国家之研发投资的影响是否与现有研究成果相同；在此基础上，按知识产权保护和就业流动水平对全样本进行分组和构造连乘变量，进一步考察知识产权保护水平和就业流动约束下的知识产权和研发人力资本对外资企业 R&D 水平的影响，为制定鼓励外资企业研发的政策提供参考。

第二节　变量选择与模型构建

一　理论分析

跨国企业研发投资无论是国际区位分布还是区域内的区位分布都是不均衡的，这与不同区位的条件有关。根据研究目的，本章将知识产权保护和研发人力资本作为核心解释变量；将其他影响因素作为控制变量，控制变量的选择既借鉴 Kumar 的研究，又结合中国的实际。Kumar 在检验跨国公司研发投资的决定因素时，主要选择了利用外资规模、子公司的技术密集度、市场导向、市场规模、R&D 人力资本、成本、R&D 水平、基础设施、专利保护、贸易体制、区域一体化和绩效要求等因素。本章研究的对象与Kumar选择的样本不同，所以不能直接运用Kumar的计量模型，控制变量主要从中国的区位条件和外资企业方面考虑。

1. 核心解释变量

东道国的研发人力资本水平是影响跨国公司进行全球化研发的重要因素。随着经济迅速发展，中国高等教育发展较快，特别是在20世纪90年代后期发展迅速，R&D人力资本水平迅速提高。1998年，中国科学家和工程师为149万人，2008年增加到313万人，城镇平均每万名就业人口中科学家和工程师的数量从12人上升到26人。中国虽然研发人力资源禀赋低于发达国家，但绝对数量已仅次于美国，拥有的R&D人力资本优势能吸引跨国公司的研发投资。因此，在其他条件不变的情况下，R&D人力资本水平（用科学家和工程师占城镇劳动就业人数的比例反映）越高，跨国公司研发投资水平越高。

知识产权保护水平是影响跨国公司在转型国家进行研发投资最核心的制度因素。知识产权保护水平直接影响跨国公司研发投资的收益，同时决定了研发投资的风险程度。近年来，中国为缩小与其他WTO成员知识产权保护水平的差距，不断加大知识产权保护力度，知识产权保护水平已经得到较大程度的提高，有利于吸引外资企业进行研发投资。虽然中国立法层面的知识产权保护水平已经接近发达国家（姚利民和饶艳，2009），但是，借鉴傅元海和沈坤荣（2010）、傅元海等（2011）的方法修正后的知识产权保护水平并不高①。因此，知识产权保护水平是影响跨国公司在中国进行研发投资的不确定因素，也是跨国公司面临的最大风险。知识产权保护水平不仅影响外资企业研发活动，而且约束其他因素对跨国企业研发投资的影响。在低知识产权保护水平下，不仅知识产权本身不利于转型中的新兴市

---

① 由于适用相同的法律，各地区立法层面的知识产权保护水平是相同的，但是各地区知识产权保护的执法效果存在较大差异。本章选择经济发展水平、法制化水平、法规完备程度、国际监督制衡机制、执法力度、社会知识产权保护意识等指标测算执法层面的知识产权保护水平，并修正知识产权保护水平。执法力度用知识产权案件结案率反映，由于结案往往需要几个月甚至更长的时间，用当年的结案率不能准确反映执法力度。因为知识产权保护水平具有较大的稳定性，这里采用5年累计的结案率来度量执法力度。由于数据缺失，2003年的结案率为2000~2003年的累计结案率，其余年份均为5年累计的结案率。其他变量的度量方法与傅元海和沈坤荣（2010）、傅元海等（2011）的研究相同。

场国家中国吸引外资企业研发投资，而且制约研发人力资本对外资企业研发投资的吸引力。因此，在低知识产权保护水平下，中国拥有研发人力资本的优势将发生变化。

只有研发人力资本具有流动性时，跨国公司才能雇用到研发人员进行研发活动，因此就业流动是外资企业进行研发投资的基本条件，预期知识产权和就业流动与外资研发水平正相关。就业流动也是制约知识产权和人力资本对外资企业研发投资发挥作用的因素。就业流动对外资企业研发有两方面的影响。一方面是研发人员及其相关雇员是外资企业进行研发活动的必要条件，就业的流动性决定了研发人员及其相关雇员的供给水平；支持占有市场的跨国企业研发投资不仅需要 R&D 人员，而且成果转化为产品的生产过程也需要技术人员，因此就业流动会支持外资企业进行研发。另一方面，就业流动对外资企业研发具有负面作用，如 R&D 人员和掌握研发成果转化为产品技术的雇员流动性越大，外资企业研发溢出的风险越大。就业流动性增大可能阻碍外资企业进行研发活动。现有国外研究成果基本上一致认为，东道国 R&D 人力资本与跨国企业研发投资正相关。原因可能是这些研究的样本主要是发达国家或知识产权保护水平较高的国家。中国目前的知识产权保护水平整体上不高，但就业的流动性较高，可能影响知识产权和 R&D 人力资本对外资企业研发投资的吸引力。就业流动水平用城镇单位就业减少人员数量（除了退休和死亡外）加上城镇单位调入人员、其他增加的人员后占城镇单位就业人员的比例度量。

2. 控制变量

除了研发人力资本、知识产权保护水平和就业流动外，影响外资企业在中国进行 R&D 活动的因素还有很多，东道国方面的区位因素主要考虑经济发展水平、对外贸易体制开放水平和地理区位，外资企业方面主要考虑市场导向和生产本地化。

东道国方面的因素。中国的市场空间对于任何一个跨国公司来说都是具有巨大吸引力的，这必然吸引以支持市场为目的的跨国企业研发投资。中国的经济发展水平与外资研发水平也是正相关。贸易体制的开放水平对外资企业 R&D 活动可能有两方面的影响：一方面，进口自由度高，可以选择进口包含核心技术的中间投入品支持外资企业在东道国的生产，以控制核心技术的外溢,这意味着外资企业减少R&D投资;另一方面,进口自由度高,外资企业容易进口研发设备、组件和原材料,而且成本低,其进行研发的成本下降,进而提高研发水平。因此,对外贸易体制的开放度对跨国公司研发投资的影响方向是不确定的。为消除对外开放水平与其他变量的共线性,本章利用傅元海等(2011)的方法将对外开放水平进行调整。另外,中国的地理区位也是影响外资企业的重要因素。与内地相比,沿海地区经济发展水平和开放水平较高,而且海运发达,进出口方便,且成本低。地理位置的优势和经济因素形成了沿海地区特有的区位优势,对跨国企业的研发投资具有重要的影响。因此沿海地区取值为1,内地地区取值为0。

外资企业方面的因素。为获得东道国市场更多的份额,外资企业必须依据东道国的消费文化、消费习惯等,对其技术进行调试,使技术适应新的环境,必须进行调试型研发投资,以获得竞争优势。因此外资企业的市场导向程度可能与其研发水平正相关。外资企业的市场导向用外资企业本地销售占东道国市场份额的比例度量。跨国公司可能选择在东道国进行研发活动,生产技术含量高的中间投入品,支持企业本地化生产,以降低生产成本。一般而言,跨国企业生产的本地化程度越高,其R&D投资水平越高。外资企业生产的本地化程度用其增加值率度量。

二 设立计量模型

由上述理论分析可以构建如下基本计量模型:

$$frd_{it} = \beta_1 pat_{it} + \beta_2 flowh_{it} + \beta_3 humc_{it} + \beta_4 open_{it} + \beta_5 locsal_{it} + \beta_6 loc_{it} + \beta_7 \ln pgdp_{it} + \beta_8 d_{it} + c_i + v_t + \mu_{it} \quad (9-1)$$

式(9-1)中i和t分别表示第i个省区市和第t(=2003,…,2008)年,μ是残差项,β_1、…、β_8为待估参数,c为个体效应,v为时间效应。frd为外资企业研发水平,用R&D密度即R&D支出占销售额的比例测度(Zejan,1990;Kumar,2001),因为数据获得的局限,采用大中型外资工业企业统计口径(其中2004年为规模以上工业企业,以下涉及大中型工业企业数据的指标均相同)。pat为知识产权保护水平;$humc$为研发人力资本;$flowh$为就业流动水平;$pgdp$为人均GDP,为减少异方差,对其取对数为$\ln pgdp$,度量经济发展水平和相对经济规模;$open$表示贸易体制的对外开放程度；locsal 为外资企业在中国的市场导向程度；loc 表示外资企业在中国本地生产化程度。

第三节 数据说明、研究方法与检验步骤

一 数据说明

上述各类变量的测算中，凡是涉及美元统计口径的，均按当年年均汇率换算为人民币。因相关指标多，数据来源难免一致，其中人均 GDP 数据来自 2004～2009 年《中国统计年鉴》。R&D 支出、科学家和工程师数据来自 2004～2009 年《中国科技统计年鉴》。大中型工业企业数据主要来自国研网和《中国科技统计年鉴》，其他各类工业企业数据均来自国研网和《中国统计年鉴》，其中 2004 年的规模以上工业数据来自 2005 年《中国经济贸易年鉴》和《中国科技统计年鉴》。就业流动性相关数据来自 2004～2009 年《中国劳动统计年鉴》。知识产权保护的相关数据来自 2004～2009 年《中国知识产权年鉴》，律师数据来自《中国律师年鉴》。

二 研究方法与检验步骤

由于研究使用的是面板数据，模型的具体形式会影响估计结果的准确性，因此对面板数据模型的具体形式进行严格的检验：先是利用 Hausman 检验法确定模型适用随机效应还是固定效应模型；然后利用拉格朗日乘子检验法确定模型的个体效应或时间效应模型；最后利用 Wooldridge 自相关检验法确定模型是否存在自相关，如果存在自相关，则选择动态面板模型进行估计，如果不存在自相关，则选择静态面板模型进行估计。

本章研究目的有两个：一是检验知识产权和研发人力资本对外资企业研发水平的影响；二是进一步检验知识产权保护和就业流动约束下研发人力资本对外资企业研发水平的影响，通常采用分组和构建约束因素与解释变量的连乘式进行检验[①]。为此，将实证检验分为以下几个步骤。

第一，利用模型设定检验确定的模型对全样本进行估计，初步考察知

---

① 如陈涛涛（2003）、傅元海等（2010）常常采用这种方法。

识产权和研发人力资本对外资企业研发水平的影响。按知识产权保护水平和就业流动水平对样本进行分组，考察知识产权保护和就业流动约束下知识产权和研发人力资本对外资企业研发水平的影响。具体来说，将知识产权保护指数多数年份大于 2.6 的划分为知识产权保护水平高样本组，包括 12 个地区；将知识产权保护指数多数年份低于 2.7 的划分为知识产权保护水平低样本组，包括其余 17 个地区。对两个子样本分别运行模型（9-1），考察两组中知识产权和人力资本变量回归系数的差异。如果同一变量系数存在明显差异，就表明知识产权保护水平约束下知识产权和人力资本对外资企业研发水平的影响。就业流动性分组按就业流动率多数年份是否大于 10% 划分为两组，就业流动性低样本组包括 14 个地区，就业流动性低样本组包括 12 个地区。对两个子样本分别运行模型（9-1），根据两组样本中人力资本变量回归系数的差异，判断就业流动约束下知识产权和人力资本对外资企业研发水平的影响。

第二，构造知识产权保护水平与知识产权、就业流动水平与研发人力资本的连乘式，得到模型（9-2），按全样本和第一步分组的子样本进行估计，通过连乘式的系数判断知识产权保护和就业流动约束下知识产权和研发人力资本对外资企业研发投资的影响。

$$
\begin{aligned}
frd_{it} =\ & \beta_1 flowh_{it} \times pat_{it} + \beta_2 humc_{it} \times pat_{it} + \beta_3 flowh_{it} \times humc_{it} + \beta_4 open_{it} \\
& + \beta_5 locsal_{it} + \beta_6 loc_{it} + \beta_7 \ln pgdp_{it} + \beta_8 d_{it} + c_i + v_t + \mu_{it}
\end{aligned} \quad (9-2)
$$

$flowh \times pat$、$humc \times pat$ 和 $flowh \times humc$ 分别是研发人力资本与知识产权保护水平、研发人力资本与就业流动、知识产权保护水平与就业流动的连乘式。

第四节 实证检验及结果分析

一 模型设定检验

1. 固定效应模型和随机效应模型设定检验

对模型（9-1）和模型（9-2）分别按 5 种情况进行 Hausman 检验的结果如表 9-1。模型（9-1）选择全样本时，Hausman 检验的 P 值为

0.076，说明在5%显著水平下接受原假设，即在5%显著水平下适用随机效应模型；模型（9-1）选择就业流动水平高样本组时，Hausman检验的P值很小，说明在1%显著水平下拒绝原假设，即模型（9-1）选择就业流动水平高样本组适用固定效应模型；模型（9-1）选择其他样本时，Hausman检验的P值大于0.1，意味着其他3种情况均适合随机效应模型。模型（9-2）选择就业流动水平低样本组和知识产权保护水平低样本组时，Hausman检验的P值都很小，说明模型（9-2）选择就业流动水平低样本组和知识产权保护水平低样本组适用固定效应模型；模型（9-2）其他3种情况的Hausman检验的P值均大于0.1，说明其他3种情况均适用随机效应模型。

表9-1 Hausman检验

	模型（9-1）					模型（9-2）				
	全样本	就业流动水平高	就业流动水平低	知识产权保护水平高	知识产权保护水平低	全样本	就业流动水平高	就业流动水平低	知识产权保护水平高	知识产权保护水平低
χ^2统计量	12.862	20.546	3.645	7.530	6.908	11.29	11.115	20.971	5.643	19.225
P值	0.076	0.005	0.820	0.376	0.439	0.127	0.134	0.004	0.582	0.008

2. 个体效应和时间效应检验

在面板模型中，解释变量对被解释变量的效应可能随个体和时间的变化而变化。也就是说，面板模型可能存在个体效应或时间效应甚至个体时间效应。因此，模型（9-1）和模型（9-2）各自的5种情况需要进行个体效应和时间效应的检验。运用拉格朗日乘子检验法进行检验，结果如表9-2所示。10种情况个体效应的P值均很小，说明模型（9-1）和模型（9-2）各自的5种情况均存在个体效应。模型（9-1）和模型（9-2）选择就业流动水平高样本组时，时间效应的P值均小于0.05，意味着模型（9-1）和模型（9-2）选择就业流动水平高样本组在5%显著水平下也存在时间效应，但是由于样本截面数较小，不能运用个体时间效应模型进行估计，且时间效应检验的P值明显低于个体效应检验的P值，因此选择个体效应模型比时间效应模型合适；其余8种情况在5%或10%显著水平下拒绝时间效应。

表 9-2 个体效应和时间效应的拉格朗日乘子检验

	模型 (9-1)					模型 (9-2)				
	全样本	就业流动水平高	就业流动水平低	知识产权保护水平高	知识产权保护水平低	全样本	就业流动水平高	就业流动水平低	知识产权保护水平高	知识产权保护水平低
个体效应	10.461	1.464	6.124	2.454	8.405	9.763	1.640	4.314	4.086	8.492
	(0.000)	(0.036)	(0.000)	(0.004)	(0.000)	(0.000)	(0.025)	(0.000)	(0.000)	(0.000)
时间效应	-1.124	-1.359	-1.008	-0.846	-0.537	-0.874	-1.311	-0.301	-1.147	-0.550
	(0.065)	(0.044)	(0.078)	(0.100)	(0.148)	(0.096)	(0.048)	(0.191)	(0.063)	(0.146)

注：括号内数值为伴随概率。

3. 自相关检验

如果面板残差存在自相关，采用静态面板模型估计的结果则是有偏的，意味着不适用静态面板数据模型，一般适用动态面板模型；如果面板残差不存在自相关，静态面板模型则是适用的。运用 Wooldridge 的自回归检验法进行检验的结果如表 9-3 所示。模型（9-1）和模型（9-2）所有情况自相关检验的 P 值均大于 0.1，说明模型（9-1）和模型（9-2）无论选择全样本还是分组的子样本的面板残差均不存在自相关。因此，模型（9-1）和模型（9-2）的 10 种情况均可以采用静态面板模型进行估计。

表 9-3 自相关检验

	模型 (9-1)					模型 (9-2)				
	全样本	就业流动水平高	就业流动水平低	知识产权保护水平高	知识产权保护水平低	全样本	就业流动水平高	就业流动水平低	知识产权保护水平高	知识产权保护水平低
χ^2统计量	0.340	0.143	1.102	0.176	0.148	0.026	0.460	0.897	0.025	0.039
P 值	0.560	0.705	0.294	0.675	0.701	0.873	0.498	0.344	0.874	0.844

二 实证结果的分析

1. 模型（9-1）的检验结果

除了就业流动水平低样本组的 F 统计量低于 10% 显著水平下的临界值

外，其他4种情况的F统计量大于1%或5%显著水平下的临界值，说明模型（9-1）选择就业流动水平低样本组时没有解释力，其余情况下具有较强的解释力。全样本检验结果见表9-4第2列和第3列，知识产权保护水平的系数为0.68，显著水平达到1%，研发人力资本和就业流动变量均不显著，说明知识产权保护水平对外资企业研发投资具有显著影响，而研发人力资本和就业流动对外资企业研发投资没有显著的影响。

按就业流动水平分组的子样本检验结果见表9-1第4至第7列。从知识产权保护水平和研发人力资本的系数显著水平初步判断，就业流动制约研发人力资本对外资企业研发投资水平的影响，但就业流动水平并没有明显影响知识产权保护水平对外资研发投资的作用。具体来说，在就业流动水平高样本组中，R&D人力资本系数为-0.35，并达到5%显著水平，而就业流动水平低样本组模型没有解释力，说明就业的高流动性会阻碍R&D人力资本吸引外资企业的研发投资。在就业流动水平高样本组中，知识产权保护水平的系数为0.82，显著水平达到1%，表明就业流动性越大，知识产权保护对外资企业研发投资的正向作用越显著。按知识产权保护水平高低分组的子样本检验结果见表9-1第8至第11列。两个样本组中，研发人力资本和就业流动变量的系数均不显著。知识产权保护水平高样本组中，知识产权保护水平的系数为1.13，显著水平为1%；知识产权保护水平低样本组中，知识产权保护水平的系数为0.49，显著水平为10%。结合全样本可以得到如下结论，知识产权保护水平越高，其对外资企业研发投资水平的正面作用越大。

表9-4 知识产权和人力资本对外资企业研发水平影响的检验

解释变量	全样本		就业流动水平高组		就业流动水平低组		知识产权保护水平高组		知识产权保护水平低组	
	系数	P值	系数	P值	系数	P值	系数	P值	系数	P值
c	3.350	0.001	*	*	1.825	0.494	1.679	0.186	4.738	0.016
pat	0.684	0.000	0.828	0.003	0.324	0.237	1.132	0.000	0.493	0.066
flowh	0.003	0.557	-0.004	0.666	-0.003	0.666	0.003	0.675	0.000	0.984
humc	-0.004	0.961	-0.350	0.040	0.068	0.633	0.020	0.837	-0.058	0.684
open	-0.484	0.018	-1.021	0.007	-0.402	0.618	-0.188	0.432	-0.680	0.220

续表

解释变量	全样本		就业流动水平高组		就业流动水平低组		知识产权保护水平高组		知识产权保护水平低组	
	系数	P值	系数	P值	系数	P值	系数	P值	系数	P值
$locsal$	-1.668	0.000	-3.328	0.001	-0.918	0.187	-0.685	0.378	-2.455	0.000
loc	-0.029	0.014	1.274	0.106	-0.042	0.960	1.406	0.054	-0.029	0.018
$\ln pgdp$	-0.343	0.005	-0.498	0.005	-0.162	0.599	-0.452	0.002	-0.356	0.107
d	-0.264	0.102	*	*	-0.207	0.381	0.148	0.571	-0.306	0.226
调整的 R^2	0.159		0.290		0.058		0.270		0.221	
F 统计量	3.861		4.909		0.646		3.520		3.711	
样本数	162		72		84		72		102	

注：*代表相应的模型没有某变量，本章后表均与此相同。

2. 连乘项模型检验结果

与模型（9-1）一致，模型（9-2）也是选择就业流动水平低样本组时没有解释力，其他4种情况则具有较强的解释力。全样本检验结果显示，三个连乘项的显著水平均达到1%，其中知识产权保护水平与就业流动、研发人力资本的连乘项系数均为正，说明只有在保护知识产权条件下，研发人力资本和就业流动才能对外资企业的研发投资具有正向作用；就业流动与研发人力资本的连乘项系数为负值，意味着在就业流动条件下，研发人力资本对外资企业的研发投资具有负面作用。

表9-5 知识产权和就业流动约束下人力资本对外资企业研发水平影响的进一步检验

解释变量	全样本		就业流动水平高组		就业流动水平低组		知识产权保护水平高组		知识产权保护水平低组	
	系数	P值	系数	P值	系数	P值	系数	P值	系数	P值
c	3.310	0.002	4.453	0.002	*	*	2.286	0.117	5.884	0.007
$flowh \times pat$	0.014	0.001	0.017	0.001	0.013	0.440	0.017	0.000	0.024	0.048
$humc \times pat$	0.144	0.003	0.205	0.001	0.159	0.131	0.210	0.001	0.140	0.124
$flowh \times humc$	-2.118	0.002	-2.456	0.002	-2.459	0.417	-2.815	0.000	-4.502	0.044
$open$	-0.366	0.075	-0.403	0.091	-0.022	0.987	-0.106	0.694	-0.876	0.133
$locsal$	-1.637	0.000	-2.076	0.013	-0.898	0.279	-0.813	0.335	-2.533	0.000
loc	-0.028	0.020	0.615	0.432	0.546	0.564	0.600	0.412	-0.030	0.014

续表

解释变量	全样本		就业流动水平高组		就业流动水平低组		知识产权保护水平高组		知识产权保护水平低组	
	系数	P值	系数	P值	系数	P值	系数	P值	系数	P值
$\ln pgdp$	-0.208	0.047	-0.332	0.013	-0.056	0.904	-0.228	0.077	-0.404	0.083
d	-0.356	0.031	-0.545	0.066	*	*	-0.146	0.628	-0.318	0.216
调整的 R^2	0.148		0.189		0.063		0.210		0.223	
F 统计量	3.564		2.171		0.826		2.492		3.768	
样本数	162		72		84		72		102	

按就业流动水平分组检验表明，在就业流动水平高样本组中，研发人力资本与知识产权保护水平连乘项变量的系数为0.205，显著水平达到1%；就业流动与知识产权保护水平连乘项变量的系数为0.017，显著水平达到1%；就业流动与研发人力资本连乘项变量的系数为-2.46，显著水平也是1%。这说明在高就业流动水平下，知识产权保护水平能促使研发人力资本和就业流动吸引跨国企业的研发投资，而就业流动可促使研发人力资本阻碍跨国企业的研发投资。与全样本相比，三个连乘项系数的绝对值均略有增大，说明就业流动性越大，高知识产权保护水平越能提高就业流动和研发人力资本对外资企业研发投资的正向作用，而就业流动对研发人力资本吸引外资企业研发投资的阻碍作用越大。

按知识产权保护水平分组检验表明，在知识产权保护水平高样本组中，研发人力资本与知识产权保护水平连乘项变量的系数为0.21，显著水平为1%；就业流动与知识产权保护水平连乘项变量的系数为0.017，显著水平达到1%；就业流动与研发人力资本连乘项变量的系数为-2.82，显著水平也达到1%。在知识产权保护水平低样本组中，研发人力资本与知识产权保护水平连乘项变量不显著；就业流动与知识产权保护水平连乘项变量的系数为0.014，显著水平达到5%；就业流动与研发人力资本连乘项变量的系数为-4.5，显著水平也达到5%。分析表明，知识产权保护水平越高，越能提高就业流动对外资企业研发投资的正向作用，就业流动导致研发人力资本对外资企业研发投资的负面作用越小；只有知识产权保护水平较高时，知识产权保护才能促使研发人力资本吸引外资企业研发投资。

3. 检验结果的解释

本章运用分组和构造连乘变量两种方法分别检验了知识产权和就业流动约束下知识产权和研发人力资本对外资企业研发投资的影响，通过检验结果可以得到一些重要结论，这些结论有其内在的合理性。

第一，知识产权保护水平越高，外资企业研发投资水平越高。原因是，知识产权保护水平较高时，外资企业研发成果能得到有效保护；而知识产权保护水平较低时，外资企业研发投资风险大，研发投资的损失大于收益，从而减少研发投资。

第二，只有知识产权保护水平较高条件下，知识产权保护才能促使研发人力资本对外资企业研发投资产生显著的正面作用。原因可能是，在较高知识产权保护水平下，外资企业进行研发可以得到有效的保护。中国研发人力资本工资低于外资企业母国或其他发达国家，外资企业进行研发活动能降低成本。在低知识产权保护水平下，虽然工资低廉的研发人力资本也可能吸引外资企业的研发投资，但外资企业进行研发活动得不到有效的保护，研发溢出损失的风险大。特别是研发人力资本的提升意味着人力资本流动增大，外资企业研发的风险随研发人力资本的提升而增大。当外资企业因雇用本地研发人员降低成本所获得的收益低于研发风险带来的损失时，本地研发人力资本就会阻碍外资企业的研发投资。

第三，知识产权保护水平越低，就业流动对研发人力资本吸引外资企业研发投资的阻碍越大。这验证了2007年Yang和Jiang关于跨国公司研发活动国际化在发展中国家弱知识产权保护水平下面临人力资本高流动性挑战的调查结论。原因是，知识产权保护水平越低，外资企业研发的风险越大。知识产权保护水平越高，越能减少就业流动对外资企业研发活动的溢出风险，减少就业流动对外资企业研发投资的负面作用。

第四，就业流动水平较高时，研发人力资本对外资企业研发投资具有显著的负面作用，高知识产权保护水平促使研发人力资本和就业流动对外资企业研发投资具有显著的正向作用。原因是，就业流动水平高，外资企业研发投资的风险高，从而其研发投资的水平低；加强知识产权保护，则可降低高就业流动下外资企业研发投资的风险。因此，就业流动水平较高时，若没有较高的知识产权保护水平，研发人力资本会阻碍外资企业进行研发投资；加强知识产权保护则可促使研发人力资本和就业流动吸引外资企业研发投资。就业流动水平低的条件下，研发人力资本流动性小，外资企业进行研发活动难以雇用到研发人力资本，致使其他条件对外资企业研发投资没有吸引力，因此就业流动水平低样本组模型回归没有解释力。

第五节　结论与对策

中国利用外资的成绩令人瞩目，但利用外资的质量却不高，最突出的问题就是外资企业 R&D 水平低。如何吸引外资企业在中国进行研发投资，这是需要研究的重要课题。与现有研究成果以知识产权保护水平高的东道国为研究对象、仅仅检验单一因素对跨国公司研发投资影响不同的是，本章利用中国 2003~2008 年的省际面板数据，检验知识产权和研发人力资本对跨国公司在转型国家进行研发投资的影响；按知识产权保护水平和就业流动性高低分组和构造连乘变量，进一步考察知识产权保护水平和就业流动约束下的研发人力资本对外资企业 R&D 水平的影响。

实证检验发现，知识产权保护水平越高，外资企业研发投资水平越高；只有知识产权保护达到较高水平时，知识产权保护才能促使研发人力资本对外资企业研发投资产生吸引力；知识产权保护水平越低，就业流动对研发人力资本吸引外资企业研发投资的阻碍越大；知识产权保护水平越高，就业流动对外资企业研发投资的正面作用越大。因此，知识产权保护、就业流动不仅是影响外资企业研发投资的重要因素，而且制约了研发人力资本对外资企业研发投资的作用。

目前，中国正面临利用外资模式的转变，重点是提高外资企业研发投资水平。经验分析的结论对提高外资企业研发投资水平具有以下启示：实证的结论为近几年中国高等教育的扩大特别是研究生教育的扩大政策提供了证据，说明中国现行的通过大力发展高等教育提升人力资本的政策具有科学性、适时性，对提高外资企业的研发投资水平具有积极意义。当前最迫切的问题是，进一步完善知识产权保护立法，特别是要加大知识产权保护的宣传和执法力度，增强执法效果，以降低外资企业 R&D 投资的风险，从而有效地促使外资企业扩大 R&D 投资。因为不仅只有较高的知识产权保护水平才能保证外资企业研发活动得到有效的保护，促使外资企业加大研发投资，而且只有较高的知识产权保护水平才能保证区位优势对外资企业研发活动具有吸引力，如研发人力资本只有在较高的知识产权保护水平下才能吸引外资企业的 R&D 投资。在完善知识产权保护立法和加大知识产权保护执法力度的同时，应进一步完善就业相关制度，为合理而充分的就业流动提供制度保障，为引进外资企业研发投资提供必要的条件。

第十章

中国外资企业 R&D 投资水平的决定因素

本章提要 中国外资企业的 R&D 水平远远低于中国利用外资的水平。这既与跨国公司 R&D 活动高度集中于发达国家有关，也与中国区位因素有关。特别是跨国公司海外 R&D 投资在 20 世纪 90 年代开始逐渐向发展中国家扩散后，中国区位因素的作用更加突出。本章利用 27 个省区市 2003~2007 年的面板数据模型进行的经验分析表明：经济发展水平、市场规模、外资规模等与外资企业 R&D 水平正相关，而 R&D 人力资本、贸易体制的开放水平等与外资企业 R&D 水平反相关。R&D 人力资本、市场导向、生产的本地化程度回归系数符号为负与现有的研究结论不一致，主要原因可能是知识产权保护水平不高。

第一节 问题的提出

改革开放 30 年来，中国利用外资的成效显著，但随着流入中国的外资数量日益增多，问题也不断涌现，最为突出的是中国利用外资的质量不高。利用外资质量不高的主要表现是外资企业 R&D 水平低。Kumar（2002）认为外资企业 R&D 水平是评价发展中国家利用外资质量的指标之一，因为投资者不可能获得 R&D 活动的全部收益，外资企业的 R&D 活动具有巨大的潜在溢出效应，本地企业可以通过外资企业在本地使用这一技术生产经营或者在本地市场上销售相关产品时获得溢出的知识。

中国外资企业的 R&D 中心始于 1993 年，滞后于外商投资活动 10 多年。外资企业在中国的 R&D 活动 2004 年前一直很少，R&D 中心仅 199 家。之后外资企业研发投资迅速增加，2005 年 R&D 中心达 750 家，2007 年增至 1160 家（屈韬，2009：2）。中国外资企业 R&D 水平与中国利用外资水平完全不相称。中国外资企业 R&D 支出水平低于内资企业，如 2003～2007 年大中型外资企业 R&D 支出占销售收入的比例比全国大中型企业低 1.3～1.9 个百分点（傅元海，2009a）。即使外资集中的东部地区，R&D 水平也不高。中国外资企业研发活动区位分布与外资的区位分布是一致的，严重不均衡，高度集中在东部，如 2003～2007 年东部大中型外资企业 R&D 支出占 90% 左右。因此，从绝对数量看，东部外资企业研发水平在国内是最高的。但是，从相对水平如企业 R&D 的相对支出看，东部外资企业 R&D 支出占销售收入的比例并没有明显高于中西部。27 个省区市内外资大中型企业的 R&D 支出占销售收入的比例可以进一步印证这一结论。2003～2007 年，仅上海等 5 省市外资企业研发水平基本上高于内资企业，而多数省区市外资企业研发水平明显低于内资企业；从区域看，东部地区外资企业研发水平不一定高于中西部。因此，上述分析有两个结论：一是中国外资企业整体研发水平低，作为先进技术和知识载体的外资企业并没有为中国带来先进技术和知识；二是外资企业研发水平并没有如外资一样呈现区域梯度差异，也就是说，外资企业的研发水平并没有与利用外资水平俱升，外资流入的增加并不一定意味着外资企业研发水平的提高。

中国关于外资企业研发的鼓励政策始于 1996 年的北京地方政策，之后相关政策相继出台，外资企业研发活动相应增多，但远不如外资鼓励政策产生的效应。这诚然与跨国公司研发活动主要偏好发达国家有关，也与中国特定的条件有关。如果说中国高投入、高排放、低产出的经济发展模式决定了其利用外资模式是重数量、轻质量，导致了其利用外资的质量不高，那么中国经济发展正面临转型，而利用外资模式的转变也就是经济发展转型的主要内容之一。转变中国利用外资模式，最重要的就是大力引进跨国公司的研发投资，鼓励外资企业提高研发水平。因为提高外资企业的研发水平，不仅可直接带动还可通过溢出效应间接促进中国的技术进步、产业结构优化，从而促进经济发展方式转变。在当今研发全球化背景下，跨国公司的研发投资日益增多，特别是跨国公司研发投资正从高度集中的西方发达国家逐渐向科技基础较好的发展中国家转移。中国如何抓住机遇，吸引更多的海外研发投资，以提高利用外资质量，促进经济发展方式转变？这不仅迫切需要从理论上进行研究，而且是中国当前转变利用外资模式中制定新的外资政策所面临的重要问题。无论理论研究还是政策制定，都需要弄清楚跨国公司对外研发投资的影响因素。本章拟从东道国的视角，探讨中国外资企业R&D水平的决定因素。

基于可获得的外资企业研发支出数据，本章利用2003~2007年27个省区市有关数据，从东道国的视角分析中国外资企业研发水平的决定因素。具体安排如下：第二节对相关研究文献进行述评；第三节从理论上剖析中国外资企业R&D水平的决定因素；第四节介绍模型、变量及数据来源；第五节是模型修正及经验分析；第六节概括主要结论和揭示政策含义。

第二节　相关研究述评

从理论上看，跨国企业海外R&D水平主要受两个方面因素制约：一是跨国公司海外研发投资的动机，二是实现海外研发投资的特定区位条件。海外研发投资的动机研究是理论探讨，如 Almeida（1996）、Dunning（1996）、Peacre（1999）等，也有实证分析如 Kogut 和 Chang（1991）、Le Bas 和 Sierra（2002）等。其中 Le Bas 和 Sierra 的实证研究颇具代表性。他们将跨国投资的动机划分为4类：技术寻求型、以母国为基础的开拓型、以母国为基础的扩展型、市场寻求型。他们对在欧洲345家拥有专利最多的企业数据进行分析后发现，在国外进行研发活动的跨国公司近70%是第2种和第3种类型。这些研究仅仅局限于跨国企业本身，很少涉及东道国因素对跨国公司研发投资的影响。

相对于有关对外研发投资动机的研究而言，有关对外研发投资区位影响因素的研究则不多。Cheng 和 Bolton（1993）在研究海外研发投资的动机基础上，构建了社会环境—动机—诱因（区位条件）的分析框架，将动机与区位条件结合起来，强调海外研发投资的动机一定要与特定区位对接。但他们的研究是对一般理论的探讨。

从20世纪90年代开始，陆续出现一些实证研究谈论跨国公司海外研发投资区位的决定因素。Zejan（1990）、Hakanson（1992）、Hakanson 和 Robert（1993）分析了瑞典对外投资企业研发密度的决定因素。结果表明，东道国的市场规模、经济发展水平、科技资源的可获得性对海外研发投资有显著的正向影响，海外企业除了母国之外的第三国市场出口对海外研发影响更大；瑞典企业海外研发区位的决定因素与企业对外投资的动机有关，市场规模与支持本地化生产的研发活动正相关。Fors（1996）用1978年和1990年在OECD国家的149个跨国企业研发活动的混合数据，解释了影响瑞典海外研发活动区位的可能因素。研究发现，海外企业生产的本地化程度和东道国特有的技术优势对瑞典海外研发支出数量有显著的正影响。

Odagiri 和 Yasuda（1996）则利用产业区位和企业区位层面数据，研究了日本企业在海外研发活动的决定因素。其中一些研究结论与 Hakanson & Robert、Fors 的研究一致，海外企业生产的本地化程度与研发活动正相关。Odagiri 和 Yasuda 发现，日本企业对外 R&D 投资的动机是适应东道国市场和对外投资企业生产，或者是更好地获得 R&D 资源，如靠近东道国的大学和创造知识的研究机构。日本跨国企业海外研发活动随企业的规模、海外销售、海外生产、技术密集度的增加而增加；与东道国相比，日本企业具有明显的 R&D 优势时会减少研发投资；但日本 R&D 密度越高的产业或企业，海外研发支出比例越高，因为这类产业或企业研发活动延伸到海外能获得研发投资的规模经济。日本企业海外 R&D 投资区位选择与欧美高度集中于发达国家不同，日本海外 R&D 投资除了欧美发达国家外，发展中国家特别是亚洲国家也是重要区位。两个区位选择的目的则明显不同：日本企业在欧美进行研发投资主要是接近世界领先的科技知识或雇用高质量的科技人才；在亚洲进行研发投资则是支持生产本地化。累计销售量和廉价的劳动成本是影响日本研发投资亚洲的重要因素。Iwasa 和 Odagiri（2004）研究在美国的日本企业研发活动发现，研究导向型海外 R&D 投资主要受东道国技术水平影响，而支持企业本地化的 R&D 投资则主要受企业生产和销售数量的影响。Shimizutani 和 Todo（2008）的研究也得到类似的结论，他们利用1996~2001年日本海外企业层面的数据分析了研发投资区位决定因素得出其因研发类型不同而不同的结论。研究发现，最主要的差别是基础或应用研究投资主要针对东道国先进知识，而开发或设计投资主要受东道国市场规模的影响。

上述研究主要是跨国公司在发达国家进行 R&D 活动的决定因素分析。Kumar 的研究视角则转向比较发达国家和发展中国家各自区位优势对跨国公司研发活动的影响，而且他的研究是较为系统的。Kumar 认为跨国公司海外研发活动对区位的选择主要有三个动机：一是支持企业海外生产，二是利用国外廉价的 R&D 资源，三是吸收国外 R&D 活动的溢出。因此，Kumar 认为跨国公司海外研发区位的决定因素可以从上述三个方面考虑。1996 年，他依据海外投资的性质、投资水平、东道国的资源和政策体制，构建了跨国公司海外 R&D 投资区位选择的决定因素分析框架。经验分析表明，美国跨国公司对外研发投资偏好较大的市场、较好的技术资源和基础设施。美国在全世界特别是发展中国家的市场导向型企业比出口导向型企业更有可能进行研发投资，东道国专利制度影响的是美国对外研发投资的方向而不是研发投资规模。Kumar（2001，2002）利用三维数据通过 Tobit 模型分析比较了美日跨国公司海外研发投资区位的决定因素。研究发现，东道国较大的市场规模、丰富廉价的研发人力资本和较高的技术水平支持跨国公司研发投资活动，部门数据分析则表明跨国公司在东道国技术领先领域的研发投资占相当大的比例，缺乏充分的专利保护和拥有严格贸易体制的东道国并不影响跨国公司的研发投资。

Yang 和 Jiang（2007）从理论上指出，跨国公司为寻求国外 R&D 资源而进行海外研发投资，以提高自身的创新能力，而在新兴市场国家如中国、印度等国家的研发投资正面临弱知识产权保护体制下 R&D 人员高流动性的挑战。他们的调查发现，在这些新兴市场国家，因为弱知识产权保护体制下 R&D 人员具有高流动性，其拥有 R&D 资源的区位优势与跨国公司的研发投资负相关。

从整体上看，有关跨国公司海外研发活动区位决定因素的研究还处于起始阶段，研究主要从宏观层面和企业微观层面两个方面整体讨论跨国公司海外研发活动的决定因素，从东道国的视角进行的实证研究主要集中于发达国家，对发展中国家研究很少，远远不及有关国际投资区位选择决定因素的研究深入。当然，关于外资企业在中国研发活动决定因素的研究则更少。

第三节 影响中国外资企业研发水平因素的理论分析

Kumar 的研究是当前研究跨国公司在发展中国家进行研发活动的决定因素的里程碑文献。Kumar 观察的样本中有近 40 个发展中国家，这些发展中国家与中国是千差万别的，而且中国作为新兴市场国家，也是一个转型中的大国，对跨国公司 R&D 活动的影响是有特殊性的，但 Kumar 的研究并没有考虑新兴市场国家和转型大国的特殊性，因而没有关于中国这样转型的新兴市场大国对跨国公司研发之影响的结论。结合中国的实际，可以从以下几个方面考虑跨国公司在华进行研发活动的决定因素。

（一）东道国方面的因素

1. 经济发展水平与市场规模

就跨国公司海外研发的第一个动机而言，中国作为人口大国，30 多年来经济持续稳定地高速发展，其市场空间对于任何一个跨国公司来说都是具有巨大吸引力的。实际上，中国的市场对跨国公司研发活动的吸引力至少体现在两个方面：经济发展水平和市场大小。经济发展水平既反映相对的消费水平、经济相对规模，也反映市场发展的潜力，一般可用人均 GDP 测度；市场的绝对规模可由人口规模度量。在其他条件不变的情况下，经济发展水平越高，人口越多，市场规模也就越大，跨国公司研发投资流入越多。

2. R&D 资源因素

R&D 资源包括人力资源、R&D 人员的工资和科技水平。（1）R&D 人力资本。降低成本是任何理性经济人的行为，跨国公司研发活动全球化的一个重要原因就是追求低成本。中国不仅是人力资源大国，而且随着经济发展，高等教育发展较快，特别是在 20 世纪 90 年代后期得到迅速扩大，R&D 人力资本水平获得迅速提高，科学家和工程师从 1998 年的 149 万人增加到 2008 年的 313 万人，每万人中科学家和工程师的人数从 12 人上升到 24 人，虽然人力资本相对禀赋低于发达国家，但绝对数量已仅次于美国。而且中国研发人员的报酬与发达国家相比是低的，这就是说，中国拥有丰富且价格低廉的R&D人力资本,这对跨国公司研发投资具有巨大吸引力。因此,在其他条件不变的情况下,R&D人力资源越多且价格越低廉,跨国公司研发投资越多。(2)科技水平。中国虽然是发展中国家,整体上的科技水平低于西方发达国家,但也有自身的优势,少数领域接近甚至领先世界水平,特别是中国科技水平随经济发展上升较快,国家对科技支持的力度不断加大。到2006年,中国R&D支出总额仅落后于少数几个国家或地区(如韩国、日本、美国等),R&D强度(R&D占GDP的比例)已经接近一些发达国家(如英国等)。因此,中国R&D水平对跨国公司的研发活动也是有一定吸引力的。

3. 基础设施

跨国公司的R&D活动要求能与公司所属的不同区域生产企业和研究机构进行及时交流,因此良好的通信条件成为吸引跨国公司研发投资的重要因素。中国的通信设施在近年来得到迅猛发展,人均电话的拥有率大幅提高。通信是跨国公司在全球进行研发活动的必要条件,因此,通信水平的提高能吸引更多的海外研发投资。

4. 转型因素

如果说作为经济稳定高速发展的新兴市场大国,中国对跨国公司研发投资的诱惑是巨大的,那么作为转型中的国家,中国对跨国公司研发投资来说,却是充满风险的。转型对跨国公司的影响,最为突出的是制度环境不稳定、政策易变、法制不健全。具体从跨国公司研发活动来看,有影响的转型因素主要包括市场化程度、知识产权保护制度、对外贸易体制等方面。

(1)市场化是基本因素,直接关系到跨国公司进行研发活动的资源配置效益。市场化程度不断提高,跨国公司进行研发活动通过市场配置资源,可以最大限度地减少交易成本。中国市场化改革已经取得重大推进,这对跨国公司扩大研发投资来说是一个有利的因素。因此,市场化程度越高,在其他条件不变的情况下,跨国公司研发投资就会越多。

(2)知识产权保护制度。影响跨国公司在转型国家进行研发投资最为核心的制度因素就是知识产权保护制度,知识产权保护制度是否完善直接决定了研发投资的风险程度。通过加入WTO的努力和加入WTO后对承诺的履行,中国知识产权保护状况已经得到较大程度改观,但知识产权保护水平不高。韩玉雄、李怀祖（2005）对中国知识产权保护水平进行定量分析时就得出这样的结论。相当一些西方国家也认为中国对知识产权保护不力。2007年，美国以此为理由向WTO提出起诉。然而，进行跨国研发活动的却多是这些国家。因此，知识产权保护制度成为影响跨国公司在中国进行研发投资的不确定因素，也是最大的风险。在知识产权保护程度低的情况下，中国拥有的一些吸引跨国公司研发投资的优势将发生变化。

（3）贸易体制因素。严格的对外贸易体制对外商的研发投资有正反两方面的作用。在转轨过程中，中国贸易体制发生了巨大变化，贸易体制的开放水平不断提高，特别是进口管制的程度越来越低，出口的自由度越来越大。这对外资企业R&D活动有两方面的影响：一是进口的难度低，外资企业为控制核心技术的外溢，常常可以在母国或其他海外子公司生产决定关键技术的中间投入品，通过进口支持中国外资企业的生产，这样就会减少R&D投资；二是进口自由度高，外资企业进口研发的设备、组件和原材料等较容易，这会提高外资企业在中国的研发水平。因此，对外贸易体制的开放度对跨国公司研发投资的影响方向是不确定的。

5. 产业技术水平

与科技水平反映整个国家的技术水平不同，产业竞争力度量的是一个国家的产业技术水平和创新水平。一个国家的技术专业化和聚集程度与其创新聚集模式是相似的（Kumar，2002）。从中国的工业竞争力看，仍是劳动密集型产品具有出口竞争力。这不符合Kumar的观点，换句话说，中国的创新模式并不是集中体现在劳动密集型部门，即工业产品出口竞争力与创新活动的方向是不一致的。而且，劳动密集型部门一般也不是外资企业研发投资的选择，由此可以初步判断中国工业产品出口竞争力与外资企业研发投资是负相关关系。

6. 区位因素

中国经济发展战略选择沿海地区作为突破口，逐步由东向西推进，对外开放的格局也是从东向西逐渐扩大。这导致了中国经济发展的区域不平衡，外资的空间分布也是高度集中于沿海地区。这就必然影响外资企业在中国研发活动的地区分布，不同地区的外资研发水平也会受到影响。而且，沿海地区拥有地理优势，又因经济因素形成了独特的区位优势，这是中西部无法拥有的。因此，区位的差异也会影响外资企业的 R&D 活动。

（二）跨国企业因素

1. 市场导向和企业生产本地化

跨国公司在中国投资最主要的有两类：一是降低成本型，以加工出口型企业和资源寻求型企业为代表；二是市场占有型。加工出口型企业主要来自亚洲特别是我国港澳台地区，是典型的劳动密集型企业，技术含量不高，进行研发投资的可能性不大；而且这类企业原本就有比较稳定的国际市场，选择在中国投资，主要是利用廉价的资源和劳动力，其出口竞争力借助成本优势得到进一步提高。这类企业研发投资的动机不强，因此在中国进行研发投资的企业主要是市场导向型企业。跨国公司为降低成本，可以在东道国进行研发，以生产中间投入品，支持企业生产实现本地化。因此，市场导向程度和生产的本地化程度与研发投资是正相关的。

2. 本地市场竞争力

以占有市场为目的的企业虽然在国际市场有一定的竞争力，但在本地市场因为消费者的风俗习惯、偏好和营销网络的差异等问题，其竞争力却是不同的。当然，如果是出口替代型的投资企业，其国际竞争力转化为本地市场的竞争力时则更强。总之，以占有本地市场为目的的投资企业在东道国具有竞争力，这是占领市场的前提和保证。而竞争力很大程度上源自企业本身的 R&D 水平和能力，因此，提高竞争力的需要使跨国企业市场导向型子公司扩大研发投资。另外，跨国企业本地竞争力优势越明显，本地企业与之技术差距越大，越会降低研发投资的意愿。外资企业本地竞争力的提高对研发投资的影响不确定。

3. 跨国公司在东道国的投资规模

从理论上看，跨国公司的对外 R&D 活动一般是以生产投资作为先导，服务于市场的投资更是 R&D 活动的必要前提。因此，跨国公司的 R&D 活动与生产投资在东道国的渗透程度是紧密关联的。东道国利用外资的水平或规模实际上是向世界跨国公司发送了政策环境、经营环境、基础设施等方面是否具有吸引力的信号，能吸引外资的东道国一般也能吸引 R&D 活动。中国早在 20 世纪 90 年代中后期就已经成为国际投资流入最多的地区，说明其具有特定的区位优势，同样对海外研发投资具有吸引力。这仅是理论上的判断，实际上，跨国公司海外研发投资受东道国针对外来研发投资的特定政策制约，同时受子公司在东道国的竞争力制约。因此，中国利用外资规模与外资研发水平应正相关。

第四节　模型、变量和数据说明

（一）模型

以 Kumar 的模型为基础，结合中国的实际，特别是考虑到中国是转型的新兴市场国家，有关影响中国外资企业研发因素的理论分析中涉及 15 个解释变量，因此本章构建如下面板模型：

$$frd_{it} = \beta_0 + \beta_1 pgdp_{it} + \beta_2 \ln msize_{it} + \beta_3 rdgdp_{it} + \beta_4 seeemp_{it} + \beta_5 rdwage_{it} \\ + \beta_6 phone_{it} + \beta_7 market_{it} + \beta_8 patright_{it} + \beta_9 open_{it} + \beta_{10} exportadv_{it} \\ + \beta_{11} localsal_{it} + \beta_{12} local_{it} + \beta_{13} compt_{it} + \beta_{14} foutput_{it} + \beta_{15} d + \mu_{it} \quad (10-1)$$

上式中 i（$i=1,\cdots,27$）和 t（$t=2003,\cdots,2007$）分别表示第 i 个省区市和第 t 年，β_0 为截距项，μ 是残差项，β_1、…、β_{15} 为待估参数。

（二）变量说明

frd 为被解释变量。跨国企业海外研发水平可以用专利、研发支出等不同的指标反映。Odagiri 和 Yasuda（1996）用企业的 R&D 支出度量，Zejan（1990）、Kumar（1996，2001）用 R&D 密度即 R&D 支出占销售额的比例测度。采用 R&D 密度反映中国外资企业研发水平比采用 R&D 支出更合适，很大程度上可以消除外资企业研发数量在空间上的严重不均衡。因为数据获得的局限性，这里用大中型外资工业企业（其中 2004 年为规模以上工业企业，以下涉及大中型工业企业数据的指标均相同）的 R&D 支出占其销售收入的比例衡量。

$pgdp$ 为人均 GDP，度量经济发展水平和经济相对规模；$msize$ 为市场绝对规模，用地区总人口度量，并对人口取自然对数，即 $\ln msize$。

$rdgdp$ 为地区科技发展整体水平，用地区 R&D 支出占地区生产总值的比例测量；$seeemp$ 为地区科学家和工程师占城镇劳动就业人数的比例，反映地区 R&D 人力资本的禀赋；$rdwage$ 为科学家和工程师的报酬，由于没有相关的统计数据，这里用研发人员的年均工资替代。phone 为城镇户均固定电话的拥有量，度量基础设施水平。

market 为市场化程度。市场化程度包含资源配置的方式、经济多元化、政府干预、市场法规制度、价格等多方面。不同的学者在计量分析中采用了不同的度量方法，有的用国有企业产值的比例度量（鲁明泓，1997），或用广告支出占 GDP 的比例衡量（崔新建，2001），还有用非国有单位就业的比例度量等许多测度方式。这里用非国有集体经济单位就业的比例度量。

patright 为知识产权保护程度。知识产权保护程度的度量比较复杂，假定中国各地区立法层面的知识产权保护水平相同，地区差异集中反映在执法效果层面上。这里以 Ginarte-Park 方法提出的 GPI 指标（Ginarte and Park，1997）为基础，测算中国 2003~2007 年知识产权保护的整体水平；并用韩玉雄、李怀祖（2005）和姚利民、饶艳（2009）提出的知识产权保护"执行效果"测量方法，测算各地区执行效果，再乘以用 Ginarte-Park 方法测算的知识产权保护整体水平，得出各地区的知识产权保护程度。

open 表示贸易体制的对外开放程度。国内研究者在计量分析中，多用进出口占 GDP 的比例度量对外开放水平，如崔新建（2001）等。Kumar（2002）认为贸易体制开放水平应采用随国家或地区的结构变化而调整的贸易强度进行度量，即将贸易强度（商品贸易总额占 GNP 的比例）对国家或地区规模（即面积）、人口、人均收入、运输成本（CIF/FOB）、特定资源禀赋等进行回归，得到的相应残差即调整的贸易体制开放水平。Kumar 的度量方法考虑了多种因素，同时又消除了跨国公司 R&D 投资的决定因素模型回归时对外开放水平与相关变量的共线性。借鉴 Kumar 的方法，结合可获得的数据，对外开放水平相应地依据地区规模（即面积）、人口、人均 GDP 和区位因素（虚拟变量）进行调整。

exportadv 为工业制品的国际竞争力，反映的是工业技术水平，计算公式为：

$$exportadv_{it} = \frac{export_{it}}{\sum_{j} export_{jt}} \bigg/ \frac{\sum_{j} export_{jt}}{\sum_{j} totalexport_{jt}} \quad (10-2)$$

上式中 j 为第 j 个国家，$export_{it}$ 为 i 省（区、市）t 年的工业制品出口（这里使用工业企业出口值数据），$export_{jt}$ 为 j 国家 t 年工业制品出口额，*to-*

$talexport_{jt}$ 为 j 国家 t 年总出口额。

$localsal$ 为外资企业在中国的市场导向程度。为了与被解释变量口径一致，本章也用大中型外资工业企业在中国市场的销售值占其销售总收入的比例测度。$compt$ 表示外资企业的本地竞争力，同样采用大中型外资工业企业在中国市场销售额占全国同类型企业销售额的比例度量。$local$ 表示外资企业在中国本地生产化程度。Kumar 用外资企业在东道国销售一单位产品中的价值增值比例测量，这种方法忽略了出口产品在东道国的生产过程。为弥补其不足，在本章，本地生产化程度直接用单位产值的增值比例度量。因缺少大中型工业企业的增加值数据，这里采用规模以上外资工业企业的统计口径计算。$foutput$ 代表外商在中国的投资规模，也称为中国利用外资规模，常见的度量方法有外资、外资企业产值、外资企业的销售三种，每种方法又有绝对水平和相对水平衡量方式。这里采用外资产值的相对水平度量方式，即用地区全部外资工业企业产值占地区产值的比例与全国全部外资工业企业产值占全国产值的比例之比来测算。这种方法考虑了地区的经济规模，避免了绝对水平测度的片面性。

d 为区位虚拟变量，用来度量区位差异对外资企业研发的影响。东部省市沿海的特有区位优势，与中西部差异大；这种区位的差异应该对外资企业 R&D 水平有一定的影响。具体处理方法是：给东部 10 省市赋值 1，中西部 17 省区市赋值 0。

（三）数据来源

上述各类变量的测算中，凡是涉及美元统计口径的，均按当年年均汇率换算为人民币。因相关指标多，数据来源难免不一致，其中人均 GDP、人口、居民消费、就业、电话、各省工业制品出口数据来自 2004~2008 年《中国统计年鉴》。各种 R&D 支出、科学家和工程师数据来自 2004~2008 年《中国科技统计年鉴》。大中型工业企业数据主要来自国研网和《中国科技统计年鉴》，其他各类工业企业数据均来自国研网和《中国统计年鉴》，其中 2004 年规模以上工业数据来自 2005 年《中国经济贸易年鉴》和《中国科技统计年鉴》。R&D 人员工资来自 2004~2008 年《中国劳动统计年鉴》，知识产权保护的相关数据来自 2000~2008 年《中国知识产权年鉴》，固定投资、国有工业产值等数据来自中国经济信息网，世界出口数据来自

http://www.wto.org。

(四) 研究方法

本研究使用的样本是除海南、西藏、青海和新疆之外的 27 个省 (区、市) 2003~2007 年的面板数据。本章选择无个体影响的不变系数面板数据模型，采用广义最小二乘法修正横截面异方差 (pooled EGLS) 分析方法进行估计。由于模型解释变量比较多，本章采用删除变量的方式进行逐步回归分析，以求得到较为合理的模型。具体的步骤：首先对模型 (10-1) 进行回归，称为方案①；根据调整的 R^2、F 统计量、DW 统计量以及解释变量系数估计的显著水平等判断模型的合理性，如果模型不合理，首先剔除系数估计的显著水平即 P 值最高的解释变量，再对修正的模型进行回归，这称为方案②。依次重复，直至得到合理的模型。

第五节 模型的修正及经验分析

(一) 逐步回归与修正模型

对模型 (10-1) 进行回归，得到结果如表 10-1 中的方案①。分析表明，调整的 R^2、F 统计量均合理，DW 统计量偏低，尤其是有 3 个解释变量系数估计的显著水平超过有效的显著水平 10%，其中工业制品的国际竞争力 (exportadv) 估计系数的 P 值最高，为 0.9074。因此，剔除该变量后再进行回归，得到方案②的回归结果。重复上述过程，得到方案③、方案④的回归结果。

表 10-1 决定外资企业 R&D 水平因素的回归结果

变量	方案①		方案②		方案③		方案④	
	系数	P 值	系数	P 值	系数	P 值	系数	P 值
β_{01}	-0.0125	0.0840	-0.0123	0.0648	-0.0143	0.0026	-0.0144	0.0059
β_{02}	-0.0182	0.0238	-0.0180	0.0166	-0.0200	0.0004	-0.0201	0.0008
$pgdp$	5.69e-08	0.0768	5.67e-08	0.0664	7.09e-08	0.0106	7.10e-08	0.0104
$\ln msize$	0.0009	0.0763	0.0009	0.0616	0.0011	0.0014	0.0010	0.0001
$rdgdp$	0.1113	0.0010	0.1116	0.0017	0.1207	0.0000	0.1123	0.0000

续表

变量	方案① 系数	方案① P 值	方案② 系数	方案② P 值	方案③ 系数	方案③ P 值	方案④ 系数	方案④ P 值
$seeemp$	-0.2441	0.0000	-0.2438	0.0000	-0.2569	0.0000	-0.2485	0.0000
$rdwage$	2.16e-08	0.4075	2.12e-08	0.4509	*	*	*	*
$phone$	-0.0008	0.4304	-0.0008	0.4317	-0.0006	0.6382	*	*
$market$	0.0051	0.0054	0.0051	0.0062	0.0048	0.0087	0.0048	0.0088
$patright$	0.0019	0.0099	0.0019	0.0133	0.0020	0.0076	0.0020	0.0090
$open$	-0.0053	0.0000	-0.0054	0.0000	-0.0053	0.0000	-0.0053	0.0000
$exportadv$	-0.0017	0.9074	*	*	*	*	*	*
$localsal$	-0.0040	0.0028	-0.0040	0.0010	-0.0039	0.0030	-0.0037	0.0021
$local$	-0.0103	0.0622	-0.0103	0.0622	-0.0112	0.0247	-0.0106	0.0313
$compt$	-0.0050	0.0000	-0.0051	0.0000	-0.0052	0.0000	-0.0049	0.0000
$foutput$	0.0054	0.0000	0.0054	0.0000	0.0055	0.0000	0.0053	0.0000
d_1	-0.0057	0.0000	-0.0057	0.0000	-0.0057	0.0000	-0.0058	0.0000
d_2	0.0057	0.0000	0.0057	0.0000	0.0057	0.0000	0.0057	0.0000
R^2	0.6018		0.6014		0.6196		0.6080	
$a-R^2$	0.5517		0.5549		0.5787		0.5694	
F 统计量	11.9914		12.9324		15.1601		15.7678	
DW 统计量	1.3631		1.3620		1.4131		1.4059	
解释变量个数	15		14		13		12	

注：*表示相应的模型没有某变量。

表 10-1 中方案④的结果已经较为理想，相对于方案③，调整的 R^2、DW 统计量略有下降，但相对于方案①、②明显提高，其中调整的 R^2 为 0.6080，在面板回归中已是相当高的；虽然 DW 统计量不理想，但在 5% 的显著水平下落在无法确定误差项是否存在自相关的区间；F 统计量明显提高，为 15.7678，远远大于临界值，表明模型在 1% 显著水平下显著。余下的解释变量系数估计均在显著水平 5% 或 1% 下显著。因此修正后的模型是解释力很强的合理模型。模型（10-1）经过修正后变为如下形式：

$$frd_{it} = \beta_0 + \beta_1 pgdp_{it} + \beta_2 \ln msize_{it} + \beta_3 rdgdp_{it} + \beta_4 seeemp_{it} + \beta_5 market_{it} + \beta_7 patright_{it}$$
$$+ \beta_7 open_{it} + \beta_8 localsal_{it} + \beta_9 local_{it} + \beta_{10} compt_{it} + \beta_{11} foutput_{it} + \beta_{12} deast + \mu_{it}$$

(10-3)

(二) 回归结果分析

删除的 3 个解释变量系数估计均未能在有效显著水平通过检验,说明 3 个变量的变化对外资企业 R&D 水平不敏感,可能的原因各不相同。中国工业制品的国际竞争力主要表现在劳动密集型产品上,技术含量不高,对外资企业知识密集型的研发活动没有实际意义。Kumar 等的实证研究也证实跨国公司 R&D 投资主要在东道国有国际竞争力的技术密集型部门。通信设施水平对外资企业 R&D 水平不敏感,与 Kumar(1996)选择发展中国家样本的分析结果是一致的。原因可能是通信设施水平与其他变量具有强共线性;通信设施水平与另一些因素组合可能对外资企业研发活动有显著影响,但在模型中没有考虑到。其实,还有可能是通信对外资企业 R&D 活动仅是必要条件,存在某个阈值水平,在阈值之下有显著影响,超过阈值则不显著。这点不能排除,因为中国城镇户均普通电话在 2003~2007 年基本上在 0.8 部以上,户均的移动电话水平更高,说明中国通信基础设施水平很高,早已超过影响外资企业 R&D 活动的阈值。研发人员的工资不显著可能是因为外资企业在中国进行 R&D 投资的动机主要是支持生产和占有市场,以降低 R&D 成本的研发投资很少,而且上述分析的数据就是大中型工业企业研发,主要是支持生产型和市场型的 R&D 活动,因此导致工资成本不显著;另外,也可能是变量度量的偏差,而这里则是用 R&D 人员的工资,不能准确反映工程师和科学家的工资,因为 R&D 人员也包括了管理人员、助理工程师等,近年全国科学家和工程师占 R&D 人员的比例最高的也只有 82%,因此度量偏差是肯定存在的。

表 10-1 中的经济发展($pgdp$)与市场规模($lnmsize$)符号为正,且均在 1% 的显著水平下显著,与理论分析是一致的。这表明,在其他变量不变的情况下,经济发展水平越高,市场规模越大,外资企业 R&D 水平越高。这一结果与国外实证研究的结论一致。当然,中国这两个方面的优势吸引的主要是支持外资企业本地生产和占有市场的 R&D 活动。因此,可以认为,中国庞大的人口决定的巨大绝对市场规模、较高的经济发展水平反映的相对市场规模和潜在的市场空间,是吸引外资企业 R&D 投资的主要决定因素。

科技水平即 R&D 强度也与理论分析一致,与外资企业的 R&D 水平正相关,且统计上非常显著。这表明 R&D 强度支持了外资企业在中国的 R&D 活动。原因是：中国从20世纪90年代中期以来，大力提高支持R&D的力度，R&D强度从1995年的0.57%上升到2007年的1.49%，其中2002~2007年提高了0.42个百分点，提高幅度非常大。这意味着中国R&D活动的潜在溢出效应非常大，这无疑吸引了外资企业学习型R&D投资。因此，中国R&D强度大幅提高是提高外资企业R&D水平的又一个决定因素。

R&D人力资本（$seeemp$）回归系数的符号意外为负，且统计上非常显著。这与Zejan（1990）和Kumar（1996，2001）实证的结论相反。不过，科学家和工程师的增加降低了外资企业的研发水平是可以理解的。这是中国特殊环境造成的，是中国部门之间制度的改革和建设不一致所导致的。具体来说，中国人才流动机制已经比较完善，人才流动的障碍不大，人才流动性较强；但中国知识产权保护水平不高，特别是知识产权的保护效果不佳，西方国家一直也是这样认为的，韩玉雄、李怀祖（2005）的定量分析也证明了这一点。在中国知识产权保护水平不高的条件下，人才的高流动性就会造成技术、研发成果流失的概率提高，不仅对外资企业如此，对内资企业也是如此。因此，在这种环境下，R&D人力资本越丰富，流动规模就越大，外资企业进行研发投资的风险就会大幅度提高，因而研发投资的动机会大大降低。Yang和Jiang（2007）理论研究的观点和实际调查的结果就证明了这一点。不过，模型回归结果至少表明，R&D人力资本的可获得性是影响外资企业研发投资的重要因素，只是因为中国特殊的环境，其作用是负向的。

转轨因素中，市场化程度（$market$）和知识产权保护水平（$patright$）均与外资企业R&D水平正相关，显著水平均为1%，这与理论分析结果是一致的。由此可以认为，市场化程度的提高和知识产权保护水平的提高也是促进外资企业在中国提高R&D水平的关键因素。贸易体制的对外开放水平$open$的符号为负，且显著水平很高。从中国贸易体制的开放水平变化看，对外开放程度随时间的推移越来越高。负相关关系表明，中国贸易体制对外开放程度的提高降低了外资企业的R&D水平。其原因是中国进口管制放松，2002~2007年进口占中国GDP的比例从42.7%上升到66.8%，说明进口自由度不断提高，外资企业能通过进口中间投入品支持企业在中国的生产，以控制核心技术。这就会减少外资企业R&D投资。因此，贸易体制的对外开放程度也是决定中国外资企业R&D水平的重要因素。

外资企业方面的因素中，市场导向（localsal）、生产本地化程度（local）和本地竞争力（compt）均与 R&D 水平反相关，其中生产本地化程度在显著水平 5% 下显著，市场导向和本地竞争力在显著水平 1% 下显著；跨国公司投资规模（foutput）与研发投资正相关，且在显著水平 1% 下显著。外资企业生产本地化程度和市场导向回归系数的符号为负是令人意外的，与 Hakanson 和 Robert（1993）、Fors（1996）、Kumar（1996，2001）等人的实证研究结论不一致，最主要仍然是受中国知识产权保护水平的影响。具体地说，外资企业进行研发投资支持企业的本地生产，就意味着企业生产本地化程度提高；生产本地化程度提高意味着企业提供了更多的就业机会。知识在本地的转移和扩散与生产本地化程度是成比例的（Kumar，2002）。因此，研发投资力度越大，外资企业本地生产的技术含量越高。在低知识产权保护水平下，产品被模仿的可能性大，研发投资的风险大大提高。在这种背景下，外资企业常常选择进口关键中间投入品，以控制核心技术，而不是在本地进行研发投资。这与前面分析的中国贸易体制对外开放水平的提高会降低外资企业研发水平的结论是完全一致的。由研发出来的新技术生产的产品在低知识产权保护的市场销售，同样意味着技术的溢出效应扩大，产品被模仿的概率提高。这也会阻碍外资企业在中国进行研发投资，美国严格限制向中国出口高新技术产品的做法就是出于这样的原因。因此，市场导向程度和生产的本地化程度是影响外资企业在中国研发水平的外资企业方面的重要因素。只是中国知识产权保护水平不高的环境，不仅不支持外资企业的研发投资，而且会降低外资企业研发投资的动机。

外资企业本地竞争力的提高会降低其研发投资水平与理论分析是一致的，而且容易理解。竞争力的提高一是意味着外资企业在东道国市场的份额扩大，也就是说市场扩大的潜力缩小，企业通过研发投资扩充市场的动机降低。二是外资企业竞争力提高后，其与本地企业的技术差距可能扩大，其不再需要研发投资来支持竞争力，因此其研发投资会减少。前面的分析虽然指出内外资企业的技术差距不断缩小，但中国的外资企业以加工出口型为主，整体上的技术差距不代表市场导向型外资企业与内资企业的技术差距。实际上，市场导向型外资企业与内资企业的技术差距仍然很大甚至不断扩大。外资企业的本地竞争力很强，导致其研发投资不多。这一点更能解释外资企业在中国研发水平的不高。因此，外资企业的本地竞争力强是降低外资企业在中国研发水平的重要因素。跨国公司在中国的投资规模与研发水平正相关，原因可能是外资企业在中国市场的渗透越广、越深入，越需要研发投资作为支撑。这说明中国利用外资水平的提高不仅是外资企业进行研发活动的前提，更是促进研发投资水平提高的重要因素，也是本章中唯一能提高外资企业在中国研发水平的外资企业方面因素。

虚拟变量 d 与外资企业研发水平负相关，统计上非常显著，说明东部沿海区位降低外资企业研发水平。原因可能是：在中国知识产权保护水平不高的条件下，外资企业为尽可能地控制关键技术的外溢，而减少 R&D 活动；但在不同的区位上又存在差异，东部临海，拥有中国最好的港口码头，水运条件好，外资企业利用海洋运输进口中间投入品支持企业的生产；同时东部享有进口优惠政策，外资企业进口中间投入品的难度小，交易成本低。因此，外资企业进口中间投入品支持企业生产成本的降低，降低了 R&D 投资的动机。

第六节 主要结论及政策建议

（一）主要结论

中国作为转型中的新兴市场大国，利用外资方面取得巨大成就，但外资企业的研发水平远远不如外商投资规模。这既与跨国公司海外 R&D 活动高度集中在发达国家有关，也与中国的某些因素有关。特别是跨国公司海外 R&D 投资在 20 世纪 90 年代开始逐渐向发展中国家扩散后，中国区位因素对跨国公司在中国的 R&D 投资的影响更为突出。本章利用 2003~2007 年的数据进行经验分析表明，决定中国外资企业研发水平的因素主要包括以下几个方面。

中国市场的绝对规模和相对规模及其潜在的市场空间是外资企业 R&D 水平的主要决定因素之一。庞大的人口规模和较高经济发展水平分别决定的市场绝对规模和市场相对规模及其潜在的市场发展空间，吸引了外资企业以支持生产本地化和占有市场为目的的 R&D 投资。近年来，中国 R&D 强度大幅提高，潜在的知识溢出不断扩大，为外资企业学习型 R&D 投资提供了良好机遇。而 R&D 人力资本对中国外资企业研发水平的影响与国外现有研究得到的正相关结论相反,其原因是中国人才的流动性较强,R&D人力资本的增加,意味着R&D人力资本流动的规模扩大,但不高的知识产权保护水平大大提高了外资企业研发投资的风险,降低了外资企业进行R&D投资的动机。

转型因素是影响中国外资企业R&D活动的重要方面,市场化程度和知识产权保护程度的不断提高吸引了外资企业的R&D投资。如果说市场规模和经济发展水平是外资企业进行R&D活动的基本条件和动力的话,那么市场化的推进为外资企业R&D活动的资源配置效率提供了必要的条件和保障,而知识产权保护水平则是影响外资企业R&D活动的核心制度因素。在西方国家眼中,中国知识产权保护水平不高,影响了其区位优势对海外R&D的吸引作用。因为进口自由度提高和成本降低,外资企业降低了在东部沿海R&D投资的可能性。

外资企业的市场导向程度和生产本地化程度对其R&D水平有负影响。这与国外研究的结论相反,原因也是知识产权保护水平不高,导致以生产本地化和占有市场为目的的R&D投资风险增高,降低了外资企业研发投资的动机。外资企业本地竞争力的提高意味着内外资企业的技术差距扩大,将降低外资企业在中国进行研发投资的动机。当外商在中国投资的规模扩大,外资渗透的领域拓宽时,为支持企业的生产和拓展市场,外资企业会提高R&D水平。

(二) 政策建议

经验分析具有明确的政策意义:保持经济持续稳定高速的发展,为外资企业提供进一步的市场空间,是提高中国外资企业R&D水平的根本途径;进一步提高科技水平,能有效地吸引外资企业进行学习型的研发投资;继续扩大利用外资,提高利用外资水平,能增强外资企业提高R&D水平的动机;进一步完善知识产权立法,加大知识产权保护的宣传和执法力度,增强执法效果,降低外资企业R&D投资的风险,是促使外资企业扩大R&D投资最为有效的措施,也是当前最迫切的问题;放松外资企业进口R&D设备、组件、原材料等方面的管制,并适当降税,可降低外资企业在中国进行研发活动的成本,进而提高外资企业进行R&D活动的动机。

第十一章

技术引进影响自主创新的机理及实证研究

——基于中国制造业面板数据的实证检验

本章提要 理论上,购买技术可能因多种原因抑制东道国自主创新能力;引进外资可诱发本地雇员通过干中学掌握技术,有助于东道国获得连续的技术知识和形成完备的知识体系,进而可能提升东道国自主创新能力。本章利用中国2003~2012年28个制造行业细分行业面板数据,运用GMM估计法检验了购买技术和三类外资技术溢出效应对自主创新的影响。结果发现,利用外资引进技术是提升制造业自主创新能力的较优方式,购买技术则抑制了制造业自主创新能力。其中,模仿效应提升制造业自主创新能力的作用最大,竞争效应提升制造业自主创新能力的作用较小;模仿效应和竞争效应提升制造业高层次技术自主创新能力的作用低于提升制造业低层次技术自主创新能力的作用,二者没有显著影响创新投入水平;研发溢出没有显著影响制造业自主创新能力和创新投入水平。

第一节 引言

中国通过30多年的持续高速增长成为世界经济大国,但是以拼资源、拼消耗和拼环境为代价。中国虽然疆域辽阔、资源丰富、人口众多,生产要素却是有限的。特别是中国经济总量达到现有规模后，生产要素供给难以为继，资源环境和社会承载能力已经趋于极限，依靠增加要素投入数量驱动经济增长面临难以逾越的瓶颈，未来经济增长只有通过提高要素利用效率、控制排放才能可持续。有研究表明，1982～2010年中国全要素生产率对经济增长的平均贡献率为21.5%，是中国经济保持高速增长的重要原因；但是国际金融危机以来，中国全要素生产率增速下降，导致了经济增速下行（楼继伟，2016）。这说明中国全要素生产率总体上不高，根本原因在于中国科技发展水平整体不高，创新能力不强，技术进步对经济增长的贡献率偏低。提高要素利用效率、降低消耗、减少排放的根本途径在于技术创新。从要素投入拉动向创新驱动转变，由粗放型向集约型转变，是走出困境、实现经济持续稳定增长的必由之路。通过加强自主创新推动技术进步是实现创新驱动经济增长的必要条件。利用外资引进技术是提高自主创新能力的一条重要路径。应在引进发达国家先进技术的基础上，通过消化吸收形成自我创新的能力，缩小与发达国家的技术差距，甚至赶超发达国家的技术水平。这既能降低技术创新的成本，又能降低技术创新的风险，无疑是较优的选择。

国内外关于技术引进影响自主创新的研究成果颇多，但是系统研究技术引进的不同方式对不同层次自主创新能力之影响的成果很少，检验外资模仿效应对技术创新之影响的实证研究更少，将技术购买和利用外资引进技术的多种技术溢出效应纳入同一个分析框架，比较不同类型技术引进方式影响技术创新差异的研究更为罕见。与已有的研究相比，本章可能的贡献主要有以下几方面。第一，在梳理技术引进影响自主创新的研究成果基础上，进一步厘清技术购买、外资技术溢出、竞争效应和模仿效应等技术引进途径对不同维度技术创新之作用的差异。第二，将技术创新分为自主创新能力和技术创新投入两个层面，并用发明专利反映高层次技术的自主创新能力，用实用新型和外观设计专利反映低层次技术的自主创新能力；并将技术购买和三类外资技术溢出纳入同一个实证模型，利用2003～2012年28个制造行业细分行业非平衡面板数据，运用GMM估计法检验四类技术引进效应对中国不同层次技术自主创新能力和创新投入的影响，以判断提升自主创新能力的最佳技术引进方式，同时考察不同类型技术引进方式影响不同层次技术自主创新能力的差异。

第二节 相关研究述评

技术进步和自主创新是不完全一致的两个概念：前者是已掌握技术，但不一定拥有自主知识产权；后者则是对技术拥有自主知识产权。因此，技术引进对东道国技术进步和自主创新的作用不完全相同；通过技术引进促进技术进步是中国重要目标，但不是核心目标，技术引进最重要的目标是提高自主创新能力。国内外一些研究发现，引进、消化和吸收发达国家的先进技术是发展中国家实现技术跨越式发展的重要经验（Amsden，1989）。引进技术的路径主要有国际贸易、引进外国直接投资（简称外资）等，技术引进路径不同对自主创新的影响可能不同。学术界对技术购买是否促进自主创新一直存在争议。有学者认为购买技术会替代自主创新，降低国内企业自主创新的动机（Mohanan，1997）。Lee（1996）等学者的一些实证研究验证了这一点。也有学者认为技术购买与自主创新是互补关系（Freeman 和 Soete，1997），Chang 和 Robin（2006）等学者的实证研究支持此观点。除了技术贸易外，技术引进的路径可概括为进口、出口和国际直接投资三种（Keller，2004）。进口是推动进口国技术创新的重要途径，因为通过进口包含先进技术的产品，进口国可以通过逆向工程消化吸收和模仿学习先进技术，并对其创新，形成具有自主知识产权的技术。Coe 和 Helpman（1995）等学者的一些研究验证了进口促进技术进步的观点，也有少数实证研究检验了进口技术溢出对自主创新的影响（孙顺成和蔡虹，2006）。出口也是促进技术创新不可忽视的重要路径，因为国际市场的需求方对产品质量要求更高，对出口厂商所生产产品制定了更高的技术标准，必然促进企业的技术创新。

有研究认为国际直接投资是技术引进最显著的路径（Blomström，1989）。外资技术溢出对东道国技术创新具有重要影响。但是，学者对外资技术溢出是否促进东道国技术创新没有得出一致性结论。就外资技术溢出对东道国技术创新的影响，有三种观点：一是抑制论（Haddad 和 Harrison，1993；Young，1998）；二是促进论（江小涓，2002a；侯润秀和官建成，2006）；三是"双刃剑"论（李晓钟和张小蒂，2008）。学者关于外资技术溢出对东道国自主创新之影响的研究成果没有形成一致的意见，所构建的模型不同是重要原因。构建检验外资技术溢出对技术创新之影响的计量模型一般以生产函数为基础（徐侠和李树青，2008；王然等，2010），或者以经验为基础（王红领等，2006）。除了计量模型构建的理论依据存在差异外，外资技术溢出途径和技术创新类型选择的差异也是计量模型存在差异的重要原因。

在实证研究中，一般从产出和投入两个角度反映技术创新。产出主要用新产品、专利等来衡量，投入主要用劳动和资本衡量，如沈坤荣和孙文杰（2009）采用新产品销售收入，范承泽等（2008）采用创新投入，薄文广等（2005）、李玉梅和桑百川（2011）采用专利测度技术创新。因此，选择不同的方法测度技术创新，实证结果就可能不一致。但是，新产品销售收入和创新投入并不能反映技术的自主知识产权，无法准确测度自主创新能力，而专利是测度自主创新较为合理的指标。实证检验外资技术溢出对中国企业专利之影响的多数文献存在缺陷，没有将发明专利与其他专利区分开来，与检验外资技术溢出对自主创新之影响的国外研究不一致。专利是反映创新能力的一个重要维度，特别是发明专利技术水平决定产品质量、性能等，是国际通行的反映自主知识产权技术的核心指标。因此，国外一般将专利界定为发明专利。国内对专利的界定与国外存在较大差异，不仅包括发明专利，也包括实用新型和外观设计专利。与国外绝大多数专利是发明专利相反的是，国内实用新型和外观设计专利占多数。专利界定的差异是国内外实证研究结论不一致的重要原因。国内少数研究成果分别检验了外资技术溢出对中国内资企业发明专利与其他专利的影响（冼国明和严兵，2005；王然等，2010），则弥补了这一缺陷。

外资技术溢出途径不同和技术溢出变量的度量方法不同可能导致实证结论不同。对外资技术溢出变量的度量不同，很大程度上是学者对外资技术溢出效应的分类不同造成的。学者一般将外资技术溢出效应分为示范效应、竞争效应、联系效应和人员流动效应（Kinoshita，1998），有研究将示范效应和人员流动效应归结于模仿效应（傅元海等，2010）。实际上，这里所指的外资技术主要是产品生产层面的技术；外资企业研发溢出主要是指新产品、新工艺等技术（即产品创新技术）的溢出。徐侠和李树青（2008）认为，外资的生产技术溢出更可能促使东道国企业为追赶跨国公司的技术而进行创新，外资溢出的技术知识不一定是先进和前沿的；研发溢出的技术知识和信息是前沿的，可能促使东道国为领先跨国公司的技术而进行创新。因此，外资的生产技术溢出和研发溢出对东道国自主创新能力的作用可能存在较大差异。多数实证文献仅检验某一类外资技术溢出对东道国内资企业自主创新的影响，如竞争效应（王红领等，2006）、关联效应（王然等，2010）、研发溢出效应（盛垒，2010）。其中竞争效应用外资参与度衡量（沈坤荣和孙文杰，2009）。一些检验外资技术溢出对中国内资企业自主创新之影响的实证研究，主要采用以下方法度量外资技术溢出变量，如外商投资额（薄文广等，2005）、三资企业资产（李玉梅和桑百川，2011）、三资企业产值（张海洋，2008）。用三资企业资产、产值或外商投资额可以度量多种外资技术溢出效应，但并不能区分不同类型技术溢出效应对自主创新的影响。也有一些学者检验了外资技术不同溢出途径对不同层次技术创新的影响，如将外资参与度和外资研发纳入一个模型，检验了竞争效应和研发溢出对技术创新的影响（徐侠和李树青，2008）。实证发现，竞争效应和研发溢出对中国国有企业专利没有显著影响；竞争效应对研发经费投入具有正向作用，对研发劳动投入具有显著负向作用；研发溢出对非国有企业专利和研发经费投入的正向作用既显著又稳定；竞争效应对非国有企业研发经费投入具有显著的正向作用，对非国有企业专利的作用因模型控制变量选择的不同而不同。

不仅有学者研究外资技术不同的溢出途径影响技术创新的差异，也有学者讨论了技术引进的不同方式影响技术创新的差异。王子君等（2002）、邢斐和张建华（2009）分别运用数理模型证明了技术许可比外资技术溢出对东道国自主创新的促进作用更为有效，后一研究成果通过实证检验证明了理论模型的结论。但是两个成果研究的结论并不一定准确，前者用产品反映自主创新，后者用研发投入反映自主创新。产品的生产能反映生产技术水平或技术能力，不能说明掌握的技术拥有自主知识产权；投入只能反映创新投入强度，不能反映自主知识产权的技术能力。而且后一研究成果假定技术许可转让核心技术与一般事实相悖，如统计数据表明航空设备、工程机械、精密仪器、医疗设备等80%包含关键技术的中间投入品依赖进口（李树培，2009），说明技术许可并不一定转让核心技术。如果技术购买不能获得核心技术，就不能获得一个产品连续、完备的技术知识，在国家宏观层面上就不能形成完备的科技知识体系，就不一定能促进自主创新。

通过上述文献综述可以发现，国内外研究技术引进对自主创新之影响的实证文献存在以下不足。一是检验外资技术溢出的成果忽略了模仿效应对自主创新的影响。二是没有理论研究揭示不同类型技术引进方式影响不同维度技术创新的差异。多数实证研究偏向于检验某一类技术引进方式如技术购买、外资技术溢出、外资竞争效应和关联效应对技术创新的影响。将多种技术引进方式与多维度技术创新纳入一个框架，比较不同类型技术引进方式影响不同维度技术创新的成果很少。因此，现有研究难以保证结论的科学性。三是实证文献很少将发明专利与其他专利区分开来，实证结论不能说明技术引进的不同路径影响不同层面自主创新能力的差异。本章将技术购买、外资技术溢出、竞争效应和模仿效应纳入同一个分析框架，检验不同类型技术引进方式对不同维度的技术创新如发明专利、其他专利、创新经费投入、创新人力投入的影响，比较不同类型技术引进方式影响不同维度技术创新的差异，以弥补现有研究的不足。

第三节 技术引进影响自主创新的理论阐释

一 自主创新路径的选择

不同路径的自主创新各有优势，自主创新路径的选择由历史和现实条件决定。自主创新依赖于知识资本的存量水平。知识资本既可以依靠自我累积获得，也可以通过引进技术获得。按知识资本累积的方式，自主创新的路径可分为以自我累积为基础的自主创新和以技术引进为基础的自主创新。两种路径的自主创新各有优势：以自我累积为基础的自主创新具有原创性，竞争力强，容易获得超额垄断利润，但是技术创新耗时长，成本高，市场风险高，成功率低；以技术引进为基础的自主创新多是在消化、吸收引进技术基础上对已有技术进行较大的改进，产品质量更高，性能更好，耗时短，成本低，市场风险低，成功率高，但是竞争激烈，利润不高（王红领等，2006）。

中国选择在技术引进基础上进行自主创新有历史和现实的原因。农耕文明时代的技术进步主要依靠经验积累，人口数量是影响技术进步的重要因素。中国科技水平在这一时代领先于世界，主要归因于经济发展水平和众多的人口。工业技术进步模式完全不同于农耕文明时代的技术进步，主要取决于自然科学知识的创新和可控性试验。重农文化和以人文知识为主要内容的科举考试制度，无法累积工业技术进步需要的自然科学知识，最终阻碍了中国工业技术的革命。因连续不断的战乱，中国近现代无暇致力于科技知识的自我累积；新中国成立后的知识分子上山下乡政策等，也使国家无力进行科技知识的自我累积；改革开放以来，政府虽然重视教育和科技，但是任期制的官员更愿意选择见效快的技术进步方式，以获得政绩。以上原因决定了中国科技知识基础薄弱，在自我累积知识的基础上进行自主创新的动力不足。加上与发达国家的技术差距大，中国在技术引进基础上进行自主创新是必然选择（唐未兵等，2014）。

二 技术引进影响自主创新的机理

技术引进不仅为自主创新累积了知识资本，而且提供了更高的先进技术平台，促使在引进技术基础上的自主创新具有后发优势。为缩小与发达国家的技术差距，提升竞争力，通过技术引进促进技术进步是发展中国家重要的战略选择。技术知识具有连续性、累积性和经验性；技术创新是在已有知识基础上进行创新，是对累积知识的改进和提升。技术进步是知识累积的过程，创新是增加知识存量的主要手段，是累积知识过程中的重要环节。通过消化引进技术，可以在短时间内低成本地掌握并熟练使用世界先进技术；通过吸收引进技术，可以将引进技术变为自己的技术，进而增加知识存量。在消化、吸收引进技术基础上，企业可以改进产品性能，提高产品质量，提升竞争力。更重要的是，发展中国家通过引进技术可以弥补知识基础薄弱的不足，缩小与发达国家的技术差距，增强自主创新的能力。

技术引进基础上的自主创新不仅具有创新性特征，而且具有跟随性特征，具有后发优势。因为引进的技术是已经在市场上获得成功的技术，在技术引进基础上进行自主创新，技术创新方向明确，减少了依靠自我累积进行自主创新的大量失误，大大降低了自主创新活动的不确定性和风险，提高了自主创新的成功率。同时，在技术引进基础上进行自我创新也是对现有技术的创新突破，研发投资方向明确、集中，避免了在自我累积基础上自主创新的重复研发投资。技术引进可以无偿获得率先创新者的许多经验和技术中的大量隐性知识。这种自主创新模式可以节约新产品市场开发、广告宣传的高昂成本。与自我累积基础上的自主创新相比，技术引进基础上的自主创新能较大幅度降低成本。技术引进基础上的自主创新，如果是核心技术或关键技术的创新突破，则新产品可超越市场上现有产品的性能和质量，富有竞争力，可以替代市场上现有产品，获得可观利润。因此，技术引进基础上的自主创新具有成本和利润优势。正因为如此，发展中国家会规避技术基础薄弱的不足，一般放弃通过自我累积科技知识进行自主创新的道路，而是选择技术引进—消化吸收—知识累积—模仿创新—自主创新的道路。

技术引进不仅耗费研发资源，而且容易产生路径依赖，降低自主创新的动机，抑制自主创新。在技术水平低的条件下，发展中国家追求跨越式发展，自主技术供给严重不足，技术需求缺口大，技术引进成为必然选择。由于条块分割的体制，低水平重复引进技术现象严重，长期引进技术不仅占用大量的研发资源，而且容易形成路径依赖，严重弱化自主创新的动机；重引进、轻消化则强化了技术引进的路径依赖，进一步降低自主创新水平。发达国家为保持技术垄断和控制全球价值链的高端，一般不会转让先进技术，特别是不会转让核心技术或关键技术。发展中国家引进的多是附加值率低的技术，其企业在全球分工中从属于西方跨国公司，只能依赖发达国家提供包含核心技术或关键技术的中间投入品。这就固化了发展中国家技术引进的路径依赖，进一步导致了自主创新动机的不足。引进的技术多是成熟技术，与自主创新相比，成本低，市场风险低，成功率高。基于成本收益，企业更愿意选择引进技术。尤其是，当所引进技术与本地企业技术能力不相匹配时，从技术人员、原材料、机器设备到包含核心技术或关键技术的中间投入品，都要依赖于国外。引进技术与本地联系不大，企业容易对引进技术形成稳定的刚性需求，导致自主创新的动机不足。因此，引进技术可能抑制自主创新。

以上分析表明，技术引进与自主创新既可能是互补关系，也可能是替代关系。由于自主创新具有层次性，技术引进对不同层次技术创新的作用可能不一致。技术引进占用研发资源，可能降低东道国研发投入水平，进而抑制专利增长；技术引进可以为东道国累积技术知识资本，可能促进东道国增加研发投入，进而促进专利增长；技术引进可为东道国提供更高的技术创新平台，东道国可以在降低研发投入条件下实现专利增长。这就是说，技术引进对研发投入的作用与对专利的作用既可能一致，也可能不一致。专利包括发明专利，也包括实用新型和外观设计专利。前者技术含量高，代表高层次技术创新；后者技术含量低，代表低层次技术创新。低层次技术创新的成本低、难度小，因此企业更可能偏向低层次技术创新，即技术引进对高层次技术自主创新的作用可能小于对低层次技术自主创新的作用。

三 技术引进方式影响自主创新的差异

不同的技术引进方式对技术创新的作用可能不同，因为技术创新具有连续性、系统性和层次性等特征，特别是技术知识不仅包括显性知识，而且包含大量缄默知识，不同的技术引进方式所获得的显性知识和缄默知识不同。技术引进方式一般包括技术购买、进口和外资技术溢出等三种方式，以下具体讨论三种技术引进路径影响自主创新的机理及差异。

1. 技术购买和进口对自主创新的影响

理论上，购买技术和进口对自主创新既有补充作用，又有替代作用（邢斐和张建华，2009）；另外因为购买技术和进口获取技术的方式不同，所以它们对自主创新的影响存在差异。从购买技术对自主创新的影响看，既具有自身优势，也存在局限性。一般而言，发展中国家技术水平落后，为缩小与发达国家的技术差距，往往会加大技术购买的力度，由此会耗费较多的研发资源，而且本地企业技术能力低，难以消化、吸收购买的技术；同时发达国家转让的多是成熟技术，特别是限制了核心技术或关键技术的转让，导致发展中国家难以获得先进技术，尤其是难以获得核心技术或关键技术。基于这两方面的原因，在发展中国家，技术购买较其他引进技术方式，更容易形成引进技术的路径依赖和对外国技术的刚性需求。微观层面上，不可否认个别企业可能购买一个产品多数甚至全部生产环节的技术，但是绝大多数企业受财力的局限，一般仅购买一个产品一个或少数生产环节的技术，不可能购买一个产品多数甚至全部生产环节的技术。也就是说，技术购买只能获得离散的技术知识，并不能获得一个产品连续的技术知识。

而且，技术购买获得的主要是显性技术知识，难以获得缄默知识，这意味着通过技术购买难以掌握并获得全部技术知识。宏观层面上，一个国家或地区通过技术购买不可能形成较为完备的科技知识体系。因此，虽然技术购买可能弥补知识自我累积的不足，对自主创新具有正面作用，但是因为路径依赖、对国外技术需求的刚性和难以获得全部技术知识，技术购买对发展中国家自主创新的替代作用可能大于补充作用，即技术购买对自主创新的抑制作用可能更大。

进口对进口国的自主创新同样具有积极和消极的影响。发达国家为保持技术垄断地位，一般会控制先进技术的转移与扩散，不会直接转让核心技术或关键技术，也不会在海外子公司生产包含核心技术或关键技术的中间产品。发展中国家主要通过进口包含核心技术或关键技术的中间产品获得先进技术。进口是发展中国家最可能获得发达国家先进技术的途径。然而，进口对技术引进国自主创新的作用受信息不对称和本地企业学习能力的制约。通过进口引进技术后，反向工程是消化、吸收技术的主要手段。但是由于信息不对称，逆向破解进口产品包含的技术存在诸多障碍，尤其难以获得进口产品包含的隐性知识。本地企业学习能力越强，通过逆向工程获得技术知识越多，进口对自主创新的正面作用越大；如果本地企业学习能力弱，通过逆向工程获得技术知识越少，进口对自主创新的负面作用越大。因此，进口对自主创新的作用不确定。

2. 外资技术溢出对东道国自主创新的影响

因为给雇员提供了干中学的机会，外资技术溢出对东道国自主创新的作用最为显著，但是外资技术溢出的不同路径对自主创新的作用可能不同。外资通过示范、竞争、关联、人力资本流动效应及外资研发知识溢出等途径，向本地企业转移与扩散技术。具体来说，本地雇员在外资企业生产过程或研发活动中，可使用机器设备、接触产品设计、制造图纸，以及熟悉工艺流程、产品配方等，通过干中学可以获得一个产品连续的技术知识和信息；而且干中学可极大程度上减少信息不对称的影响。东道国通过利用外资引进技术，不仅能获得显性知识，而且能获得缄默知识，有利于形成完备的科技知识体系。另外，本地雇员在外资企业生产经营或研发活动中，通过干中学掌握外资技术，无须投入大量的研发经费和劳动。与技术购买和进口相比，利用外资引进技术，既能不影响研发投入水平，甚至降低研发投入，又能促进自主创新。也就是说，在技术引进的各种方式中，外资技术溢出对自主创新的正面作用可能是最显著的。

外资技术溢出途径不同，对东道国技术知识累积的作用也不同。模仿效应是指外资企业的本地雇员在生产经营过程中接触各个生产环节的技术后，一旦与本地企业技术人员接触，或者流向本地企业，东道国则可通过模仿学习获得外资企业生产中使用的全部技术。本地企业通过模仿效应能获得一个产品连续的、较为完备的技术知识，促使东道国知识资本增量效应增大。因此，各类外资技术溢出中的模仿效应对自主创新的作用可能是最大的。外资进入产生的竞争效应可能诱使本地企业模仿外资技术，也可能诱使本地企业购买技术或者通过进口引进技术。这就是说，东道国通过竞争效应获得的技术知识不一定是连续、完备的，对自主创新的作用可能较小。东道国通过联系效应只能获得一个产品一个或几个生产环节的技术，无法获得一个产品连续、完备的技术知识，说明联系效应对自主创新的作用较小。

以上外资技术溢出主要是外资企业生产过程中的技术溢出，技术的特点是广泛应用于生产中，是成熟技术，甚至是衰落技术。而外资研发溢出的知识多是先进、前沿的技术知识，不一定应用于生产，也就是说外资生产过程中的技术溢出不同于研发知识溢出。外资企业研发是知识密集型的活动。本地技术人员参与外资企业研发活动容易获得先进技术的知识和信息，不仅有利于提升东道国知识资本存量，而且可促使本地企业进行领先型技术的自主创新。但是外资技术溢出对自主创新作用的大小与研发类型有关。如果外资企业研发仅涉及产品和工艺的调试，以服务本地市场，那么本地企业仅能获得一个产品部分生产环节的技术知识，难以获得一个产品连续、完备的技术知识，研发溢出不一定能促进自主创新；如果外资企业进行新产品、新工艺的研发或进行基础研究，那么本地企业能获得一个新产品连续、较完备的先进技术知识和信息，研发溢出可能促进自主创新。

第四节 实证模型及变量的测度

一 构建计量模型

(一) 创新产出的计量模型

从产出角度看,创新产出是创新投资、创新劳动等多种投入要素共同作用的结果,是新知识的生产(Pakes 和 Griliches,1980;李平等,2007),因此创新产出可以用 C-D 生产函数表示为:

$$in = a \cdot rdk^{\beta_1} \cdot rdl^{\beta_2} \qquad (11-1)$$

上式中,in 为创新产出,rdk 表示研发经费投入,rdl 为研发劳动投入,a 表示影响创新产出的其他因素。创新投资本质上是对知识生产进行投资。除创新投资外,知识还可以直接引进。引进技术既可能直接替代新知识的生产,也可能促进新知识的生产。由于制造行业数据的可获得性①,在本章中,引进技术主要选择购买技术和外资技术溢出,外资技术溢出分解为竞争溢出效应、研发溢出效应和模仿学习效应。消化、吸收是本地企业掌握引进技术的主要环节,对本地企业的自主创新能力具有重要影响;技术差距是制约外资技术溢出的主要因素之一(陈涛涛,2003)。基于上述分析,创新产出函数可以进一步表述为:

$$in = c \cdot rdl^{\beta_1} \cdot rdk^{\beta_2} \cdot ftech^{\alpha_1} \cdot abs^{\alpha_2} \cdot tgap^{\alpha_3} \cdot e^{fdi+frd+loc} \qquad (11-2)$$

(11-2) 式中,$ftech$ 为购买国外技术变量;fdi 为外资参与度,反映竞争效应(邢斐和张建华,2009);frd 为外资企业研发比例,反映研发溢出效应;loc 为外资企业生产本地化程度,反映本地企业对外资技术的模仿学习效应(傅元海等,2010)。4 个技术引进变量是模型的核心解释变量。abs 为本地企业消化、吸收支出水平,是模型的另一个重要解释变量;$tgap$ 为行业内外资企业技术差距。对 (11-2) 式取对数得到 (11-3) 式:

---

① 因为缺失制造行业进口数据和联系效应数据,本章不考虑进口技术溢出和联系效应对技术创新的影响。

$$\ln in = c + fdi + frd + loc + \alpha_1 \ln ftech + \alpha_2 \ln abs + \alpha_3 \ln tgap + \beta_1 \ln rdl + \beta_2 \ln rdk \tag{11-3}$$

依据（11-3）式可以构建创新产出的计量模型：

$$\ln in_{it} = c + \varphi_1 fdi_{it} + \varphi_2 frd_{it} + \varphi_3 loc_{it} + \alpha_1 \ln ftech_{it} + \alpha_2 \ln abs_{it}$$
$$+ \alpha_3 \ln tgap_{it} + \beta_1 \ln rdl_{it} + \beta_2 \ln rdk_{it} + \mu_{it} \tag{11-4}$$

i 为第 i（$i=1$，…，28）个制造业细分行业（除烟草之外），t 表示第 t（$t=2003$，…，2011）年①。c 为截距项，μ 为残差项，α、β、φ 均为待估参数。

（二）创新投入的计量模型

参照王红领等（2006）构建的模型，本章将外资技术溢出变量分解为模型（11-4）中的4个技术引进变量，同时将消化、吸收和技术差距作为控制变量，得到制造企业研发投入的计量模型：

$$rd_{it} = c_{it} + \alpha_1 fdi_{it} + \alpha_2 frd_{it} + \alpha_3 loc_{it} + \alpha_4 ftechp_{it} + \theta_1 absp_{it} + \theta_1 tgap_{it} + \varepsilon_{it} \tag{11-5}$$

rd 表示制造企业创新投入水平；$ftechp$、$absp$ 分别为技术引进支出、消化、吸收支出，与模型（11-4）中用绝对值度量不同的是，$ftechp$、$absp$ 均用相对值度量，以与被解释变量创新投入用相对值度量保持一致；fdi、frd、loc 和 $ftechp$ 是模型（11-5）的核心解释变量，含义与模型（11-4）相同。i、t 和其他变量的含义均与模型（11-4）一致。

二 变量的测度

（一）创新产出的测度

新产品和专利是反映创新产出（in）的两种主要方式，用它们度量创新产出的方法各有优缺点。就数据质量、可获得性而言，其他任何数据无

---

① 技术创新主要用研发产出和研发投入度量。虽然很多学者如王红领等（2006）用科技经费支出和科技活动人员度量研发投入，但是这种方法是不准确的，因为研发支出只是科技经费支出的一部分，研发人员也仅是科技活动人员的一部分。《中国科技统计年鉴》2003年才有研发支出和研发人员统计口径的数据，2009年则没有分行业外资企业研发数据。因为无法得到内资企业研发数据，因此本章仅选择2003~2008年行业数据进行实证研究。

法与专利数据相媲美（Malerba 和 Orsenigo，1997）。专利包括专利申请和专利授权，国内学者认为专利授权在中国受人为因素影响较大，很多学者主张用专利申请度量创新产出能力（王红领等，2006；沈坤荣和李剑，2009）。因此，本章采用制造企业专利申请量反映创新产出能力。由于仅专利能反映自主知识产权，所以专利比新产品、创新投入更能反映自主创新能力。

不同性质的专利技术含量不同，技术引进对不同技术水平创新能力的影响也是不同的。专利技术有高端技术，也有低端技术。发明专利能反映核心技术或关键技术的自主知识产权，代表高层次技术的自主创新能力；实用新型和外观设计则代表低层次技术的自主创新能力。因此，我们将模型（11-4）创新产出（in）分全部专利（inp）、发明专利申请量（inv）和实用新型、外观设计申请量（ind）等3种情况进行讨论，以检验不同类型技术引进方式对不同层次技术创新能力的影响。

（二）研发投入的测度

创新劳动投入和创新经费投入是衡量创新投入的两个主要方面。从现有的实证研究看，创新劳动投入和创新经费投入可采用多种数据进行测度。创新劳动投入采用企业科技活动人员（薄文广等，2005；蒋殿春和夏良科，2005）、专业技术人员（冼国明和严兵，2005）和研发人员（侯润秀和官建成，2006；陈劲等，2007）度量；创新经费投入采用企业科技经费支出额（李晓钟和张小蒂，2008；李玉梅和桑百川，2011）、研发机构科技经费支出额（冼国明和严兵，2005）度量；或者创新劳动投入采用研发人员全时当量数据测度，创新经费投入采用研发经费支出数据衡量（徐侠和李树青，2008；王然等，2010）。创新成果主要决定于创新经费投入和劳动投入。与研发活动的外延相比，科技活动的范围更为宽泛，科技活动投入的统计口径比研发投入的统计口径更宽，可能导致实证估计结果有偏。

专业技术人员包含大量非研发人员，使用专业技术人员替代研发人员也可能导致估计结果有偏；科技经费数据不仅包括企业科技经费，而且包括事业单位科技经费，使用研发机构科技活动经费替代研发支出同样可能导致估计结果有偏。因此，我们采用研发支出度量创新经费投入，用研发人员全时当量度量创新劳动投入。模型（11-4）中，分别对解释变量研发人员（rdl）和研发支出（rdk）① 当年绝对数取对数为 lnrdl 和 lnrdk。模型（11-5）中，被解释变量创新投入（rd）分为研发劳动投入（rdlp）和研发经费投入（rdkp）两种情况，分别用研发人员全时当量占就业人数的比例和研发支出占工业总产值的比例测度，单位为%。

（三）技术购买及外资技术溢出的测度

技术购买的测度较为简单，外资技术溢出的测度较为复杂。技术购买直接采用技术引进支出费用度量，模型（11-4）中技术引进变量（ftech）直接对技术引进费用取对数，模型（11-5）中技术引进变量（ftechp）用技术引进费用占行业工业总产值的比例（单位为%）衡量。用外资参与度测度外资技术溢出的文献有很多。一般研究利用外资存量数据测算外资参与度，如外商投资额占 GDP 或固定投资的比例（程惠芳，2002）。由于外资存量难以准确测算，更多的研究则是用外资企业资产份额（Aitken 和 Harrison，1999）、销售收入份额（孙文杰和沈坤荣，2007）、就业份额（Keller 和 Yeaple，2009）、产值份额（Sjöholm，1999）和增加值份额（Xu，2000）等测度。本章采用外资企业工业产值的比例衡量外资参与度（fdi），以测度外资竞争效应对中国制造企业创新的影响。测度外资研发的知识溢出主要有两种方式：一是用外资企业研发支出绝对数衡量外资企业研发水平，检验外资研发对内资企业技术水平或内资企业创新的影响（李小平和朱钟棣，2006；张倩肖和冯根福，2007）；二是用外资企业研发支出的比例衡量外资研发知识溢出，以检验外资研发的溢出效应对内资企业创新的影响（盛垒，2010）。我们采用外资企业研发支出占行业研发支出的比例度量外资研发参与度（frd），以测度外资研发对中国制造企业创新的溢出效应。借鉴傅元海等（2010）的做法，用外资企业增加值率反映外资企业本地化程度（loc），以测度模仿效应。

（四）消化、吸收支出和技术差距的测度

模型（11-4）中，消化、吸收水平采用行业消化支出额测度，取对数

---

① 对于模型（11-4）中的研发支出，一些研究采用存量，但是研发支出数据 2003 年才出现，时间跨度短，而且计算存量所需要的基期研发资本存量、研发投资价格指数、折旧等多种数据难以获得，即使可以采用吴延兵（2006）提出的永续盘存法计算出制造行业的知识资本存量，但结果不一定准确。因此，国内研究一般采用当年研发支出数据（沈坤荣和孙文杰，2009）。

为 lnabs。模型（11-5）中，制造企业消化、吸收变量（$absp$）采用行业消化、吸收支出占行业工业总产值的比例度量（单位为%）。研究外资技术溢出的文献普遍认为，技术差距是影响技术外溢的重要因素，不过学者对技术差距的度量却各不相同。现有研究常常用内外资企业劳动生产率（Haddad 和 Harrison，1993；Li et al.，2001）、资本密集度（Kokko et al.，1996；陈涛涛，2003）、专利费数量（Kokko，1994）和全要素生产率（周燕和齐中英，2005）等指标的差距反映技术差距。由于科技统计数据中没有提供大中型企业增加值数据，研究外资溢出对创新之影响的文献常常用内外资企业人均销售收入之比度量技术差距（孙文杰和沈坤荣，2007），但销售收入受市场需求、库存等影响，并不能准确反映劳动投入对销售收入的影响，因此用人均销售收入并不能较好地度量劳动生产率。劳动投入与产出是直接关联的，用人均工业总产值比用人均销售收入衡量劳动生产率更合理些。因此，本章用外资企业人均工业总产值与内资企业人均工业总产值之比衡量内外资企业的技术差距（$tgap$）。

三　数据说明

专利申请、工业总产值、就业人数、研发支出、研发人员、科学家和工程师、技术引进支出，以及消化、吸收支出数据来自 2003~2012 年《中国科技统计年鉴》中大中型企业数据；其中测算技术差距的内资企业数据按行业全部大中型企业数据减去外资企业数据计算，2004 年、2008~2011 年缺失大中型外资企业数据，采用规模以上内外资企业数据测算。《中国科技统计年鉴》缺失 2004 年研发人员全时当量，采用 2005 年研发人员全时当量占研发人员的比例乘以 2004 年研发人员来测度。《中国科技统计年鉴》没有 2011 年大中型工业企业数据，采用 2009 年大中型企业专利占规模以上企业专利比例乘以 2011 年规模以上企业专利测算各个行业大中型企业专利。由于缺失大中型企业增加值数据，无法得到大中型外资企业生产本地化程度的数据，因此用规模以上外资企业生产本地化程度替代。2003 年、2005~2007 年外资企业生产本地化程度的计算使用的数据来源于《中国统计年鉴》，2004 年数据来自《中国贸易年鉴》，全国性的各类年鉴均缺乏 2008~2012 年制造行业增加值数据，只能用北京、广东、福建等部分省份的行业数据计算。由于数据可获得性，本章实证采用非平衡面板数据进行估计，其中外资研发比例时间区间为 2003~2008 年，技术引进、消化吸收、研发支出和研发劳动投入时间区间为 2003~2010 年，其余变量时间区间为 2003~2012 年。

第五节 实证检验及结果

自主创新投入和产出通常表现出连续性特征，即统计上表现为自相关；同时解释变量不同程度存在关联，不满足计量模型要求解释变量相互独立的假定，即解释变量存在内生性；另外，不同行业的自主创新存在差异，即可能存在个体效应，或者称为行业的异质性。为解决自相关、内生性、个体效应对模型估计结果的影响，将模型（11-4）的 3 种情况和模型（11-5）的 2 种情况均设定为动态面板，采用 GMM 进行估计。从表 11-1 和表 11-2 可以看出，5 种情况 Hansen 检验 χ^2 统计量的 P 值均大于 0.1，说明工具变量均是有效的；二阶自相关检验的 P 值大于 0.1，说明 5 个模型均不存在二阶自相关。从统计意义上，5 个动态面板模型均是理想的模型。下面介绍技术购买、外资竞争效应和模仿效应、研发溢出效应对中国制造业技术创新的影响。

表 11-1 模型（11-4）的 GMM 估计

	被解释变量 lninp			被解释变量 lninv			被解释变量 lnind		
	系数	Z 统计量	P 值	系数	Z 统计量	P 值	系数	Z 统计量	P 值
lnftech	-0.071	-3.060	0.002	-0.121	-3.390	0.001	-0.185	-4.150	0.000
frd	0.146	1.190	0.234	-0.121	-0.410	0.684	0.231	0.520	0.605
fdi	1.519	9.000	0.000	1.054	2.680	0.007	3.189	5.540	0.000
loc	3.029	6.020	0.000	1.595	1.930	0.053	6.758	2.610	0.009
lnrdl	0.933	6.310	0.000	1.210	6.900	0.000	1.977	5.890	0.000
lnrdk	0.058	0.670	0.506	0.133	0.770	0.443	0.024	0.110	0.911
abs	0.054	2.760	0.006	0.142	4.270	0.000	0.126	2.770	0.006
tgap	-0.258	-5.330	0.000	-0.157	-1.600	0.111	-0.500	-2.160	0.030
c	-3.777	-4.260	0.000	-8.112	-3.450	0.001	-7.356	-2.620	0.009
$lninp_{t-1}$	0.017	0.180	0.855	*	*	*	*	*	*
$lninv_{t-1}$	*	*	*	-0.228	-4.300	0.000	*	*	*

续表

	被解释变量 lninp			被解释变量 lninv			被解释变量 lnind		
	系数	Z统计量	P值	系数	Z统计量	P值	系数	Z统计量	P值
lnind_{t-1}	*	*	*	*	*	*	-0.985	-4.970	0.000
一阶自相关检验	-2.460	0.014		-1.720	0.080		1.250	0.210	
二阶自相关检验	0.330	0.741		1.450	0.146		-1.360	0.174	
Hansen检验	20.450	0.252		14.910	0.458		6.900	0.548	

注：*表示相应的模型没有某变量，下表相同。

表 11-2 模型（11-5）的GMM估计

	被解释变量 $rdkp$			被解释变量 $rdlp$		
	系数	Z统计量	P值	系数	t统计量	P值
$ftechp$	-0.153	-2.320	0.020	-0.311	-3.090	0.002
frd	-0.004	-0.050	0.960	0.177	0.890	0.376
fdi	0.032	0.460	0.645	-0.136	-0.910	0.361
loc	-0.414	-2.060	0.039	0.139	0.390	0.699
$absp$	0.751	1.860	0.062	0.221	0.430	0.671
$tgap$	-0.006	-0.350	0.724	0.078	0.860	0.390
c	0.101	1.860	0.063	0.045	0.370	0.713
$rdkp_{t-1}$	1.048	35.600	0.000	*	*	*
$rdlp_{t-1}$	*	*	*	0.974	8.730	0.000
一阶自相关检验	-2.750	0.006		-2.120	0.034	
二阶自相关检验	0.560	0.573		1.580	0.114	
Hansen检验	8.310	0.306		1.970	0.579	

一 技术购买对自主创新的影响

检验结果表明，不同类型技术引进方式对中国不同维度技术创新的影响存在很大差异。购买国外技术对全部专利（lninp），高层次技术自主创新能力即发明专利（lninv），低层次技术自主创新能力即实用新型、外观设计专利（lnind）具有显著的负面作用，对创新劳动（$rdlp$）和经费投入（$rdkp$）也具有显著的负面作用。在 lninp、lninv 和 lnind 分别为被解释变量的模型中，ln$ftech$ 的系数分别为 -0.07、-0.12 和 -0.19，显著水平均达到 1%，意味着购买技术经费每增加 1%，中国制造业大中型企业全部专利、发明专利和实用新型、外观设计专利数量分别下降 0.07%、0.12% 和 0.19%；在以 $rdkp$ 和 $rdlp$ 分别为被解释变量的模型中，$ftechp$ 的系数分别为 -0.15 和 -0.31，显著水平分别达到 5% 和 10%，意味着购买技术经费占工业产值的比例每增加 1 个百分点，中国制造企业研发经费投入水平和劳动投入水平分别下降 0.15 个百分点和 0.31 个百分点[①]。也就是说，购买国外技术既降低了中国制造企业创新投入水平，又抑制了自主创新能力。

中国制造业技术水平低，特别是一些技术密集型行业未能掌握核心技术或关键技术，导致本地企业对技术购买具有稳定的刚性需求。如李树培（2009）指出，中国关键技术对外依存度达 50% 以上，航空设备、精密仪器等高技术产品的关键技术 80% 依赖国外。技术能力不高和重引进、轻消化的习惯，使本地企业未能将通过购买技术获得的不连续、不完备技术知识和信息形成有效的知识资本存量，长期结果是形成了引进技术依赖。因此，技术购买对创新投入的替代作用超过互补作用，降低了技术创新投入水平，抑制了自主创新能力。

二 外资技术溢出对自主创新的影响

表 11-1 和表 11-2 表明，竞争效应（fdi）和模仿效应（loc）对专利增长具有显著的正面作用；loc 对研发经费投入具有显著的负面作用，对研发劳动投入没有显著影响；fdi 对研发投入没有显著影响。具体地说，在 lninp、lninv 和 lnind 为被解释变量的模型中，fdi 的系数分别为 1.52、1.05 和 3.19，显著水平均达到 1%；loc 的系数分别为 3.03、1.60 和 6.76，显著水平分别为 1% 或 10%。在其他因素不变的条件下，fdi 提高 0.01，全部专利、发明专利和实用新型、外观设计专利分别增长 1.52%、1.05% 和 3.19%；loc 提高 0.01，全部专利、发明专利和实用新型、外观设计专利分别增长 3.03%、1.60% 和 6.76%。在 $rdkp$ 为被解释变量的模型中，loc 的系数为 -0.41，显著水平为 5%，表明外资企业生产本地化水平提高 0.1，研发投入水平下降 0.04。因此，竞争效应和模仿效应显著提高了制造业自主

---

① 模型（11-5）中 $rdlp$、$rdkp$、$ftechp$、$absp$ 的度量单位均为%，而 frd、fdi、loc 均为实际比值。

创新能力，且竞争效应对自主创新的作用小于模仿效应的作用；竞争效应和模仿效应对低层次技术创新的作用大于对高层次技术创新的作用；模仿效应降低了研发投入水平，即模仿效应对研发投入具有替代作用。

外资进入产生的竞争效应、模仿效应对制造业自主创新能力具有显著的正面作用，但没有显著影响本地企业研发投入。原因可能是，竞争效应不仅促使制造企业在模仿外资技术基础上进行自主创新；也可能促使制造企业直接购买专利或通过进口引进技术，以低成本获得技术，而技术购买或进口容易产生技术引进依赖，降低自主创新的动机，削弱竞争效应对专利的正面作用，致使竞争效应对自主创新能力的作用小于模仿效应、研发溢出的作用。在外资企业生产过程中，本地雇员可以接触各个生产环节的技术，本地企业通过模仿学习可以获得一个产品连续、完备的技术知识和信息，东道国不需要投入大量财力、人力，就可增加知识资本的存量。宏观上，东道国制造业通过引进外资就能累积较完备的技术知识体系，制造企业可以获得更高的技术创新平台，形成更高的自主创新能力。正是模仿效应使东道国具有获得外资技术知识的优势，模仿效应对自主创新能力的作用最大。这就是说，竞争效应和模仿效应在不影响企业研发投入条件下，可以促进制造企业自主创新能力的提升。

如果说发明专利技术含量高，创新难度很大，而实用新型和外观设计专利技术含量低，创新难度小，发明专利与实用新型和外观设计专利可能不具有可比性，那么竞争效应和模仿效应对低层次技术创新的作用大于对高层次技术创新的作用这一结论则可能不成立。如果发明专利与实用新型和外观设计专利具有一定的可比性，并且这一结论具有一定的合理性，那么中国企业技术创新出现的偏差可能是一个不可忽视的主要原因。具体地说，在外资进入产生的竞争效应和模仿效应作用下，本地企业为追求短期利益而抢占市场份额，创新的重点不是对自有或引进的核心技术或主要技术进行突破和创新，以推动产品创新，显著改善产品性能和质量，而是更多地偏向于生产工艺技术、产品外观设计或引进技术的本地化应用等方面，结果必然是竞争效应和模仿效应对反映高层次技术创新的发明专利之增长的促进作用小于对其他低层次技术创新的作用。中国专利构成可以说明这一点。中国已是世界创新大国，2004~2007年工业发明专利授权从49360件增加到67948件，仅次于日、美、韩，但是就专利构成来说，实用新型和外观设计占中国专利的60%以上①。2009年，中国工业设计专利申请数占世界50%②，与世界发达或新兴市场国家发明专利占多数情况相反。2011年，中国对国外的专利授权主要是发明专利，比例为80%，更清晰地反映了这一点。因此，与世界其他国家相比，中国创新明显偏向于低层次技术的实用新型和外观设计创新，致使反映自主创新能力的发明专利比例只接近这些国家的一半。进一步可以推断，竞争效应和模仿效应对高层次技术自主创新的促进作用比对低层次技术自主创新的促进作用小。这一结论是合理的，制造企业的创新偏向于外观形态、技术应用等可能是不可忽视的重要原因。

由表11-1和表11-2可以看出，外资企业研发（frd）对中国制造企业全部专利、发明专利和实用新型、外观设计专利均没有显著影响，对研发经费投入、研发劳动投入也没有显著影响。原因是，中国外资企业研发主要是调试性研发，本质上不是创新研发，其目的是为外资企业在本地生产提供支持，使企业现有技术在东道国新环境中能有效地适应和应用。本地雇员难以接触产品设计、工艺流程、产品配方、制造图纸、技术诀窍、工艺检测方法等技术知识和信息，不能有效增加知识资本存量，无助于提高自主创新能力。总之，研发类型决定了外资研发对中国制造业技术创新没有显著溢出效应。

三 消化、吸收对自主创新的影响

从表11-1和表11-2的回归结果可以发现，消化、吸收支出对全部专利、发明专利、实用新型和外观设计专利、研发经费投入具有显著的正面作用，对研发劳动投入没有显著作用。在全部专利、发明专利、实用新型和外观设计专利、研发经费投入分别为被解释变量的模型中，消化、吸收支出的系数分别为0.05、0.14、0.13和0.75，显著水平分别达到1%或10%，意味着在其他因素不变条件下，消化、吸收支出每增加1%，全部专利、发明专利、实用新型和外观设计专利分别增长0.05%、0.14%和0.13%；消化、吸收支出占工业总产值的比例每增加1%，研发经费投入水平增长0.014%。

---

① 见科技部网站2009年《中国科技统计资料汇编》。
② 见世界知识产权组织（WIPO）公布的《WIPO 2011年IP大事和数据》。

第六节　主要结论及政策建议

梳理已有研究文献发现，讨论技术引进影响自主创新能力的成果很少系统地揭示不同类型技术引进方式对不同维度技术创新的作用。我们从创新投入、专利等角度界定不同维度的技术创新，并剖析了技术购买、外资技术溢出、竞争效应和模仿效应影响创新投入、专利等不同维度技术创新的差异。本章利用2003~2012年28个制造业细分行业非平衡面板数据进行GMM估计发现，购买国外技术显著抑制了专利增长和研发投入水平；外资技术溢出没有显著影响专利增长和研发投入水平；外资进入产生的竞争效应和模仿效应显著促进了专利增长，但没有显著影响研发劳动投入和经费投入水平。从实证研究结果可以得到一些重要结论：第一，通过利用外资引进技术是提升制造业自主创新能力的较优方式，直接购买技术则抑制了制造业自主创新能力；第二，外资企业生产本地化过程中产生的模仿效应对中国制造业自主创新能力的作用最大，外资进入产生的竞争效应对制造业自主创新能力的作用较小，而且模仿效应和竞争效应对高层次技术创新能力的作用小于对低层次技术创新能力的作用；第三，外资技术溢出没有显著影响中国制造业自主创新能力和研发投入水平。

本章研究结论具有较强的政策意义。一是继续坚持积极引进外资政策，大力发挥通过外资引进技术的作用，促进制造业的自主创新。因为技术购买不能获得连续的、完备的技术知识，而且容易形成技术引进依赖，不利于本地企业的自主创新；利用外资引进技术则容易获得连续的、完备的知识体系，增加知识资本存量的效应较大，更有利于自主创新。二是充分利用外资进入产生的模仿效应，以提升自主创新能力。因为模仿效应对自主创新能力的作用更大。为此，利用外资不仅要着力提高外资技术含量，而且要规定外资企业创造增加值的比例，鼓励外资企业将更多的生产环节放在中国，使本地企业通过模仿效应获得更多生产环节的技术，有效增加知识资本存量。三是不能因为外资研发对自主创新的作用不显著，而否定外资研发对自主创新的积极作用，而应针对外资企业不同类型的研发活动制定不同的激励政策。政府应主要鼓励外资企业进行创新性研发活动，特别是鼓励新产品、新工艺和基础研究的研发活动，使本地企业获得先进技术知识，为自主创新累积前沿技术知识，提升自主创新能力。四是在引进技术基础上进行自主创新，主要是加大高层次技术的自主创新，打破技术购买形成的路径依赖，真正形成制造业产品的自主知识产权，提高制造业的国际竞争力。五是加大消化、吸收引进技术的力度，切实提高引进技术的成效，增加自主创新的知识存量资本。

参考文献

白仲林，2008，《面板数据的计量经济分析》，南开大学出版社。

包群、赖明勇、阳小晓，2006，《外商直接投资、吸收能力与经济增长》，上海三联书店。

包群、邵敏，2008，《外商投资与东道国工资差异：基于我国工业行业的经验研究》，《管理世界》第 5 期。

包群、邵敏，2010，《外资进入与国内工资差异：基于工业行业面板数据的联立估计》，《统计研究》第 4 期。

薄文广、马先标、冼国明，2005，《外国直接投资对于中国技术创新作用的影响分析》，《中国软科学》第 11 期。

保继刚、刘雪梅，2002，《广东城市海外旅游发展动力因子量化分析》，《旅游学刊》第 1 期。

毕先萍、简新华，2002，《论中国经济结构变动与收入分配差距的关系》，《经济评论》第 4 期。

边燕杰、张展新，2005，《市场化与收入分配——对 1988 年和 1995 年城市住户收入调查的分析》，《中国社会科学》第 5 期。

蔡昉，2013，《中国经济增长如何转向全要素生产率驱动型》，《中国社会科学》第 1 期。

蔡荣生、刘传扬，2012，《低碳、技术进步与产业结构升级——基于 VEC 模型和脉冲响应函数的实证分析》，《财政研究》第 6 期。

柴敏，2006，《外商直接投资对中国内资企业出口绩效的影响——基于省际面板数据的实证分析》，《管理世界》第 7 期。

陈继勇、盛杨怿，2008，《外商直接投资的知识溢出与中国区域经济增长》，

《经济研究》第 12 期。

陈继勇、盛杨怿,2009,《外国直接投资与我国产业结构调整的实证研究——基于资本供给和知识溢出的视角》,《国际贸易问题》第 1 期。

陈启斐、刘志彪,2015,《进口服务贸易、技术溢出与全要素生产率——基于 47 个国家双边服务贸易数据的实证分析》,《世界经济文汇》第 5 期。

陈涛涛,2003,《影响中国外商直接投资溢出效应的行业特征》,《中国社会科学》第 4 期。

陈涛涛、陈娇,2005,《构建外商直接投资行业内溢出效应双机制双因素分析模型》,《中国软科学》第 10 期。

陈涛涛、陈娇,2006,《行业增长因素与我国 FDI 行业内溢出效应》,《经济研究》第 6 期。

程惠芳,2002,《国际直接投资与开放型内生经济增长》,《经济研究》第 10 期。

程惠芳、陆嘉俊,2014,《知识资本对工业企业全要素生产率影响的实证分析》,《经济研究》第 5 期。

崔新建,2001,《外商对华直接投资的决定因素》,中国发展出版社。

戴翔、金碚,2013,《服务贸易进口技术含量与中国工业经济发展方式转变》,《管理世界》第 9 期。

戴枫,2010,《要素禀赋框架下的 FDI 与我国地区收入差距分析——基于动态面板模型的 GMM 检验》,《国际贸易问题》第 5 期。

戴枫、王艳丽、姜秀兰,2007,《外资对东道国收入分配的影响——基于中国的实证分析》,《国际贸易问题》第 9 期。

单豪杰,2008,《中国资本存量 K 的再估算:1952–2006 年》,《数量经济技术经济研究》第 10 期。

杜传忠、曹艳乔,2010,《中国经济增长方式的实证分析——基于 28 个省市 1990–2007 年的面板数据》,《经济科学》第 2 期。

樊纲、王小鲁、马光荣,2011,《中国市场化进程对经济增长的贡献》,《经济研究》第 9 期。

范承泽、胡一帆、郑红亮,2008,《FDI 对国内企业技术创新影响的理论与实证研究》,《经济研究》第 1 期。

封伟毅、郑立文、许宏启，2014，《技术溢出效应推动技术进步的机理研究——基于外商直接投资和进口贸易的视角》，《工业技术经济》第8期。

傅家骥，1998，《技术创新学》，清华大学出版社。

傅元海，2009a，《中国外商直接投资质量问题研究》，经济科学出版社。

傅元海，2009b，《我国FDI的利用质量》，《经济与贸易评论》第2期。

傅元海，2012，《技术引进影响自主创新能力的实证检验》，《当代财经》第9期。

傅元海、方齐云，2007，《湖南对FDI的利用质量状况及对策研究》，《统计研究》第9期。

傅元海、全一、夏李君，2011，《我国外资企业R&D水平的决定因素》，《当代财经》第2期。

傅元海、沈坤荣，2010，《外资企业生产本地化程度的影响因素研究》，《审计与经济研究》第3期。

傅元海、谭伟生，2009，《我国利用FDI质量的实证研究——基于FDI企业出口外部性的视角》，《当代财经》第2期。

傅元海、唐未兵、王展祥，2010，《FDI溢出机制、技术进步路径和经济增长绩效》，《经济研究》第6期。

傅元海、王展祥，2010，《我国外资企业生产本地化程度研究》，《经济纵横》第5期。

傅元海、王展祥，2013，《模仿效应、非模仿效应与经济增长方式转变——基于我国高技术行业动态面板的检验》，《国际贸易问题》第10期。

傅元海、张丹、孙爱军，2010，《FDI技术溢出影响经济增长方式的理论研究》，《当代财经》第6期。

干春晖、郑若谷、余典范，2011，《中国产业结构变迁对经济增长和波动的影响》，《经济研究》第5期。

高越、李荣林，2011，《国际生产分割、技术进步与产业结构升级》，《世界经济研究》第12期。

郭金龙，2000，《经济增长方式转变的国际比较》，中国发展出版社。

郭克莎，1995，《加快我国经济增长方式的转变》，《管理世界》第5期。

郭克莎，2000，《制造业生产效率的国际比较》，《中国工业经济》第9期。

郭庆旺、贾俊雪，2005，《中国全要素生产率的估算：1979—2004》，《经济研究》第 6 期。

郭为，2007，《入境旅游：基于引力模型的实证研究》，《旅游学刊》第 3 期。

韩玉雄、李怀祖，2005，《关于中国知识产权保护水平的定量分析》，《科学学研究》第 3 期。

何枫、徐桂林，2009，《FDI 与我国城乡居民收入差距之间是否存在倒 U 形关系》，《国际贸易问题》第 11 期。

洪银兴，2000，《经济增长方式转变的总体思路》，载洪银兴、沈坤荣和何旭强《经济增长方式转变研究》，南京大学出版社。

侯润秀、官建成，2006，《外商直接投资对我国区域创新能力的影响》，《中国软科学》第 5 期。

胡志强，2005，《高新技术对我国产业结构变化影响的量化研究》，《科学学与科学技术管理》第 4 期。

黄凌云、范艳霞、许林，2007，《国际贸易与 FDI 的技术溢出》，《重庆大学学报》（自然科学版）第 12 期。

黄先海、张云帆，2005，《我国外贸外资的技术溢出效应分析》，《国际贸易问题》第 1 期。

黄志基、贺灿飞，2013，《制造业创新投入与中国城市经济增长质量研究》，《中国软科学》第 3 期。

江小涓，2002a，《中国的外资经济对增长、结构升级和竞争力的贡献》，《中国社会科学》第 6 期。

江小涓，2002b，《中国的外资经济——对增长、结构升级和竞争力的贡献》，中国人民大学出版社。

蒋殿春、张宇，2008，《经济转型与外商直接投资技术溢出效应》，《经济研究》第 7 期。

景维民、张璐，2014，《环境管制、对外开放与中国工业的绿色技术进步》，《经济研究》第 9 期。

孔庆洋，2013，《外资进入缩小了行业收入差距吗？——来自中国制造业二位数子行业的证据》，《当代经济研究》第 2 期。

赖明勇、包群、彭水军、张新，2005，《外商直接投资与技术外溢：基于吸收能力的研究》，《经济研究》第 8 期。

李宾，2010，《国内研发阻碍了我国全要素生产率的提高吗》，《科学学研究》第 7 期。

李平，2007，《国际技术扩散对发展中国家技术进步的影响：机制、效果及对策分析》，生活、读书、新知三联书店。

李平、崔喜君、刘建，2007，《中国自主创新中研发资本投入产出绩效分析》，《中国社会科学》第 2 期。

李树培，2009，《我国企业技术创新动力不足：原因与对策的博弈分析》，《南开经济研究》第 3 期。

〔韩〕李贤珠，2010，《中韩产业结构高度化的比较分析——以两国制造业为例》，《世界经济研究》第 10 期。

李小平、朱钟棣，2006，《国际贸易、R&D 溢出和生产率增长》，《经济研究》第 2 期。

李晓钟、张小蒂，2008，《外商直接投资对我国技术创新能力影响及地区差异分析》，《中国工业经济》第 9 期。

李杏、M. W. Luke Chan，2009，《外商直接投资与对外贸易技术溢出效应比较——基于面板因果关系的研究》，《国际贸易问题》第 2 期。

李雪辉、许罗丹，2002，《FDI 对外资集中地区工资水平影响的实证研究》，《南开经济研究》第 2 期。

李燕、韩伯棠、张庆普，2011，《FDI 溢出与区域技术差距的双门槛效应研究》，《科学学研究》第 2 期。

李玉梅、桑百川，2011，《FDI 与我国内资企业自主创新互动关系的实证分析》，《国际贸易问题》第 2 期。

李周为、钟文余，1999，《经济增长方式与增长质量测度评价指标体系研究》，《中国软科学》第 6 期。

厉无畏、王振，2006，《转变经济增长方式研究》，学林出版社。

林毅夫、苏剑，2007，《论我国经济增长方式的转换》，《管理世界》第 11 期。

刘焕鹏、严太华，2014，《我国高技术产业 R&D 能力、技术引进与创新绩效——基于省际动态面板数据模型的实证分析》，《山西财经大学学报》第 8 期。

刘志彪，2007，《全球价值链中我国外向型经济战略的提升——以长三角地区为例》，《中国经济问题研究》第 1 期。

楼继伟，2016，《中国经济最大潜力在于改革》，《求是》第 1 期。

卢荻，2003，《外商投资与中国经济发展》，《经济研究》第 9 期。

鲁明泓，1997，《外国直接投资区域分布与中国投资环境评估》，《经济研究》第 12 期。

鲁明泓，2000，《国际直接投资区位决定因素》，南京大学出版社。

陆铭、陈钊，2004，《城市化、城市倾向的经济政策与城乡收入差距》，《经济研究》第 6 期。

罗长远，2005，《外国直接投资、国内资本与中国经济增长》，上海人民出版社。

吕世生、张诚，2004，《当地企业吸收能力与 FDI 溢出效应的实证分析——以天津为例》，《南开经济研究》第 6 期。

吕炜，2010，《美国产业结构演变的动因与机制——基于面板数据的实证分析》，《经济学动态》第 8 期。

聂爱云、陆长平，2012，《制度约束、外商投资与产业结构升级调整——基于省际面板数据的实证研究》，《国际贸易问题》第 2 期。

潘文卿，2003，《外商投资对中国工业部门的外溢效应——基于面板数据的分析》，《世界经济》第 6 期。

彭华，2000，《关于城市旅游发展驱动机制的初步思考》，《人文地理》第 1 期。

平新乔、关晓静、邓永旭、李胤、梁爽、陈工文、章棋元、周艺艺，2007，《外国直接投资对中国企业的溢出效应分析——来自中国第一次全国经济普查数据的报告》，《世界经济》第 8 期。

屈韬，2009，《FDI 技术溢出与自主创新体系研究》，对外经贸大学出版社。

任保平，2010，《以质量看待增长——对新中国经济增长质量的评价与反思》，中国经济出版社。

沈坤荣，2000，《利用外资推动经济增长方式转变》，载洪银兴、沈坤荣和何旭强《经济增长方式转变研究》，南京大学出版社。

沈坤荣、傅元海，2010，《外资技术转移与内资经济增长质量——基于中国区域面板数据的检验》，《中国工业经济》第 11 期。

沈坤荣、耿强，2001，《外国直接投资、技术外溢与内生经济增长——中国数据的计量检验与实证分析》,《中国社会科学》第 5 期。

沈坤荣、李剑,2009,《企业间技术外溢的测度》,《经济研究》第 4 期。

沈坤荣、孙文杰,2009,《市场竞争、技术溢出与内资企业 R&D 效率——基于行业层面的实证研究》,《管理世界》第 1 期。

沈利生、王恒,2006,《增加值率下降意味着什么》,《经济研究》第 3 期。

盛垒,2010,《外资研发是否促进了我国自主创新——一个基于中国行业面板数据的研究》,《科学学研究》第 10 期。

师萍、许治、张炳南,2007,《我国 R&D 投入绩效的实证研究》,《中国软科学》第 6 期。

世界经济合作与发展组织,1997,《以知识为基础的经济》,机械工业出版社。

宋冬林、王林辉、董直庆,2011,《资本体现式技术进步及其对经济增长的贡献率 (1981 - 2007)》,《中国社会科学》第 2 期。

孙军,2008,《需求因素、技术创新与产业结构演变》,《南开经济研究》第 5 期。

孙俊,2002,《跨国投资与服务贸易比较优势》,《国际贸易问题》第 9 期。

孙顺成、蔡虹,2006,《基于进口贸易的外溢技术知识存量的测度研究》,《科学管理研究》第 6 期。

孙文杰、沈坤荣,2007,《技术引进与中国企业的自主创新:基于分位数回归模型的经验研究》,《世界经济》第 11 期。

覃毅、张世贤,2011,《FDI 对中国工业企业效率影响的路径——基于中国工业分行业的实证研究》,《中国工业经济》第 11 期。

唐未兵、傅元海,2013,《所有制结构变迁对我国居民收入的阈值效应》,《马克思主义研究》第 2 期。

唐未兵、傅元海、王展祥,2014,《技术创新、技术引进与经济增长方式转变》,《经济研究》第 7 期。

陶长琪、齐亚伟,2010,《中国全要素生产率的空间差异及其成因分析》,《数量经济技术经济研究》第 1 期。

王红领、李稻葵、冯俊新,2006,《FDI 与自主研发:基于行业数据的经验研究》,《经济研究》第 2 期。

王华、祝树金、赖明勇,2012,《技术差距的门槛与 FDI 技术溢出的非线性——

理论模型及中国企业的实证研究》,《数量经济技术经济研究》第4期。

王俊,2013,《跨国外包体系中的技术溢出与承接国技术创新》,《中国社会科学》第9期。

王洛林、江小涓、卢圣亮,2000,《大型跨国公司投资对中国产业结构、技术进步和经济国际化的影响（上）——以全球500强在华投资项目为主的分析》,《中国工业经济》第4期。

王美今、沈绿珠,2001,《外商直接投资技术转移效应分析》,《数量经济技术经济研究》第8期。

王然、燕波、邓伟根,2010,《FDI对我国工业自主创新能力的影响及机制——基于产业关联的视角》,《中国工业经济》第11期。

王少平、封福育,2006,《外商直接投资对中国贸易的效应与区域差异：基于动态面板数据模型的分析》,《世界经济》第8期。

王顺兵,2011,《我国科技成果转化的困境及对策研究》,《科技管理研究》第5期。

王小鲁、樊纲,2005,《中国收入差距的走势和影响因素分析》,《经济研究》第10期。

王小鲁、樊纲、刘鹏,2009,《中国经济增长方式转换和增长可持续性》,《经济研究》第1期。

王燕梅、简泽,2013,《参与产品内国际分工模式对技术进步效应的影响——基于中国4个制造业行业的微观检验》,《中国工业经济》第10期。

王英、刘思峰,2008,《国际技术外溢渠道的实证研究》,《数量经济技术经济研究》第4期。

王志鹏、李子奈,2003,《外资对中国工业企业生产效率的影响研究》,《管理世界》第4期。

温丽琴、卢进勇、马锦忠,2012,《FDI对中国高技术产业技术创新能力的影响研究——基于行业面板数据的实证研究》,《经济问题》第8期。

文东伟、冼国明、马静,2009,《FDI、产业结构变迁与中国的出口竞争力》,《管理世界》第4期。

吴福象、朱蕾,2011,《技术嵌入、产业融合与产业结构转换效应——基于北京与上海六大支柱产业数据的实证分析》,《上海经济研究》第2期。

吴延兵,2006,《R&D与生产率——基于中国制造业的实证研究》,《经济研究》第 11 期。

吴延兵，2008，《自主研发、技术引进与生产率——基于中国地区工业的实证研究》，《经济研究》第 8 期。

伍华佳、苏东水，2007，《开放经济下中国产业结构演化研究》，上海财经大学出版社。

武剑，2002，《外商直接投资的区域分布及其经济增长效应》，《经济研究》第 4 期。

贤珠，2010，《中韩产业结构高度化的比较分析——以两国制造业为例》，《世界经济研究》第 10 期。

冼国明、严兵，2005，《FDI 对中国创新能力的溢出效应》，《世界经济》第 10 期。

肖黎明、袁敏，2014，《技术引进对企业自主创新的影响分析》，《江西社会科学》第 7 期。

〔日〕小岛清，1987，《对外贸易论》，南开大学出版社。

谢建国、周露昭，2009，《进口贸易、吸收能力与国际 R&D 技术溢出：中国省区面板数据的研究》，《世界经济》第 9 期。

邢斐、张建华，2009，《外商技术转移对我国自主研发的影响》，《经济研究》第 6 期。

徐侠、李树青，2008，《FDI 对科研活动影响的实证研究》，《中国软科学》第 4 期。

许冰，2010，《外商直接投资对区域经济的产出效应——基于路径收敛设计的研究》，《经济研究》第 2 期。

许和连、亓朋、李海峥，2009，《外商直接投资、劳动力市场与工资溢出效应》，《管理世界》第 9 期。

薛敬孝、张天宝，2002，《技术进步促进产业结构变化的一般方式和现代特点》，《世界经济与政治论坛》第 4 期。

严焰、池仁勇，2013，《R&D 投入、技术获取模式与企业创新绩效——基于浙江省高技术企业的实证》，《科研管理》第 5 期。

颜鹏飞、王兵，2004，《技术效率、技术进步与生产率增长：基于 DEA 的实证分析》，《经济研究》第 12 期。

杨红丽、陈钊，2015，《外商直接投资水平溢出的间接机制——基于上游供应商的研究》,《世界经济》第3期。

姚利民、饶艳,2009,《中国知识产权保护地区差异与技术引进的实证研究》,《科学学研究》第8期。

袁永娜,2007,《外商直接投资与中国服务贸易关系的实证分析》,《世界经济研究》第9期。

云鹤、吴江平、王平,2009,《中国经济增长方式的转变:判别标准与动力源泉》,《上海经济研究》第2期。

张公嵬、陈翔、李赟,2013,《FDI、产业集聚与全要素生产率增长——基于制造业行业的实证分析》,《科研管理》第9期。

张海洋,2005a,《R&D两面性、外资活动与中国工业生产率增长》,《经济研究》第5期。

张海洋,2005b,《中国工业部门R&D吸收能力与外资技术扩散》,《管理世界》第6期。

张海洋,2008,《外国直接投资对我国工业自主创新能力的影响——兼论自主创新的决定因素》,《国际贸易问题》第1期。

张建华、欧阳轶雯,2003,《外商直接投资、技术外溢与经济增长——对广东数据的实证分析》,《经济学(季刊)》第3期。

张军、陈诗一、G. H. Jefferson,2009,《结构改革与中国工业增长》,《经济研究》第7期。

赵东喜,2008,《中国省际入境旅游发展影响因素研究——基于分省面板数据分析》,《旅游学刊》第1期。

赵惠芳、牛姗姗、徐晟、杨昌辉,2008,《基于技术创新的我国制造业产业结构升级》,《合肥工业大学学报》(自然科学版)第9期。

赵奇伟、张诚,2007,《金融深化、FDI溢出效应与区域经济增长:基于1997-2004年省际面板数据分析》,《数量经济技术经济研究》第6期。

赵文军、于津平,2012,《贸易开放、FDI与中国工业经济增长方式——基于30个工业行业数据的实证研究》,《经济研究》第8期。

赵晓霞、李金昌,2009,《对外贸易、FDI与城乡居民收入及差距——基于省际面板数据的协整研究》,《中国人口科学》第2期。

赵莹,2003,《中国的对外开放和收入差距》,《世界经济文汇》第4期。

赵增耀、王喜,2007,《产业竞争力、企业技术能力与外资的溢出效应——

基于我国汽车产业吸收能力的实证分析》,《管理世界》第 12 期。

郑玉歆,2007,《全要素生产率的再认识——用 TFP 分析经济增长质量存在的若干局限》,《数量经济技术经济研究》第 9 期。

周海蓉,2008,《我国服务业外商直接投资与服务贸易关系的实证分析》,《预测》第 5 期。

周娟、张广胜,2009,《FDI 影响中国城乡收入不均等机制研究》,《农业技术经济》第 5 期。

周明海、肖文、姚先国,2010,《企业异质性、所有制结构与劳动收入份额》,《管理世界》第 10 期。

周绍森、胡德龙,2010,《科技进步对经济增长贡献率研究》,《中国软科学》第 2 期。

周叔莲、王伟光,2001,《科技创新与产业结构优化升级》,《管理世界》第 5 期。

周玉翠,2010,《我国入境旅游业的影响因素分析》,《经济问题探索》第 6 期。

朱平芳、李磊,2006,《两种技术引进方式的直接效应研究——上海市大中型工业企业的微观实证》,《经济研究》第 3 期。

朱彤、刘斌、李磊,2012,《外资进入对城镇居民收入的影响及差异——基于中国城镇家庭住户收入调查数据(CHIP)的经验研究》,《南开经济研究》第 2 期。

朱英明,2009,《区域制造业规模经济、技术变化与全要素生产率——产业集聚的影响分析》,《数量经济技术经济研究》第 10 期。

邹建华、韩永辉,2013,《引资转型、FDI 质量与区域经济增长——基于珠三角面板数据的实证分析》,《国际贸易问题》第 7 期。

Aitken, B. J., and A. E. Harrison. 1999. "Do Domestic Firms Benefit from Direct Foreign Investment? Evidence for Venezuela." *The American Economic Review* 89 (3): 605–618.

Aitken, B. J., A. E. Harrison, and R. Lipsey. 1996. "Wages and Foreign Ownership: A Comparative Study of Mexico, Venezuela and the Unites States." *Journal of International Economics* 40 (3–4): 345–371.

Almeida, P. 1996. "Knowledge Sourcing by Foreign MNEs: Patent Citation Analysis in the US Semicondctor Industry." *Strategic Management Journal*, Winter Special Issue: 155 – 166.

Kokko, A., R. Tansini, M. C. Zejan. 1995. "Local Technological Capability and Productivity Spillovers from FDI in the Uruguayan Manufacturing Sector." *Journal of Development Studies* 32 (4): 602 – 611.

Banga, R. 2005. "Critical Issues in India's Service-led Growth." Indian Council for Research on International Economic Relations New Delhi Working Papers.

Barro, R. J., and X. Sala-i-Martin. 1997. "Technological Diffusion and Convergence." *Journal of Economic Growth* 2 (1): 1 – 26.

Barry, F., H. Goger, and E. Strobl. 2005. "Foreign Direct Investment and Wages in Domestic Firms in Ireland: Productivity Spillovers Versus Labour-market Crowding Out." *International Journal of the Economics of Business* 12 (1): 67 – 84.

Bergstrand, H. 1989. "The Generalized Gravity Equation, Monopolistic Competition and Factor Proportions Theory in International Trade." *Review of Economics and Statistics* 71 (1): 143 – 153.

Blind, K., and A. Jungmittag. 2004. "Foreign Direct Investment, Imports and Innovations in the Service Industry." *Review of Industrial Organization* 25 (2): 205 – 227.

Blomström, M. 1986. "Foreign Investment and Productive Efficiency: The Case of Mexico." *Journal of Industrial Economics* 35 (1): 97 – 110.

Blomström, M. 1989. *Foreign Investment and Spillovers: A Study of Technology Transfer to Mexico*. London: Routledge.

Blomström, M., A. Kokko, and M. Zejan. 1994. "Host Country Competition, Labor Skills, and Technology Transfer by Multinationals." *Weltwirtschaftliches-Archiv* 130 (3): 521 – 533.

Blomström, M., and A. Kokko. 1995. "Policies to Encourage Inflows of Technology through Foreign Multinationals." *World Development* 23 (3): 459 – 468.

Blomström, M., and A. Kokko. 1996. "The Impact of Foreign Investment on Host Countries: A Review of the Empirical Evidence." World Bank Policy Research Working Paper, No. 1745.

Blomström, M., and A. Kokko. 1998. "Multinational Corporations and Spillovers." *Journal of Economic Surveys* 12 (3): 247 – 277.

Blomström, M., and A. Kokko. 2001. "Foreign Direct Investment and Spillovers of Technology." *International Journal of Technology Management* 22 (5 – 6): 435 – 454.

Blomström, M., and H. Persson. 1983. "Foreign Investment and Productive Efficiency in an Underdeveloped Economy: Evidence from Mexico Manufacturing Industry." *Word Development* 11 (6): 493 – 501.

Blonigen, B. A., and M. J. Slaughter. 2001. "Foreign Affiliate Activity and U. S. Skill Upgrading." *The Review of Economics and Statistic* 83 (2): 362 – 374.

Bonardi, J. P., and R. Durand. 2003. "Managing Network Externalities in High Tech Markets." *Academy of Management Executive (now: Academy of Management Perspectives)* 17 (4): 40 – 52.

Borenztein, E., J. De Gregorio, and J. W. Lee. 1998. "How does Foreign Investment Affect Economic Growth." *Journal of International Economics* 45 (1): 115 – 135.

Caner, M., and B. E. Hansen. 2001. "Threshold Autoregression with a Unit Root." *Econometric* 69 (6): 1555 – 1596.

Caves, R. E. 1974. "Multinational Firms, Competition, and Productivity in Host-country Markets." *Economica* 41 (162): 176 – 193.

Caves, R. E. 1996. *Multinational Enterprise and Economic Analysis*. Cambridge University Press.

Chang, C., and S. Robin. 2006. "Doing R&D and/or Importing Technologies: The Critical Importance of Firm Size in Taiwan's Manufacturing Industries." *Review of Industrial Organization* 29 (3): 50 – 60.

Charles, J. I. 1998. "Growth: With or Without Scale Effect." *American Economic Review* 89 (2): 139 – 144.

Chatterjee, S., A. S. Hadi, and B. Price. 2000. *Regression and Analysis by Example* (3rd Ed). John Wiley & Sons, Inc.

Chen, C., L. Chang, and Y. Zhang. 1995. "The Role of Foreign Direct Investment in China's Post – 1978 Economic Development." *World Development* 23

(4): 691 -703.

Chenery, H., and T. N. Srinivasan. 1989. *Hanbook of Development Economics*. Amsterdam: North-Holland.

Cheng, J., and D. Bolton. 1993. "The Management of Multinational R&D: A Neglected Topic in International Business Research." *Journal of International Business Studies* 24 (1): 1 -18.

Choi, I., and P. Saikkonen. 2004. "Testing Linearity in Cointegrating Smooth Transition Regressions." *Journal of Econometrics* 7 (2): 341 -365.

Coe, D. T., and E. Helpman. 1995. "International R&D Spillovers." *European Economic Review* 39 (5): 859 -887.

Cohen, B. W. M., and D. A. Levinthal. 1989. "Innovation and Learning: The Two Faces of R&D." *The Economic Journal* 99 (397): 569 -596.

De Mello, L. R. 1997. "Foreign Direct Investment in Development Countries and Growth: A Selective Survey." *The Journal of Development Studies* 34 (1): 1 -34.

Denison, E. D. F. 1962. "The Sources of Economic Growth in the United States and the Alternatives Before US." In A Supplementary Paper of the Committee for Economic Development, New York.

Dijk, D. V., T. Teräsvirta, and P. H. Franses. 2002. "Smooth Transition Autoregressive Models: A Survey of Recent Developments." *Econometric Reviews* 21 (1): 1 -47.

Dimelis, S. P. 2005. "Spillovers from Foreign Direct Investment and Firm Growth: Technological, Financial and Market Structure Effects." *International Journal of the Economics of Business* 12 (1): 85 -104.

Driffield, N., and S. Girma. 2003. "Regional Foreign Direct Investment and Wage Spillovers: Plant Level Evidence from the UK Electronics Industry." *Oxford Bulletin of Economics and Statistics* 65 (4): 453 -474.

Dunning, J. H. 1994. "Multinational Enterprises and the Globalization of Innovatory Capacity." *Research Policy* 23 (1): 67 -88.

Dunning, J. H. 1996. "The Geographical Sources of Competitiveness of Firms: Some Results of a New Survey." *Transnational Corporations* 5 (3): 1 -25.

Dunning, J. H. 1981. *International Production and Multinational Enterprise*. London: Allen & Unwin.

Dunning, J. H. 1993. *Multinational Enterprise and the Global Economy*. Reading, Addison-Wesley.

Dunning, J. H. 2000. "The Electic Paradigm as an Envelop for Economic and Business Theories of MNE Activity." *International Business Review* 9 (2): 163 – 190.

Eaton, J., and S. Kortum. 1996. "Trade in Ideas Patenting and Productivity in the OECD." *Journal of International Economics* 40 (3): 251 – 278.

Elmawazini, D. K., S. Saadi, and I. Ngouhouo. 2005. "Does FDI Imply Productivity Growth for the Host Economy." *The Journal of American Academy of Business* (2): 85 – 90.

Feenstra, R. C., and G. H. Hanson. 1995. *Foreign Investment, Outsourcing and Relative Wages*. Social Science Electronic Publishing.

Feinberg, S. E., and S. K. Maryland. 2001. "Technology Spillovers from Foreign Direct Investment in the Indian Pharmaceutical Industry." *Journal of International Business Studies* 32 (3): 421 – 437.

Fors, G. 1996. *R&D and Technology Transfer by Multinational Enterprises*. Stockholm: Almquist & Wiksell and IUI.

Freeman, C., and L. Soete. 1997. *The Economics of Industrial Innovation*, Cambridge, MA: MIT Press.

Ginarte, J. C., and W. G. Park. 1997. "Determinants of Patent Rights: A Cross-national Study." *Research Policy* 26 (3): 283 – 301.

Girma, S., D. Greenaway, and K. Wakelin. 2001. "Who Benefits from Foreign Direct Investment in the UK." *Scottish Journal of Political Economy* 48 (2): 119 – 133.

Globerman, S. 1979. "Foreign Direct Investment and Spillover Efficiency Benefits in Canadian Manufacturing Industries." *Canadian Journal of Economics* 12 (1): 42 – 56.

Golder, P. N., and G. J. Tellis. 1993. "Pioneering Advantage: Marketing Logic or Marketing Legend." *Journal of Marketing Research* 30 (2): 158 – 170.

Granger, C. W. J., and T. Teräsvirta. 1993. *Modeling Non-liner Economic Relationships. Oxford*: *Oxford University Press*.

Griffith, R., S. Redding, and J. Van, Reenen. 2000. "Mapping the Two Face of R&D: Productivity Growth in a Panel of OECD Countries." CEPR Working Paper, No. 2457.

Griliches, Z. 1990. "Patents Statistics as Economic Indicators: A Survey." *Journal of Economic Literature* 28 (4): 1661 – 1707.

Grima, S., D. Greenaway, and K. Wakelin. 2001. "Who Benefits from Foreign Direct Investment in the UK." *Scottish Journal of Political Economy* 48 (2): 119 – 133.

Gwanghoon, Lee. 2006. "The Effectiveness of International Knowledge Spillover Channels." *European Economic Review* 50 (8): 2075 – 2088.

Ginarte, J. C. and W. G. Park. 1997. "Determinants of Patent Rights: A Cross-national Study." *Research Policy* 26: 283 – 301.

Haddad, M., and A. Harrison. 1993. "Are There Positive Spillovers from Foreign Direct Investment? Evidence from Panel Data for Morocco." *Journal of Developing Economics* 42 (1): 105 – 121.

Hakanson, L. 1992. "Location Determinants of Foreign R&D in Swedish Multinationals." In *Technology Management and International Business: Internationalization of R&D and Technology*, ed. Grandstrand, O., L. Hakanson & S. Sjolander (s). Chichester: John Wiley.

Hakanson, L., and N. Robert. 1993. "Determinants of Foreign R&D in Swedish Multinationals." *Research Policy* 22 (5 – 6): 397 – 411.

Harrison, A. 1994. "The Role of Multinationals in Economic Development: The Benefits of FDI." *Columbia Journal of World Business* 29 (4): 6 – 11.

Hauknes, J., and M. Knell. 2009. "Embodied Knowledge and Sectoral Linkages: An Input-output Approach to the Interaction of High – and Low-tech Industries." *Research Policy* 38 (3): 459 – 469.

Hejazi, W., and A. E. Safarian. 1999. "Trade, Foreign Direct Investment, and R&D Spillovers." *Journal of International Business Studies* 30 (3): 491 – 511.

Hiroshi, Y., and M. Shuko. 2009. "Changes of Industrial Structure and Postwar Economic Growth in Japan." (Japanese), Discussion Papers.

Hu, A. G. Z., G. H. Jefferson, and J. Qian. 2005. "R&D and Technology Transfer: Firm-level Evidence from Chinese Industry." *Review of Economics Statistics* 87 (4): 780 – 786.

Hunya, G. 2002. "Restructuring through FDI in Romanian Manufacturing." *Economic Systems* 26 (4): 387 – 394.

Iwasa, T., and H. Odagiri. 2004. "Overseas R&D, Knowledge Sourcing, and Patenting: An Empirical Study of Japanese R&D Investment in the US." *Research Policy* 33 (5): 807 – 828.

Jansen, K. 1995. "The Macroeconomic Effects of Direct Foreign Investment: The Case of Thailand." *World Development* 23 (2): 193 – 210.

Keller, W., and S. R. Yeaple. 2009. "Multinational Enterprises, International Trade, and Productivity Growth: Firm Level Evidence from the United States." *The Review of Economics and Statistics* 91 (4): 821 – 831.

Keller, W. 2002. "Trade and the Transmission of Technology." *Economic Growth* 7 (1): 5 – 24.

Keller, W. 2004. "International Technology Diffusion." *Journal of Economic Literature* 42 (3): 1 – 51.

Kim, L. 1999. "Building Technological Capability for Industrialization: Analytical Framework and Korea's Experience." *Industrial and Corporate Change* 8 (1): 111 – 136.

Kinoshita, Y. 2000. "R&D and Technolgy Spillover via FDI: Innovation and Absorbtive Capability." William Davdson Institute Working Paper, series 349.

Kinoshita, Y. 1998. "Technology Spillovers through Foreign Direct Investment." http://www.cerge.cuni.cz/pdf/wp/Wp139.pdf.

Kogut, B., and S. J. Chang. 1991. "Technological Capabilities and Japanese Foreign Direction Investment in the United State." *Review of Economics and Statistics* 73 (3): 401 – 413.

Kohpaiboon, A. 2006. "Foreign Direct Investment and Technology Spillover: A Cross-industry Analysis of Thai Manufacturing." *World Development* 34

(3): 541 – 556.

Kokko, A. 1994. "Technology, Market Characteristics, and Spillovers," *Journal of Development Economics* 43 (2): 279 – 293.

Kokko, A., R. Tansini, and M. C. Zejan. 1996. "Local Technological Capability and Productivity Spillovers from FDI in the Uruguayan Manufacturing Sector." *Journal of Development Studies* 32 (4): 602 – 611.

Konings, J. 2001. "The Effects of Foreign Direct Investment on Domestic Firms: Evidence from Firm-level Panel Data in Emerging Economies." *Economics of Transition* 9 (3): 619 – 633.

Kravis, B., and R. E. Lipsey. 1992. "Sources of Competitiveness of the United States and Its Multinational Firms." *The Review of Economics and Statistics* 74 (2): 193 – 201.

Krugman, P. 1991. *Geography and Trade*. Cambridge, MA: MIT Press.

Kumar, N. 1996. "Intellectual Property Protection, Market Orientation and Location of Overseas R&D Activities by Multinational Enterprises." *World Development* 24 (4): 673 – 688.

Kumar, N. 2000. "Explaining the Geography and Depth of International Production: The Case of US and Japanese Multinational Enterprise." *Weltwirtschaftliches Archiv* 136 (3): 442 – 477.

Kumar, N. 2001. "Determinants of Location of Overseas R&D Activity of Multinational Enterprises: The Case of US and Japanese Corporations." *Research Policy* 30 (1): 159 – 174.

Kumar, N. 2002. *Globalization and the Quality of Foreign Direct Investment*. New Delhi: Oxford University Press.

Lall, S. 1978. "Transnationals, Domestic Enterprises and Industrial Structure in LDCs: A Survey." *Oxford Economic Papers* 30 (2): 217 – 248.

Bas, C. L., and C. Sierra. 2002. "Location Versus Home Country Advantages' in R&D Activities: Some Further Results on Multinationals' Locational Strategies." *Research Policy* 31 (4): 589 – 609.

Lemi, A. 2004. "Foreign Direct Investment, Host Country Productivity and Export: The Case of U. S. and Japanese Multinational Affiliates." *Journal of Economic Development 29 (1): 163 – 188.

Levin, R. C., A. K. Klevorick, R. R. Nelson, and S. Winter. 1987. "Appropriating the Returns from Industrial Research and Development." *Brookings Papers on Economic Activity* 18 (3): 783 – 832.

Lichtenberg, F. R., and B. van Pottelsberghe, De La B. Potterie. 1998. "International R&D Spillovers: A Comment." *European Economic Review* 42 (8): 1483 – 1491.

Lipsey, R. E., and F. Sjöholm. 2004. "FDI and Wage Spillovers in Indonesian-manufacturing." *Review of World Economics* 140 (2): 321 – 332.

Lipsey, R. E., M. Blomstrom, and I. B. Kravis. 1990. "R&D by Multinational Firms and Host Country Exports." In Robert Evenson and Gustav Ranis editors. Science and Technology Policy: Lessons for Developing.

Lipsey, R. E. 1995. "Trade and Production Networks of U. S. MNCs and Exports by Their Asian Affiliates." NBER Working Paper, No. 5255. Sep.

Liu, X., P. Siler, C. Wang and Y. Wei. 2000. "Productivity Spillovers from Foreign Direct Investment: Evidence from UK Industry Level Panel Data." *Journal of International Business Studies* 31 (3): 407 – 425.

Madsen, J. B. 2007. "Technology Spillover through Trade and TFP Convergence: 135 Years of Evidence for the OECD Countries." *Journal of International Economics* 72 (2): 464 – 480.

Malerba, F., and L. Orsenigo. 1997. "Technological Regimes and Sectoral Patterns of Innovative Activities." *Industrial and Corporate Change* 6 (1): 83 – 118.

Mansfield, E., M. Schwartz, and S. Wagner. 1981. "Imitation Costs and Patents: An Empirical Study." *Economic Journal* 91 (364): 907 – 918.

Markusen, J. R., and A. J. Venables. 1999. "Foreign Direct Investment as a Catalyst for Industrial Development." *European Economic Review* 43 (2): 335 – 356.

Markusen, J. R. 1983. "Factor Movement and Commodity Trade as Complements." *Journal of International Economics* 14 (3 – 4): 341 – 356.

McAleese, D., and D. McDonald. 1978. "Employment Growth and Development of Linkages in Foreign-owned and Domestic Manufacturing Enterprises." *Oxford Bulletin of Economics and Statistics* 40 (4): 321-339.

Mcvicar, D. 2002. "Spillovers and Foreign Direct Investment in UK Manufacturing." *Applied Economics Letters* 9 (5): 297-300.

Min, B. S. 2003. "FDI and Trade Links in the Case of Malaysia." *Journal of the Asia Pacific Economy* 8 (2): 229-250.

Mohanan, P. P. 1997. "Technology Transfer, Adaptation and Assimilation." *Economic and Political Weekly* 14 (47): 120-126.

Odagiri, H., and H. Yasuda. 1996. "The Determinants of Overseas R&D by Japanese Firms: An Empirical Study at the Industry and Company Levels." *Research Policy* 25 (7): 1059-1079.

OECD. 2005. "Background Report to Conference on 'Internationalisation of R&D'." Brussels 3.

OECD. 2005. "Economic Surveys: China." Vol. 13 (9).

Pakes, A., and Z. Griliches. 1980. "Patents and R&D at the Firm Level: A First Report." *Economics Letters* 5 (4): 377-381.

Peacre, R. D. 1999. "Decentralize R&D and Strategic Competitiveness: Globalized Approaches to Generation and Use of Technology in Multinational Enterprise." *Research Policy* 28 (2/3): 157-178.

Schiff, M., Y. Wang, and M. Olarreaga. 2002. "Trade-related Technology Diffusion and the Dynamics of North-south and South-south Integration." World Bank Policy Research Working Paper, No. 2861.

Shankar, V., G. S. Carpenter, and L. Krishnamurthi. 1998. "Late Mover Advantage: How Innovative Late Entrants Outsell Pioneers." *Journal of Marketing Research* 35 (1): 54-70.

Shimizutani, S., and Y. Todo. 2008. "What Determines Overseas R&D Activities? The Case of Japanese Multinational Firms" *Research Policy* 37 (3): 530-544.

Siler, P., C. Wang, and X. Liu. 2003. "Technology Transfer Within Multinational Firms and Its Impact on the Productivity of Scottish Subsidiaries." *Regional Studies* 37 (1): 15-25.

Sjöholm, F. 1999. "Technology Gap, Competition and Spillovers from Direct Foreign Investment: Evidence from Establishment Data." *The Journal of Development Studies* 36 (1): 53 - 73.

Slaughter, M. 2004. "Insourcing Jobs: Making the Global Economy Work for America." BEA Report.

Stiglitz, N. 2002. "Industry Dynamics and Types of Market Convergence." Paper presented at the DRUID Summit Conference on "Industrial Dynamics of the New and Old Economy: Who is Embracing Whom." June.

Suyanto, R. and R. Salim. 2013. "Foreign Direct Investment Spillovers and Technical Efficiency in the Indonesian Pharmaceutical Sector: Firm Level Evidence." *Applied Economics* 45 (3): 383 - 395.

Teece, D. J. 1977. "Technology Transfer by Multinational Firms: The Resource Cost of Transferring Technological Know-how." *Economic Journal* 87 (346): 242 - 261.

Tsai, K. H., and J. C. Wang. 2004. "R&D Productivity and the Spillover Effects of High-tech Industry on the Traditional Manufacturing Sector: The Case of Taiwan." *World Economy* 27 (10): 1555 - 1559.

Van, Pottelsberghe, B. P. de la and Lichtenberg, Frank. 2001. "Does Foreign Direct Investment Transfer Technology across Borders." *The Review of Economics and Statistics* 83 (3): 490 - 497.

Woo, J. 2009. "Productivity Growth and Technological Diffusion through Direct Foreign Investment." *Economic Inquiry* 47 (2): 226 - 248.

Xu, B. 2000. "Multinational Enterprises, Technology Diffusion, and Host Country Productivity Growth." *Journal of Development Economics* 62 (2): 477 - 493.

Yang, Q., and C. X. Jiang. 2007. "Location Advantages and Subsidiaries' R&D Activities in Emerging Economies: Exploring the Effect of Employee Mobility." *Asia Pacific Journal of Manage ment* 24 (3): 341 - 358.

Young, A. 1994. "The Tyranny of Numbers Confronting the Statistical Realities of the East Asian Growth Experience." *Quarterly Journal of Economics* 60 (3): 641 - 680.

Young, A. 1998. "Growth without Scale Effects." *Journal of Political Economy* 106 (1): 41–63.

Young, S., and P. Lan. 1997. "Technology Transfer to China through Foreign Direct Investment." *Regional Studies* 31 (7): 669–680.

Zejan, M. 1990. "R&D Activities in Affiliates of Swedish Multinational Firms." *Journal of Economics* 92 (3): 487–500.

后 记

改革开放以来，中国经济实现高速增长，经济总量不断扩大，相继超过德国、日本，2010 年成为世界第二大经济体。随着经济总量的增大，要素、资源和环境已无力支撑经济规模的扩张，2012 年中国经济发展进入新常态，经济增长减速、结构深度调整和前期政策消化是其主要特征。转换发展动力是适应新常态、引领新常态的根本路径。2015 年中央进行了供给侧结构性改革战略部署，以加快经济发展动力转换。长期以来，通过大力引进外商直接投资促进经济增长，已取得明显的成效。外商直接投资作为外源性发展动力，为创造 30 多年高速增长的中国奇迹发挥了重要的作用。外商直接投资是否转换为内生性发展动力，国内学界对此缺乏系统研究。引进外商直接投资是中国对外开放的主要内容，为充分发挥外商直接投资对经济发展的作用，中国引进外商直接投资政策不断随形势变化而进行调整，如从重引进数量到以市场换技术，再到全面重质量，旨在解决外商直接投资外源性动力转换为内生性动力问题，由于地方 GDP 和财政收入的激励导致区域市场分割，引进外商直接投资的地区竞争激烈化；同时主要依靠廉价生产要素和资源等优势吸引外商直接投资，导致中国引进外商直接投资具有更多的数量特征，质量特征则不突出，外商直接投资能否通过溢出效应促进技术进步，在学术界一直存在争论。在经济新常态的逻辑前提和深化供给侧结构性改革新形势下，吸引外直接投资的廉价生产要素和资源优势已经不复存在，如何调整引进外商直接投资政策，利用外商直接投资促进经济增长方式转变，提高经济增长效益和质量，优化经济结构，转换发展动力，是当前中国经济发展面临的重要问题。因此，深刻理解外商直接投资对中国经济增长方式转变的影响，揭示理解外商直接投资外源性发展动力转换为内生发展动力的机理并明确转换路径,科学判断外商直接投资影响经济增长方式转变的效应,是新形势下外商直接投资政策调整的基础和前提,可以为外商直接投资政策调整提供有益参考。

本书是国家自然科学基金项目"外资技术溢出影响经济增长方式转变研究(711773074)"和广东自然科学基金项目"不同技术进步路径影响经济增长方式转变研究(2014A030313522)"的研究成果。本书围绕外资溢出效应影响经济增长方式转变这一主题,系统地研究外资溢出对居民收入的非线性效应,外资技术溢出的不同路径对经济增长集约化、投入产出率的影响,技术进步的不同路径影响经济增长效率和制造业结构变迁以及外商直接投资与技术创新的关系等。

本书部分内容已经发表在《经济研究》《中国工业经济》《中国软科学》《国际贸易问题》《经济学家》《当代财经》等学术期刊上。本书的提纲和研究思路由笔者提出,全书的主要分工为:导论,傅元海;第一章,傅元海、李文星;第二章,傅元海、史言信;第三章,傅元海、沈坤荣;第四章,方臻旻;第五章,傅元海、王展祥;第六章,唐未兵、傅元海、王展祥;第七章,傅元海、叶祥松、王展祥;第八章,傅元海、陈丽姗;第九章,方臻旻、傅元海;第十章,傅元海、全一、夏李君;第十一章,汤萱。这些论文结集出版时,我们对一些章节进行新的修订,笔者的研究生陈丽姗为书稿的形成和校对做了大量具体工作。初稿形成之后,笔者对各章进行了修改完善。

中国经济发展动力正加快转换,如何将外商直接投资这一外源性发展动力转换为内生性发展动力,是值得全面深入研究的课题。这一问题复杂而又丰富,有待进一步研究。由于我们的理论水平和研究能力有限,书中难免存在错误和不足,敬请专家学者批评指正。

傅元海

2017年5月15日于广州大学行政东楼

图书在版编目(CIP)数据

外商直接投资与中国经济发展方式转变/傅元海等著. -- 北京：社会科学文献出版社，2017.7
 ISBN 978-7-5201-0920-8

Ⅰ.①外… Ⅱ.①傅… Ⅲ.①外商直接投资-作用-中国经济-经济发展-研究　Ⅳ.①F124

中国版本图书馆 CIP 数据核字（2017）第 126642 号

外商直接投资与中国经济发展方式转变

著　者／傅元海 等

出 版 人／谢寿光
项目统筹／韩莹莹
责任编辑／周志静　韩莹莹

出　版／社会科学文献出版社·人文分社（010）59367215
　　　　　地址：北京市北三环中路甲29号院华龙大厦　邮编：100029
　　　　　网址：www.ssap.com.cn
发　行／市场营销中心（010）59367081　59367018
印　装／三河市东方印刷有限公司

规　格／开本：787mm×1092mm　1/16
　　　　　印张：16.25　字数：263千字
版　次／2017年7月第1版　2017年7月第1次印刷
书　号／ISBN 978-7-5201-0920-8
定　价／89.00元

本书如有印装质量问题，请与读者服务中心（010-59367028）联系

▲ 版权所有 翻印必究